中国公证发展报告

Report on Development of Notary in China

第 2 辑

主编 廖永安

执行主编 段 明 夏先华

清华大学出版社
北京

本书封面贴有清华大学出版社防伪标签,无标签者不得销售。
版权所有,侵权必究。举报:010-62782989,beiqinquan@tup.tsinghua.edu.cn。

图书在版编目(CIP)数据

中国公证发展报告. 第2辑 / 廖永安主编;段明,夏先华执行主编. -- 北京:清华大学出版社,2024.7.
ISBN 978-7-302-66704-9

I. D926.6

中国国家版本馆CIP数据核字第2024GB5877号

责任编辑:商成果
封面设计:傅瑞学
责任校对:欧　洋
责任印制:宋　林

出版发行:清华大学出版社
网　　址:https://www.tup.com.cn,https://www.wqxuetang.com
地　　址:北京清华大学学研大厦A座　　邮　编:100084
社 总 机:010-83470000　　邮　购:010-62786544
投稿与读者服务:010-62776969,c-service@tup.tsinghua.edu.cn
质量反馈:010-62772015,zhiliang@tup.tsinghua.edu.cn
印 装 者:涿州汇美亿浓印刷有限公司
经　　销:全国新华书店
开　　本:170mm×240mm　　印　张:16　　字　数:303千字
版　　次:2024年8月第1版　　印　次:2024年8月第1次印刷
定　　价:98.00元

产品编号:103862-01

《中国公证发展报告》编委会

主　　编：廖永安

执行主编：段　明　夏先华

委　　员：（按姓氏拼音排序）

　　　　　蔡　勇　蔡　煜　车承军　陈　婷　段　伟　冯　斌
　　　　　郭恒亮　李全一　刘　疆　马登科　齐树洁　苏国强
　　　　　谭　曼　汤维建　王　京　王明亮　吴　振　肖建国
　　　　　解庆利　詹爱萍　张　鸣　张立平　赵晋山　周志扬

学术秘书：张红旺　刘浅哲

序

作为一项重要的预防性法律制度,公证充分发挥其制度特色和职能优势,全面介入国家经济社会活动、民生领域和涉外民商事交往等各个方面,为服务经济社会发展、维护法律正确实施、预防化解矛盾纠纷、保障当事人合法权益作出了积极贡献。党的十八大以来,各级司法行政部门和公证机构坚决贯彻习近平总书记关于公共法律服务工作的重要指示精神,认真贯彻执行公证法,依法拓展和规范公证服务,不断提高公证服务的供给总量、质量和效率,满足人民群众的新需要。截至目前,全国共有2948家公证处(其中事业体制2718家、合作制159家、其他类型71家),14869名公证员,年均办证1200余万件,年均业务收费70亿元,公证制度的作用正在日益凸显,并逐渐得到社会公众的广泛知晓、认可和信任。

当前,数字技术正在深刻地改变人类的生存方式,数字化浪潮滚滚而来。与其法律制度一样,公证制度也迎来了新一波的数字浪潮,互联网公证、在线公证、区块链公证、人工智能公证等新兴事物不断涌现。全国各地公证机构不断推进信息化、数字化建设,实现数据赋能,全国公证信息化建设取得明显进展,初步建成覆盖全行业的公证管理信息系统,公证登记簿累计登记业务4700余万件,"跨省通办"平台核验7.4万次,全国1300余家公证机构开通在线公证服务,295家公证机构与驻外使领馆共同开展海外远程视频公证,努力为当事人提供优质、高效、便捷的数字公证服务。然而,与诉讼、仲裁的数字化发展相比,公证的数字化建设显然还有较大的差距。比如,关于互联网公证业务还缺乏通行、规范的工作程序;部门之间、地区之间还存在"数据壁垒",实现"一网通办""信息共享"还有很大难度;区块链、云计算、数字签名、人工智能等信息技术在公证业务当中的运用不够充分,公证在线服务能力有待提升。

湘潭大学法学院长期致力于调解、公证等非诉讼纠纷解决机制的理论研究和人才培养,经过十余年的沉淀和发展,已经成为中国多元化纠纷解决机制教学研究的重镇。为进一步深化公证理论研究,加强公证人才队伍建设,2021年司法部在湘潭大学设立全国首家"司法部公证理论研究与人才培训基地",力图加强高等院校与实务部门的协同攻关,共同推动中国公证事业的高质量发展。2022年,湘潭大学依托司法部基地专门成立了"湘潭大学公证研究与培训中心"。为了更好地呈现中国公证发展的实际面貌,为公证领域的深化改革建言献策,中心决定凝聚全国的公证理论与实务专家,共同编写《中国公证发展报告》。报告以凸显公证理论研究的前瞻性、实践改革探索的创新性、国外发展动态的前沿性为编写标准,着力呈现当前中国公证发展中面临的现实问题,坚持立足中国、放眼世界,为中国公证发展提供有力的实证素材和理论参考。

有感于目前我国关于公证数字化的理论研究和实践发展相对滞后,我们将《中国公证发展报告》第2辑的主题定为"公证数字化发展",希望汇聚理论界与实务界的智慧,为深化公证数字化改革贡献些许力量。报告主要分为三篇,上篇在线公证的当下与未来,主要讨论在线公证的理论基础、适用范围、实践困境和平台应用;中篇沿袭第1辑从案例研究的角度展开,希望通过公证典型案例的评选和评析呈现我国公证体制改革的样貌,展现不同体制公证机构在公证业务中的特色;下篇从比较研究的视角对巴西、南非、印度尼西亚、墨西哥、俄罗斯、波兰、奥地利、德国、荷兰等国家晚近以来的公证改革进行梳理和总结,期冀能够为我国公证体制改革提供些许思考。

报告的编写得到了诸多公证同仁的鼎力支持,特别是苏国强、王明亮、徐小蔚等公证界的资深专家为本书的写作提供了实质帮助和宝贵建议。此外,还要感谢湘潭大学法学院谢蔚副教授、张红旺博士、刘浅哲博士为本书撰写与编排付出的辛勤劳动。最后,特别感谢珠海市涉外公共法律服务中心、横琴珠港澳(涉外)公共法律服务中心对报告出版提供的支持和帮助。我们期望并相信,在中国公证同仁的关心、支持和积极参与下,报告的面世能够为推动中国公证的数字化发展提供有益的理论指导和实践参考。

廖永安

2023年8月12日

目 录

上篇 在线公证的当下与未来

中国公证的信息化建设之路 ·· 3
  一、公证信息化建设回顾 ·· 3
  二、公证信息化建设存在的问题 ·· 5
  三、公证信息化建设的完善建议 ·· 8
  四、结语 ·· 10

程序正义调适下在线公证客体范围的解释进路 ································· 11
  一、问题与引入 ·· 11
  二、在线公证客体范围的争论及本质 ·· 13
  三、在线视阈下程序正义理论的调适 ·· 17
  四、在线公证客体范围确定的解释性进路 ···································· 22

在线公证的理论基础、现实困境及法律因应 ··································· 26
  一、在线公证的概念及特征 ·· 27
  二、在线公证的理论基础 ·· 30
  三、域外电子公证立法考察及借鉴 ·· 32
  四、我国在线公证发展的现实困境 ·· 35
  五、助推在线公证发展的法律回应 ·· 38
  六、结语 ·· 42

在线公证的破与立——兼谈江苏省远程视频公证办证平台的发展 ············· 43
  一、江苏省远程视频公证办证平台的产生与发展 ······························ 44
  二、在线公证发展面对的难题剖析 ·· 45

三、推动在线公证发展的合理对策 …………………………………… 48
　　四、结语 …………………………………………………………………… 50

试论海外远程视频公证的模式选择 ……………………………………… 51
　　一、海外远程视频公证场景模式的选择标准 …………………………… 52
　　二、海外远程视频公证的主要模式及其问题 …………………………… 54
　　三、海外远程视频公证场景模式的选择建议 …………………………… 56
　　四、与我国驻外使领馆合作模式的完善建议 …………………………… 58

网络赋强公证参与网贷纠纷治理的思辨与进路 ………………………… 61
　　一、问题的提出 …………………………………………………………… 61
　　二、网贷纠纷治理面临的现实难题 ……………………………………… 62
　　三、网络赋强公证与网贷纠纷治理的理论耦合 ………………………… 65
　　四、网贷纠纷治理中运用网络赋强公证的方案设计 …………………… 71
　　五、网贷纠纷治理中运用网络赋强公证的困境纾解 …………………… 74
　　六、结语 …………………………………………………………………… 78

网络赋强公证在化解网络借贷纠纷中的适用与完善——以诉源治理为分析视角 …………………………………………………………………… 79
　　一、网络借贷纠纷诉讼解决中面临的主要痛点 ………………………… 80
　　二、网络赋强公证化解网络借贷纠纷的主要优势 ……………………… 84
　　三、网络赋强公证化解网络借贷纠纷的流程构造 ……………………… 87
　　四、网络赋强公证化解网络借贷纠纷的制度堵点 ……………………… 90
　　五、网络赋强公证化解网络借贷纠纷的完善路径 ……………………… 93
　　六、结语 …………………………………………………………………… 95

公证三人谈：在线公证的回顾与展望 ……………………………………… 96
　　一、我国在线公证的发展历史以及取得的成绩 ………………………… 97
　　二、当前在线公证遭遇的瓶颈与难题 …………………………………… 105
　　三、未来在线公证的发展方向与具体举措 ……………………………… 111

中篇　中国公证十大典型案例评析

十大典型案例入选名单 ……………………………………………………… 121

十大典型案例与专家评析 ·· 123

    案例一：公证扮演"信用中介"全程助力二手房自主交易 ·········· 123

    案例二：搭建"关证一链通"信息平台　助力优化苏州自贸片区营商环境 ·· 127

    案例三：数字引领公证继承　实现老百姓"伤心事暖心办" ·········· 130

    案例四：公证参与遗产管理人推选及资格确认典型案例 ·········· 133

    案例五：破产企业债权人未受领破产财产分配额提存公证案 ·········· 137

    案例六：公证参与行政执法　法治护航营商环境 ·········· 140

    案例七：以人民为中心　疑难公证巧化解 ·········· 144

    案例八：离婚协议综合性公证服务案 ·········· 147

    案例九：引入遗产管理人办理银行保管箱继承公证 ·········· 150

    案例十：被吸收合并的公司所持上市公司股份承继公证案 ·········· 154

下篇　域外公证制度的比较与启示

巴西公证制度的数字化进路 ·· 159

    一、巴西公证制度的基本特点 ·········· 159

    二、巴西公证制度的数字化趋向 ·········· 160

    三、巴西公证制度的数字化进路及表现 ·········· 161

南非公证制度的改革与发展 ·· 164

    一、南非公证制度的历史沿革 ·········· 164

    二、公证人的从业条件、法律责任与行业自律 ·········· 165

    三、公证服务的适用范围与法律效力 ·········· 166

公证人：印度尼西亚最合格的法律人 ·· 168

    一、公证人的法系定位 ·········· 168

    二、公证人的任职条件与程序 ·········· 169

    三、公证人的权责与义务 ·········· 169

    四、公证人的执业监管 ·········· 170

墨西哥公证制度的地位与特色 ·· 172

    一、墨西哥公证制度的简况 ·········· 172

二、墨西哥公证制度的地位 …………………………………………… 172
三、墨西哥公证制度的特色 …………………………………………… 173

俄罗斯公证体制向公证人本位转型之历程 …………………………… 176
一、国家化、行政化、认证化的"国家证明权" ………………………… 176
二、公证人主体地位回归与公证体制"双轨制" ……………………… 177
三、从公证体制双轨制演进为公证人本位体制 ……………………… 178

历史变迁中的波兰公证制度 …………………………………………… 180
一、波兰公证简史 ……………………………………………………… 180
二、公证行业概况 ……………………………………………………… 181
三、公证自治机构 ……………………………………………………… 181
四、公证职业道德 ……………………………………………………… 182

奥地利公证制度的特色 ………………………………………………… 183
一、作为法院专员的奥地利公证人 …………………………………… 183
二、持久授权书公证 …………………………………………………… 184
三、奥地利公证人电子档案系统 ……………………………………… 185

德国公证职业法律现代化改革 ………………………………………… 188
一、公证行业改革背景 ………………………………………………… 188
二、《关于公证职业法律现代化和修改其他规定的法律（草案）》
  的形成 ……………………………………………………………… 189
三、《公证职业法律现代化法》主要内容 ……………………………… 190

1999年《荷兰公证法》的修改及其完善 ………………………………… 192
一、《荷兰公证法》修改的历史背景 …………………………………… 192
二、《荷兰公证法》修改的主要方面 …………………………………… 193
三、《荷兰公证法》的实施情况 ………………………………………… 194
四、《荷兰公证法》的进一步完善 ……………………………………… 195
  附件 《荷兰公证法》译文 …………………………………………… 196

上篇　在线公证的当下与未来

中国公证的信息化建设之路

苏国强*

摘要：经过多年建设，公证行业的信息化建设取得了一定的成绩，在提升公证服务效率、创新公证服务方式、延伸公证服务触角等方面发挥了重要作用，公证信息化建设的价值日益凸显。回顾近十年来公证信息化的建设情况，发现其在思想认识、融合程度以及数据利用等方面仍存在较多问题。坚持"自上而下的统一规范"和鼓励"自下而上的融合创新"将对改善上述问题和进一步推进公证行业信息化建设有所裨益。

关键词：公证行业；信息化建设；统一规范；融合创新

一、公证信息化建设回顾

近十年来可以说是"互联网＋"引领行业发展创新、助力数字中国建设的重要机遇期，也是公证行业与信息技术深入融合的加速发展期。通过对过去十年来公证信息化建设工作的回顾，我们能够更好地了解公证行业为什么要进行信息化建设，以及十年来是如何开展这一工作的，在总结经验、汲取教训的基础上方能更好地展望公证信息化建设的未来发展。

（一）公证信息化建设的背景

进入21世纪以来，"互联网＋"浪潮风起云涌。各类新兴技术广泛应用，在推动社会经济快速发展的同时，也给各行各业带来了前所未有的严峻挑战，公证行业亦不能置身之外。一方面，随着信息开放和共享交互的程度越来越高，信息查证越

---

* 作者简介：苏国强，福建省厦门市鹭江公证处主任。

来越容易,也越来越便捷,公众对公证的需求降低,一些传统证明类业务尤其是涉外公证业务开始出现日渐萎缩的现象①;另一方面,互联网信息技术的迅速发展和市场需求的增长加速了执业泛化时代的到来,随着国家对法律服务市场准入门槛的放开,不少科技公司、互联网创投公司和以四大会计师事务所为代表的替代性法律服务提供者都开始着重发力,从信息化工具、咨询、审计、税务等领域向法律服务领域不断拓展,给包括公证行业在内的传统法律服务行业带来了日益严峻的生存危机。基于这一背景,越来越多的公证人认识到必须加快公证信息化建设的步伐,唯有如此方能更好地实现可持续发展。

（二）公证信息化建设的底线

作为社会诚信的一道重要防线,公证制度被赋予预防纠纷的关键职能。因此,公证行业的信息化建设必须与其他行业的信息化区分开来,更不能只单纯发展为商业公司的背书,这是公证信息化建设必须坚守的底线。②因此,若想利用信息技术为公证行业赋能,就必须在立足行业自身特性的基础上,形成理性认识,作出清晰判断,进行科学设计。基于此,在司法部和中国公证协会的指导下,公证行业围绕公证信息化建设的方向、方式、方法等问题进行了深入研究,从行业整体推进公证信息化建设伊始就提出了必须坚守的四项基本原则:(1)合法性原则,即无论采取何种手段、技术,公证都必须由公证法律、法规规定的主体按照法定的程序开展;(2)直接性原则,即公证机构据以证明的对象或使用的方法,必须是公证人员亲自"看到""掌握"或者为公证机构完全掌控下的机器所能"看到"或者"掌握";(3)可检验性原则,即公证证明的结论必须是可检验的,可真实还原过程,是在同样条件下唯一确定的结果;(4)安全性原则,该原则包括系统安全和数据安全,即不仅要注意防范外部攻击,也要注意保障数据安全,非经公证机构授权,任何人都不能查看。③笔者认为,这四项基本原则为过去十年的信息化建设奠定了坚实基础,对公证行业今后的信息化建设同样具有指导意义。

（三）公证信息化建设的做法

近十年来,在司法部和中国公证协会的统一规划和整体推进下,公证行业的信息化水平明显提升,公证信息化建设的"四梁八柱"初步形成。之所以能够取得这样的成绩,主要是得益于以下做法。

1. 建平台、打基础。公证行业信息化建设的第一要务在于打造行业的统一化

---

① 参见苏国强:《公证体制改革永远在路上》,载《中国公证》2018年第1期。
②③ 参见苏国强、陈艳、王倩:《"互联网+"时代下的公证信息化建设》,载《中国司法》2016年第9期。

平台。① 近十年来，经过不断努力，公证行业信息化一期、二期建设相继完成，"五库四系统"等以数据和管理为主的基础平台、中国知识产权公证服务平台等以业务和服务为主的应用平台相继上线，相辅相成，在管理优化、服务提升等方面彰显了建设行业统一平台的重要性，夯实了公证行业信息化建设的"四梁八柱"。②

2. 树规范、抓执行。统一标准规范，对于指导行业信息化建设规范发展具有重要意义。为此，公证行业发动业内实务专家，并联合高校以及法律、科技行业等专家学者的力量，基于公证行业当时在管理、服务、数据等方面的工作需求，从全国公证综合管理信息系统建设、公证数据采集管理、信息安全技术、信息资源交换、公证档案数字化、公证数据中心建设、公证链平台接入与管理等方面，对公证信息化建设的主要应用内容和建设要求进行了规范，解决了过去信息化建设乱象丛生、各自为政等问题，有力推动了公证信息化建设规范开展。

3. 强理论、促实践。理论是实践的先导。为了厘清困惑、统一认识，公证行业积极借助高校学者、科技公司等各方力量，围绕推进公证信息化建设所面临的法律、政策与技术问题以及相关的内涵、基本原则、办证模式及操作流程等展开研究，持续开展电子公证基础理论研究，致力于构建较为完善的电子公证理论体系；与此同时，结合互联网发展对公证服务提出的新要求，就电子公证书、远程视频公证、网络赋强公证、网络知识产权公证等问题展开探讨，为传统公证业务向信息化转型、线上化发展以及创新公证业务提供了重要的理论基础，切实发挥了理论研究对公证实践的指导作用。

4. 抓重点、补短板。一方面，以信息化为手段，重点推进电子数据保管、电子合同签署、网络赋强、远程视频公证、互联网知识产权保护等公证业务。以知识产权为例，面对互联网时代下的知识产权服务和保护需要，公证行业打造了"中国知识产权公证服务平台"，极大地解决了社会在知识产权确权、用权、维权等方面的难题。另一方面，针对各地公证信息化建设不平衡以及"一人处""无人处"等问题，中国公证协会号召发展较好的公证机构积极帮扶，向中西部配发硬件设备，无偿提供统一在线受理窗口、公证自助一体机、远程办证系统等信息化工具，补齐短板，以推动公证行业信息化均衡发展。

二、公证信息化建设存在的问题

当然，在为公证信息化建设取得一定成绩"叫好"的同时，我们也应当清醒地认

---

① 李新辉、特孟、刘光文：《公证信息化建设的"四梁八柱"》，载《中国公证》2021年第8期。
② 参见《记2021年的10件公证事件》，载微信公众号"公证文选"，https://mp.weixin.qq.com/s/qyNhveabVhZlNs3H7pgwrA，最后访问日期2022年1月29日。

识到,从各地公证信息化建设的现状来看,还存在着一些问题,并需要行业上下达成共识、共同克服。

(一)思想认识尚须进一步凝聚

长期以来,由于各方对信息化建设的认识不一,甚至存在不少认识误区。例如,有的人认为公证的信息化建设就是开发一套软件或系统,仅仅是个技术问题,对公证业务没有大的影响;有的人认为术业有专攻,公证的信息化应当由技术行业主导,公证人专注办好案件就行;还有的人认为部分公证信息化手段,比如完全依赖远程视频技术的在线公证,就是疫情期间的临时措施;等等。这都导致各地对公证信息化建设的重视程度不足、建设成效不大,有的地区尚处于迟疑或观望状态,不敢开展或尚无力开展;也有的尝试与技术公司进行合作,对技术公司所保管的电子数据开展证明业务;等等。

笔者认为,公证信息化不仅是技术问题,更是思想问题。如果仅将其单纯地看作技术或软件工作,没有从思想认识上将其作为公证解决方案与技术实现方案相结合的一项工作来推进,没有从"互联网＋"时代下行业发展的角度来回应社会需求,没有"以用户为中心"去考虑问题、设计公证产品、提供解决方案,公证行业"被替代""被边缘化"的现象必将愈演愈烈。如上文所述,公证行业已经开始面临证源流失的问题,涉及互联网的业务领域,比如涉外证明类业务,甚至面临着生死存亡的危机。因此,统一思想认识、凝聚发展共识,坚持在遵守公证底线原则的基础上,以互联网思维去推进公证信息化建设工作,可以说是确保公证信息化建设有序推进、行稳致远的首要前提。

(二)融合力度还要进一步加大

加强融合是公证行业跟行业外的部门或单位进行互联互通的前提条件。在行业统一规划、整体推进信息化建设工作之前,各地公证机构就已经开始对信息化建设展开自发探索,并研发出了各种各样的公证业务软件。近年来,各地公证机构在此基础上,还研发了公证自助受理机、公证摇号软件、公证电子数据保管平台、远程视频系统等,极大地提升了公证机构的服务能力和水平。[①] 但是由于各地的信息化建设成果是由不同的科技公司开发的,且这些成果在系统架构、数据格式、字段标准上存在各种各样的差异,系统兼容难度较大,更无法实现数据共享、业务协同。[②]

反观法国,其公证行业的信息化建设也是发端于地方公证人的自发探索,但众所周知,法国公证人对内对外的互联互通程度相当之高,这主要得益于以下几点做

---

① 王剑:《中国公证行业信息化建设情况》,载《中国公证》2018年第10期。
② 苏国强、陈艳、王倩:"互联网＋"时代下的公证信息化建设》,载《中国司法》2016年第9期。

法：(1)从上自下的建设思路,即由行业最高组织机构设立特定的信息化组织部门,负责行业整体的信息化建设规划;(2)统一的平台化建设,即从行业层面建立统一的公证人网络平台(即"二级平台"),并以此平台为基础拓展功能,以实现数据存储、在线查询、数据交换和学习培训、网上拍卖、咨询发布等诸多功能;(3)在注重安全性的前提下加强互联互通。① 虽然,我国公证行业目前也已经建成行业信息化的"四梁八柱",但是,只有行业统一的"二级平台"是远远不够的,还必须加强行业统一平台与各地自有信息化建设成果的融合和应用,并在此基础上,就数据共享的标准规范进行统一,才能更好地实现数据安全与数据互通的平衡,而这都离不开自上而下的推动和自下而上的融合。

（三）数据资源有待进一步利用

数据的价值在于应用,公证档案中蕴藏着丰富的数据资源,既承载着关乎经济发展、社会治理、对外交往的重要资源,又包含关系着每一个当事人的身份信息、婚姻家庭状况及财产状况的重要资源。② 虽然公证行业已经建成公证行政管理和行业管理系统、公证登记簿、公证基础数据系统等基础平台,在机构人员信息、业务信息、风险信息等方面积累了一定数据③,但通过对比可以发现,我国公证行业对公证数据资源的运用明显不足,尤其是在以数据助力社会经济管理决策科学化层面。例如,相较国内其他部门,我国人民法院自2014年7月就建成了人民法院大数据管理和服务平台。基于平台收集的海量司法数据,中国司法大数据研究院发布了967项司法大数据研究成果,为诸多具体场景领域的政策制定、决策支持和产品孵化等提供了科学支撑。④ 除此之外,相关部门对自然人身份、企业证照、不动产登记、学历管理等领域信息数据的运用则更早,而其对促进社会经济发展的成效也显而易见。相较域外公证,法国公证人凭借其集中了全国所有不动产交易信息的强大数据库,建立高质量的房地产价格评估机构,得以为公众提供具有官方色彩和指导意义的房地产价格信息,护航法国不动产市场的规范有序发展。⑤ 此外,它们建立的同居协议(非婚)信息库、遗嘱信息库也对国家管理提供了有力支持和帮助。⑥

---

① 周志杨、吕宏庆:《法国、意大利公证信息化发展对我国的启示》,载《中国公证》2016年第11期。
② 傅秋萍:《公证档案信息化建设的路径研究》,载《中国公证》2020年第5期。
③ 吕晶晶:《新时期公证工作发展改革方法探究》,载道客巴巴网,http://www.doc88.com/p-01699894120246.html,最后访问日期2022年9月20日。
④ 孙晓勇:《司法大数据在中国法院的应用与前景展望》,载《中国法学》2021年第4期。
⑤ 参见巴黎公证人工会主席克里斯蒂安·贝纳斯:《外国公证:法国公证人新拓宽的业务领域》,载微信公众号"昆明市明信公证处",https://mp.weixin.qq.com/s/8BrAbrnQL4OWECPNlsgCCA,最后访问日期2022年9月22日。
⑥ 参见上海市普陀公证处李辰阳2015年1月在中国公证协会于广东深圳召开的2014年度年会上作《互联网时代的公证》主旨发言。

我国公证的数据资源也是全国各地公证机构及公证人员在长期的办证活动中所积累的真实数据,更应该加强利用,使其真正发挥公证作为预防性制度的价值效用,成为个人权益保护、政府科学决策、社会创新治理的重要参考,这也是贯彻落实习近平总书记关于"法治建设更要抓前端、治未病"讲话的应有之义。

三、公证信息化建设的完善建议

公证信息化建设的道路还很漫长,下一步应从坚持"自上而下的统一规范"和鼓励"自下而上的融合创新"入手[①],强化巩固公证信息化建设成果,持续发挥"公证+互联网"深入融合的优势,为推动公证更好地利企便民添力赋能。

(一)坚持自上而下的统一规范,确保公证信息化建设可信、安全、规范、合法

强调自上而下的统一规范,主要是出于以下考虑:一是只有实现统一规范,才有可能实现行业内外数据的互联互通。如前文所述,公证行业的数据价值巨大,但目前由于对信息化建设的理解不同,各地建设的标准各不相同,不同系统工具之间对接难度大,行业内部数据难以实现互联,更无法与公安、民政、银行、不动产、外交等相关部门实现数据互通。二是为了解决各地公证机构自发探索信息化建设中难以化解的深层次问题。公证信息化建设是一项复杂的系统工程,要想实现公证与信息技术的深度融合,仅靠单兵作战是难以完成的,不仅需要行业内部从较高层面就行业性的平台、标准和程序规则等进行统筹推进,还需要与行业外部进行相互联动、协作与配合。三是有利于减少公证信息化建设地域发展不平衡的问题。近年来,虽然公证行业的信息化建设取得了一定成果,但由于各地经济水平、思想认识及投入力度参差不齐,城乡之间、东西部之间信息化建设水平不充分、不平衡的现象依然明显,要想实现公证信息化建设的"一盘棋",离不开自上而下的统筹。

要实现自上而下的统一规范,笔者认为,首先要进一步统一标准规范,即在现有标准规范的基础上,进一步统一以下标准:一是系统接口、数据字段和数据格式等技术标准的统一,通过统一标准确保信息化建设工具安全可靠的同时,方便各地自发探索建设的成果与行业性平台进行对接,实现数据互联互通;二是质量标准、安全标准、操作规程等业务规范的统一,确保业务合规、数据安全。其次,技术实现手段或技术工具可以多样,但必须以遵守公证信息化建设的原则底线为前提,这是由公证的本质属性决定的。再次,要进一步优化集成环境,即在公证行业信息化一期、二期建设搭建的初步集成环境的基础上,结合行业发展需要,进一步利用区块链等新兴技术对以"五库四系统"为基础的公证信息化建设成果进行功能升级和优

---

① 参见苏国强、刘振国、刘建玲:《"科技+公证"未来发展的蓝图展望》,载《中国公证》2021年第8期。

化,并要求各地按照标准要求与"五库四系统"等行业性平台进行对接,实现数据互通、信息共享、业务协同,同时加强与民政、公安、税务局、法院、外交等部门的对接,实现数据共享,让数据为管理插上翅膀、为决策提供依据。最后,要进一步加强统筹指导。近年来,在中国公证协会推动下,中西部地区的公证信息化水平得到了极大提升,办证和管理软件等基础短板得到弥补,但是相比经济发达地区还比较薄弱,应进一步鼓励信息化建设先进地区从人员培训、业务指导、软硬件配备等多方面帮扶相对落后地区,实现全国公证信息化均衡发展。

(二)鼓励自下而上的融合创新,让公证信息化建设问需于民、服务于民

鼓励自下而上的融合创新,主要是出于以下考虑:首先,这是由公证的特性决定的。作为法律服务提供者,公证机构要充分发挥公证预防纠纷的社会功能,就必须以社会需求为导向。毕竟公证机构是为鲜活的当事人服务的,服务的好坏只有体验过的当事人才有真正作出评价的权利。其次,这是由各地的差异决定的。各地经济发展水平、人口流量(特别是流动人口数量)、民俗习惯等,都可能影响当地的公证信息化建设。一般而言,当地的公证处最熟悉当地的状况,最能发挥本土优势,最能结合当地经济社会发展和民众的实际需求来开展信息化建设,如果仅仅强调"自上而下的统一规范",不仅会存在滞后问题,也难以真正满足基层需求。最后,这是实现自上而下统一规范的需要。认识来源于实践,行业规则的统一也必须建立在各地探索的基础上,因为自上而下复制推广的模式往往源于基层经验的不断试验、反复总结。此外,各地已经结合地方需要进行了一定的自发探索,形成了一定的信息化建设成果,推倒重来没有必要,还会造成资源的重复投入和严重浪费。

为进一步鼓励自下而上的融合创新,首先,应要求各地的任何探索和创新都必须遵循上文所述的公证信息化建设的原则,这是因为公证行业与其他行业不同,在质量问题上可谓"一荣俱荣,一损俱损",一旦出现个案质量问题,受到冲击的往往是整个行业的公信力。从某种意义上来说,每一个公证处的质量建设都关乎这个行业的兴衰成败。因此坚守原则底线是允许各地进行创新的第一要务,在这个前提下才能够确保行业信息化建设实现行稳致远。其次,各地主管机关应鼓励各地积极创新,通过大力应用新兴技术、不断创新产品和服务、着力延伸服务领域等,打造具有本土特色、满足地方需要的公证服务;与此同时,鼓励各地加强总结、交流、探讨、帮扶,对于积累形成的有益探索和有益经验,可以提炼、总结并加以推广,助力形成适合全行业推行的经验做法。最后,要从进一步释放体制机制活力入手,让各地信息化建设成果能够"百花齐放""百舸争流",才会有自下而上融合的可能性。一方面,各地应以助推本地经济发展和满足社会实际需求为出发点,对创新业务适

当放开管控,比如执业区域限制,方便地方公证机构更好地进行探索创新;另一方面,创新意味着"摸石头过河",只有不断探索、尝试才能积累教训,形成经验,因此应设立一定的试错机制,"宽容尝试创新者的失败",让创新者想创新、敢创新、善创新,才能让各地的探索与创新如雨后春笋般涌现,最终"聚沙成塔"。

四、结语

道阻且长,行则将至;行而不辍,未来可期。虽然公证行业的信息化建设道路还很漫长,但只要公证行业上下一心,坚持不懈,坚持"顶层设计"与"百花齐放",必将开创公证信息化建设新格局,为推动经济发展、服务社会治理、实现利企便民、深化"一带一路"建设贡献更多公证力量!

程序正义调适下在线公证客体范围的解释进路

周星星*

摘要：在线公证客体范围的确定是在线公证程序顺畅运行的基础和前提,也是在线公证制度能否发展和繁荣的关键。目前,在线公证客体范围的确定在实践层面较为保守,而理论论证层面却出现了保守与激进并行的不同立场倾向。究其原因,争论从表象上看是对在线公证本身正当性、程序稳定性以及服务能力存疑的结果,但归因实质,争议背后乃是公证"程序正义"实现效果的认识差别。在线公证视阈下,程序正义的意涵受到了冲击与侵蚀。各界应跳脱客观程序正义论和主观程序正义论的二元选择,将程序正义平衡论作为在线公证应对技术冲击的法理基础。在此基础上,在线公证客体范围确定的解释性进路可遵循两个层面的思维:一是破解影响在线客体范围确定的表象之因,为在线客体范围的确定消除偏向;二是对在线公证的客体以性质进行界分,根据其出证审查条件来进行阶段性范围的扩展。

关键词：在线公证；客体范围；程序正义

一、问题与引入

在线公证[①]是以遵守公证本质规律为前提,以发挥技术和人工的叠加作用为

---

* 作者简介：周星星,中国人民大学法学院博士研究生,司法部公证理论研究与人才培训基地研究员。

① 目前与在线公证相关的术语繁多,例如"互联网＋公证"、远程视频公证、智慧公证、数字公证等,这些多是伴随着信息技术的发展而来的。在新时代,新的特定信息技术不断涌现,在线公证应该避免与这些新的特定信息技术挂钩。在此,使用"在线公证"作为统一规范术语更为妥当,可以恰当反映这类公证的本质特征,即公证员与当事人之间通过信息技术传递语音、文字和图像等信息,以此完成整个公证过程。

支撑,以强调公证程序全程线上化为趋向①,以实现公证服务的便利和高效为目标的公证活动。在线公证是民众的切实需求②、公证行业变革与转型升级的内在需求以及法院司法实践现实需求综合的产物。较线下公证而言,在线公证不仅能够优化公证流程管理、提高公证效率和公证质量③,而且能打破时空限制、最大限度实现公证便民和利民④,更能提升公证行业的服务能力和推进公证业务办理方式现代化改革。

在线公证以其上述固有优势为根本,借助 2015 年公证行业掀起的与"互联网＋"深度融合的创新发展浪潮⑤和 2019 年后新冠疫情催生的社会对远程视频服务的迫切需求而得以快速向前推进和发展。近年来,司法部更是多次印发文件,倡导、推进公证服务方式的改革,鼓励全国公证机构实现公证业务在线预约、申办,引领在线公证深入发展。⑥ 可以说,在线公证的发展趋势令人欣喜。然而,与此同时,在线公证的发展也遭遇到一些实然困境。其中,在线公证的客体范围便是亟待廓清的关键问题,否则将严重限制在线公证的进一步发展。

在线公证客体范围的确定在实务和理论层面都存在较大争议,各方观点不一。这种不一实际揭示了各方对"在线"背景下公证程序正义实现功能认识问题上存在明显的分歧。程序正义是在线公证的本质所在,也是维护在线公证公信力的重要基石。信息技术赋予在线公证发展的重要动力,但也对传统程序正义的实现效果造成了冲击,侵蚀程序正义的固有意涵。在此,唯有对在线公证背景下的程序正义

---

① 从当事人申请公证,到公证处受理、审核、出证、登记及送达的全部环节趋向通过互联网进行,即公证的主要程序趋向实现全程线上化。当然,即使未来在线公证实现全程线上化,根据个案审查需要,公证机构也可以决定在线下辅助完成部分公证环节。

② 社会的发展和民众的需求对公证服务方式提出新要求,这成为公证转型升级的直接动力。如疫情防控的"非接触"性要求,使得在线公证在实践中被大众接受,不仅具备充足的生存空间,而且发展成为一种现实紧迫的必要。

③ 一是通过利用在线"格式化"功能,将一些事务性的流程格式化,不仅节约了当事人的精力,而且使得公证员有更多精力集中到文书起草、审查证明材料、远程询问当事人、撰写公证书等重要公证环节,提高公证效率和公证质量;二是通过在线公证系统设置,快速实现公证事项的繁简分流,优化相应程序设置。

④ 特别地,部分在线公证事项办理甚至突破了公证执业的区域限制,不仅为申办当事人(特别偏远地区)带来优越、便利的公证服务,延伸了公证服务的半径,而且在一定程度上有利于实现基础司法资源分配的公平。

⑤ 在 2015 年召开的第十二届全国人民代表大会第三次会议上,李克强总理在政府工作报告中首次提出"互联网＋"行动计划。随后,国务院发布了《国务院关于印发促进大数据发展行动纲要的通知》,要求大数据不仅要服务于企业,更要成为提升政府治理能力的新途径。在此大背景之下,公证行业也掀起与"互联网＋"深度融合以推动公证业务创新发展的浪潮,在线公证的探索得以进一步加强。

⑥ 如 2020 年司法部在《关于加强公证行业党的领导优化公证法律服务的意见》(司党〔2020〕1 号)、《关于优化公证服务更好利企便民的意见》(司发〔2021〕2 号)和 2021 司法部《关于印发〈关于深化公证体制机制改革促进公证事业健康发展的意见〉的通知》(司发〔2021〕3 号)中都强调推广运用在线公证服务模式,拓展在线办理公证业务范围,提升公证服务能力。

理论进行适当调适,并构筑符合调适后的程序正义理论的在线公证程序,方能实现对在线公证客体范围确定进路的理性探索。

二、在线公证客体范围的争论及本质

在线公证客体是公证当事人的申请和公证机构行使职能所共同指向的对象。① 在线公证客体范围的确定是在线公证程序顺畅运行的基础和前提,也是在线公证制度发展和繁荣的关键。目前,在线公证客体范围的确定存在着实践和理论两个方面的争论,深刻反映了信息技术和公证服务的深度融合与碰撞。

(一)争论纷呈:在线公证客体范围确定的立场偏向

1. 实践立场偏向保守

观察在线公证实践,发现各地对在线公证客体范围的确定标准和方式各不相同。例如,浙江省慈溪市司法局在《慈溪市在线公证法律服务实施办法(试行)》②中从形式上以"具体列举+兜底"的方式规定了在线公证的范围;从内容上,将在线公证客体的范围限定在法律关系简单、事实清楚、风险可控且群众需求较大的业务。③ 山东省公证协会在《山东省"远程视频"公证服务指引(试行)》④中明确了远程视频公证的业务适用范围,对学历、学位公证等非意思表示确认事项以及无权利处分的意思表示确认事项和有权利处分的意思表示确认事项共三大类17项具体公证事项分别提出不同办理要求。

江苏省公证协会则在《江苏省远程视频公证规范》⑤中明确列举本省远程视频

---

① 参见马宏俊:《公证法学》,北京大学出版社2013年版,第123页。
② 浙江省慈溪市于2019年4月12日印发《慈溪市在线公证法律服务实施办法(试行)》的通知,共14条,是慈溪市司法局认真贯彻落实国务院"放管服"改革和浙江省委、省政府关于加快打造数字政府的部署要求,探索公证服务与互联网深度融合的重要体现。
③ 《慈溪市在线公证法律服务实施办法(试行)》第6条规定,"e公证"可以受理市公证处执业区域内的下列公证事项:(一)亲属关系、婚姻状况;(二)出生、死亡、曾用名、经历、学历、学位、职务、职称、无犯罪记录;(三)证书(执照);(四)文书的副本、影印本与原件相符;(五)一手房银行按揭抵押委托,有关购房、收楼、申办/领取各类权利凭证等不涉及财产处分的委托;(六)标的额不超过10万元的小额遗产继承(领取保管);(七)农村宅基地上房屋继承;(八)其他可以在线受理的公证事项。
④ 山东省在2020年5月发布《山东省"远程视频"公证服务指引(试行)》,共24条,明确了远程视频公证申请主体,"具有中国国籍的大陆地区居民""有中国居民身份证或中国护照""所在地公证机构现不能提供相关公证服务""在境外的,中国驻该使(领)馆现不能提供相关公证服务"等4类主体可申请办理;明确远程视频公证业务适用范围,对学历、学位公证等非意思表示确认事项以及无权利处分的意思表示确认事项和有权利处分的意思表示确认事项共三大类17项具体公证事项分别提出不同办理要求;对使用的软件系统要求、当事人身份识别、电子签名、交互印证、数据存储、文书送达、整卷归档等多个方面作出了明确规定,同时还明确了申请人在人身受到胁迫时公证员可以终止办理的不安处置权。
⑤ 江苏省公证协会在2020年9月制定出台了《江苏省远程视频公证规范》,共22条,对远程视频公证活动在软件开发技术要求、业务适用情形和事项范围、业务活动开展流程事项、数据存储、服务收费、文书送达、立卷归档等多个方面作出了明确规定。

公证限定于四类具体公证事项:(一)不涉及处分财产的委托;(二)夫妻之间或父母与子女之间处分财产的委托;(三)不涉及转移、放弃权利的声明;(四)不涉及处分财产、转移或放弃权利等文书上的签名。然而,江苏省公证协会并未完全封闭远程视频公证的适用范围,其规定"经江苏省公证协会认可的其他公证事项"也可适用远程视频公证,为将来远程视频公证适用范围的扩展留下了空间。广东省深圳市福田公证处的"云上公证"的适用范围则更为特定,主要处理网络信息的取证、固证、备案等工作。

此外,国际公证联盟领导委员会于2021年2月26日批准通过的《远程公证十诫》明确远程公证仅适用于因其单方法律行为性质或关联性质而不会引起利益冲突的公证文书(特别是委托书,协会和公司的设立或变更文书),但不放弃探索在技术条件许可的前提下允许所有类型的法律交易以电子公文书的形态得以实施并且对文书的性质和/或当事人的数量不再进行任何限制的可能性。大陆法系国家对在线公证客体范围的界定与国际公证联盟基本保持一致。例如,法国仅限于委托书的在线公证,主要用于不能亲自前往公证人事务所办理公证业务的当事人委托他人代为前往办理;而意大利则仅限于公司登记文书的在线公证。

从前述对在线公证实践探索的总结中可以看出,在线公证受理客体范围的确认具有保守性,大致可归结为两种场景:第一,对程序保障要求较低,更侧重于公证效率的公证事项,如法律关系简单、无争议的证明类事项;第二,在线公证受制于特定案件类型,如适用于涉外案件等当事人距离较远案件、涉网案件等属性与互联网密不可分的简单案件,而复杂案件则相对较难适用。

2. 理论论证保守与激进并行

与实践立场偏向保守不同,理论界对在线公证客体范围的界定呈现出保守与激进并行状态,难以达成一致观点。

从激进立场来看,有的学者从公证事项的类型化角度出发,认为所有的公证客体都可以在线办理,因为最难把握的民事法律行为类公证都可以实现线上化,举重以明轻,有法律意义的事实和文书更不存在法理障碍和实现障碍。有学者在认可对在线公证事项范围采取"应上尽上"原则的基础上,进一步提出宜采用排除法,对不适宜采用在线方式的公证事项进行列举。[①] 也有学者以电子签名是否适用公证事项作为在线公证客体范围的划分依据,如涉及婚姻、收养、继承等人身关系的,或涉及停止供水、供热、供气等公用事业服务的,或者法律、行政法规规定的不适用电

---

① 不适宜采用在线方式的公证事项,比如遗嘱(属于程序有特殊要求)、遗赠扶养协议、认领亲子、收养关系、解除收养关系、抚养事实、监护、意定监护协议(属于与人身密切相关事项),以及公证员亲临现场的现场监督、现场保全(属于程序有特殊要求)。

子文书的其他情形的,则不适用在线公证。①

从保守立场来看,有学者直接提出在线公证的服务领域有限,对于信息真实确认的认证类公证事项,在线公证可以高效、安全解决;但对于实质审查的公证事项,在线公证的影响有限。② 也有学者将在线公证的客体范围限定为传统业务中的公证文书类和基于中国互联网经济的现实需求而提出的虚拟对象类公证,对于传统业务中的行为类公证则不可进行在线公证,只能在部分非关键环节应用技术辅助办理公证。③

(二) 表象肇因:在线客体范围确定偏向的考量

无论实务界还是学界,均对在线公证的客体范围难以达成一致看法。而究其原因,从表象上来看,是诸多因素混合作用的结果。

1. 在线公证正当性认识差别的限制

正当性是在线公证经得起监督、质疑的保障,而直接原则④是在线公证正当性、合规化的核心争议。直接原则在《公证程序规则》第5条第2款、《最高人民法院关于适用〈中华人民共和国民事诉讼法〉的司法解释》第478条中确立,以"亲自性"⑤与"到场性"⑥为核心内涵,既可使得公证员与申请人直面交流,一定程度上防止假人假证、当事人意思表示不真实的情况出现,又有助于公证员对公证事项真实情况的捕捉。可以说,直接原则是确保公证真实性、合法性的重要保证,是维护公证公信力的重要基石。⑦

但在线公证中,信息技术与公证的结合使得公证活动由线下转为线上,公证员与当事人之间的互动也由物理性面对面接触转为虚拟空间下的信息交互。不仅如此,在线技术与公证程序融合程度的不确定性,影响着人们对在线公证服务质量和

---

① 《中华人民共和国电子签名法》(以下简称《电子签名法》)(2019年修订)第3条规定:"民事活动中的合同或者其他文件、单证等文书,当事人可以约定使用或者不使用电子签名、数据电文。当事人约定使用电子签名、数据电文的文书,不得仅因为其采用电子签名、数据电文的形式而否定其法律效力。前款规定不适用下列文书:(一)涉及婚姻、收养、继承等人身关系的;(二)涉及停止供水、供热、供气等公用事业服务的;(三)法律、行政法规规定的不适用电子文书的其他情形。"
② 比较适合处理形式审查的保全证据等认证类公证事项,通过互联网公证可以固定有关客观事实,为其增加可信度,促进该信息在不同主体间无障碍使用。而对于合同等以意思表示为核心的采取实质审查的公证事项而言,在线公证难以保证当事人主体真实性,适用存疑。参见段伟:《唱衰传统线下公证处为时过早》,载微信公众号"公证文选",最后访问日期2019年1月12日。
③ 参见邓矜婷、周祥军:《电子公证相关问题初探》,载《中国司法》2020年第12期,第91-92页。
④ 直接原则是在线公证程序的核心原则,是指公证员应当亲身经历公证案件的主要过程,包括核实当事人或其代理人的身份并确认其意思表示、审查证明材料、出具审查意见并拟製公证书等。
⑤ "亲自性",是对公证员进行公证程序的时间要求,要求公证员全程连续参与公证程序。
⑥ "到场性",是对公证员进行公证程序的空间要求,要求公证员与当事人"面对面"。
⑦ 参见刘崴:《关于"智慧公证"的整体构想》,载《中国司法》2015年第6期,第44页。

服务能力的认识,以上种种,都会对公证的"直接原则"造成严重冲击。一方面,公证场所由线下转移至线上,时空上的距离阻断了公证员对公证事项相关信息的多方面获取与感知,公证员的"亲历性"受到限制,加重了公证审查的书面化,进而影响其对公证事项真实性的审查。另一方面,公证员无法"面对面"向当事人进行告知、解释,只能通过视频,甚至网页提示进行公证程序的推进。有鉴于此,在线公证利用信息技术进行的虚拟、非接触的交流是否在直接原则的"射程"之内,是否符合《公证程序规则》确立的以"面对面审查"为基础的规则体系,各方对此的答案莫衷一是。这从根本上影响了在线公证的探索,特别是对在线公证客体范围的确定。

2. 在线公证程序本身具有的风险性影响

目前,《中华人民共和国公证法》(以下简称《公证法》)和《公证程序规则》均无对在线公证程序的详细规定[①],司法部在其发布的规范性文件多为一些前瞻性、倡导性、指向性的内容。政策的前瞻性与法律的滞后性之间的矛盾,在很大程度上限制了在线公证的发展。在线公证程序由于处在实践摸索阶段,其合法性和合理性极易遭受质疑,具有不可避免的风险性。例如,在线公证的合法性问题未得到法律确认,实践探索很容易踩着法律红线进行,很多探索因此被叫停。这无疑加大了各方对在线公证发展的顾虑,自然有很多公证处和学者对在线公证的客体范围持谨慎态度。例如,浙江省宁波市考虑到在受理、告知、询问核实等环节尚存在一定风险和盲区,故在受理范围确定时持谨慎态度,先行上线 14 大类法律关系简单、事实清楚、风险可控且群众需求较大的业务,循序渐进,再根据实践发展逐步向更多事项拓展,严防"风险盲区"影响公证权威。

3. 公证机构本身在线服务能力的限制

公证客体范围的确定是公证机构在线进行公证活动的基础,其在决定公证机构业务活动量的同时,也考验着公证机构的服务能力。公证机构在接受当事人的申请进行在线公证时,需要具备在线服务的软硬件能力。毫无疑问,由于在线公证尚处于实践摸索状态,发展还较为有限,公证机构的服务能力有待提高,从而限制了在线公证客体范围的扩展。例如,江苏省在确定在线公证客体范围时设置了兜底条款[②],但该兜底条款是"活性"的,由公证机构根据自身在线服务的能力进行申

---

① 现行《公证法》制定于 2005 年,当时互联网技术不发达,没有明确的在线公证规定。司法部于 2020 年修改的《公证程序规则》在第 70 条增加一款,作为第 2 款:"公证机构采取在线方式办理公证业务,适用本规则。司法部另有规定的,从其规定。"

② 《江苏省远程视频公证规范》第 5 条公证机构使用远程视频公证系统可以办理下列业务:(一)不涉及财产处分的委托;(二)夫妻之间或父母与子女之间处分财产的委托;(三)不涉及转移、放弃权利的声明;(四)不涉及处分财产、转移或者放弃权利等文书上的签名;(五)其他公证业务。公证机构办理前款第(五)项公证业务的,应当报设区的市公证协会审核。市公证协会应当对申办机构人员配备、信息化水平以及远程视频公证软件等进行综合评估,将评估报告和公证机构的申请材料一并报省公证协会审批。

报,由上级部门进行审核通过,赋予其在线办理某类证明的权力。

(三)本质归因:争论背后实现"程序正义"的认识差

总结以上表象之因,从在线客体范围保守论的观点来看,实务界和学界对在线公证的正当性、程序机制稳定性以及服务能力存疑,以致他们对在线公证客体范围的确定持谨慎态度,多偏向于对程序保障要求较低、注重公证效率的公证事项,或涉网、距离较远的特定案件类型。而从在线客体范围激进论的观点来看,在线公证是适应互联网社会生态的公证服务方式变革,是时代发展的必然趋势,其既由前瞻性政策的落实需要、多元主体的迫切需求所推动,又有在线公证本身不可替代的优势作用,所以应大力开拓其客体范围,让其发挥应有作用。

比较两者观点,我们可以发现,无论是保守论还是激进论,其本质都指向了共同的问题,即在线公证能否实现公证所要求的程序正义。程序正义是在线公证的本质所在,也是维护在线公证公信力的重要基石。故实务界和学界对在线公证客体范围的争论,实质上是对在线公证能否从主观和客观上实现公证程序所要求的程序正义效果存在不一致的认识。

信息技术背景下,公证程序正义意涵及实现效果受到了冲击和挑战。在线公证程序所能实现的公证程序正义是否与线下公证程序所要实现的程序正义相同?对在线公证程序正义的这些疑惑影响了实务界和理论界对在线公证客体范围的探索。在此,我们需要从根本上探究在线技术背景下公证程序正义理论的意涵是否发生变化、究竟发生了何等变化以及如何适应这种变化?在调适程序正义理论后,我们又该如何进行相应的在线公证程序的构建?基于上述几个问题,本文将对在线公证客体范围作出一个理性的确定进路。

三、在线视阈下程序正义理论的调适

(一)实然必要:程序正义理论备受冲击与侵蚀

程序正义,源于诉讼语境,被视为正当程序的独立价值内涵,是"看得见的正义"的重要体现,即诉讼不仅要使人民感受到案件裁判结果的公平正确,更要满足人民对裁判过程公平合理的期待。在公证程序中,程序正义的重要性仍旧毋庸置疑。公证是在法定公证程序约束下所做的证明活动,程序正义是其公信力保证的基础。公证程序正义至少包含了程序参与平等和程序过程正当两方面的内容。公证的程序正义不仅使公证申请人的公证权利得到充分尊重,而且有利于公证员所做公证结果的正当化。

在线下公证语境下,《公证法》《公证程序规则》规定公证机构在申请、受理、审查、出证、救济等方面职责的同时,也赋予和保障了公证当事人在公证程序开始、进

行、终结、救济等阶段的公证权利①,公证活动的过程具有正当性,保证了公证程序正义的实现。然而,回到在线公证语境之下:

一方面,《公证法》和《公证程序规则》均无对在线公证程序的详细规定,司法部在其发布的规范性文件中也仅存在前瞻性、倡导性、指向性内容。在线公证程序的明确在法律层面存在滞后性。另一方面,在线公证程序不是对线下公证程序的"推倒重来",其虽与线下公证程序的本质及目的一致,但绝不是对线下公证程序的照搬,而是为适应社会智能化发展趋势,根据在线、远程的特征,利用信息技术对公证实现方式进行扩充以及对公证程序进行必要改造,使公证行为符合在线实施。在线公证表现出的以上的法律滞后性和程序再造性,冲击与侵蚀着人们在主客观上对在线公证制度程序正义实现效果的认识。

1. 对程序平等的冲击

技术,特别信息技术嵌入公证程序,因社会层面存在结构性不平等,潜在的公证申请人既可能被"赋权",也可能被"索权",形成实质意义的系统性歧视②,即在网络化的公证环境中,不同的当事人对网络的熟悉程度各不相同,运用网络的能力千差万别,甚至硬件设备也相差甚远,这些差异导致"数字鸿沟"无法完全消除。③当事人网络运用能力强,熟悉互联网环境且熟练掌握互联网技术时,能够借助网络更加方便快捷地利用在线公证程序,实现"赋权"服务;而对不熟悉网络环境的当事人而言,他们本身疏于在互联网上进行沟通交流,可能难以参与已经信息化或数字化的公证程序,即使利用在线公证程序,效果也不一定会比线下公证如意。另外,虽然技术工具主义视角下的技术具有中立性,但技术毕竟是由人设计的,假如在线公证系统的设计者带有潜藏的偏见并将其传送到公证程序,公证机构和公证申请人之间的程序参与将会出现失衡。

2. 对程序参与的冲击

技术是在线公证的底色,在线公证以数字技术的发展为重要动力,这是在线公证区别于线下公证最直接的特征。技术的革新引起了公证服务方式的创新和变革。在线公证利用数字技术展现的远程、虚拟的特征对公证实现方式进行扩充,使公证行为得以在线实施。

---

① 如从程序正义的角度说,《公证法》《公证程序规则》赋予了公证当事人自我陈述、自我举证的权利,各方当事人的意见和想法被公证员客观、忠实地记录和倾听,同时各方都有平等的机会获得公证员提供的法律咨询和帮助,以便保护当事人在清楚明白法律规定的前提下作出自己慎重、明确选择的权利。参见马宏俊:《公证法学》,北京大学出版社2013年版,第204页。
② 参见罗英:《数字技术风险程序规制的法理重述》,载《法学评论》2022年第5期,第153-154页。
③ 参见胡昌明:《"司法的剧场化"到"司法的网络化":电子诉讼的冲击与反思》,载《法律适用》2021年第5期,第81页。

然而,技术具有双面性,赋能与风险并存。一方面,数字技术迅速嵌入公证程序的运行之中,使得公证程序程式化、自动化和简单化,压缩和封闭了公证员和公证申请人的直接参与,程序安全感减弱。最为直接的就是在线公证程序冲击着线下公证程序赖以为基础的"面对面审查原则",对公证程序的正当性形成了更直接、更大的冲击。相较传统公证程序的线下"面对面"审查而言,在线公证可能导致公证当事人的直接参与减少,而这对于公证员作出最终的法律判断具有重要影响。在线沟通能否完全排除当事人意思瑕疵,能否对当事人意思表示真实作出判断?通常情况下,在线公证可以实现快速可靠辨别当事人的身份和确定当事人的意思表示。然而,在当事人处于恶意或者被胁迫的特殊状态下,仅仅靠形式化的在线公证受理审查,显然无法识别公证的真实性。机器或者技术缺乏主观能动性,无法完全辨别出公证申请人的真正状态。在此情况下,在线公证可能沦为虚假公证或者恶意公证的工具。

另一方面,人类认知的局限使得技术带有固有的不确定性,这种不确定传导至公证制度,为公证程序的运行带来了不可预测的风险,造成了公证程序控制的隐忧。综上,在线公证对传统程序正义理论的意涵形成冲击,侵蚀着程序正义固有的程序中立、程序参与等特质。更为实质地说,技术带来的风险性和不确定性冲击着公证程序正义的固有意涵。当然,程序正义作为正当程序原则的重要组成内容,具有鲜明的时代性,能够随着规范对象的时代变迁而不断丰富自身内涵,这一特点恰到好处地缓和甚至消解了信息技术风险的不确定性。[①]

(二)应然调适:程序正义平衡论的引入与支撑

1. 数字技术下程序正义论的更新

面对信息技术对程序法治的冲击和侵蚀,法学界提出了两种不同的程序正义新内核,对传统程序正义理论进行了调适。

第一,客观程序正义论,主要表现为技术性正当程序论,其基于信息技术怀疑主义,强调通过设计新的程序机制代替信息技术侵蚀后的程序制度,与传统程序正义协力实现程序正当性。在这个过程中,技术性正当程序论主张摆脱技术万能或者强依赖心理,发挥人工介入和监督的作用。技术性正当程序论实质上意图通过构架新的程序制度和发挥人工作用,来针对性地缓和与适应信息技术对程序正义理论造成的冲击和侵蚀。可以说,技术性正当程序论具有很强的针对性,通过程序控制和更新来适应信息或者数字技术带来的变化。但其所提出要大力发挥人工介入和监督作用的做法,又可能消解信息技术所带来的正向效率变化,动摇信息技术

[①] 参见罗英:《数字技术风险程序规制的法理重述》,载《法学评论》2022年第5期,第155页。

对程序的根本作用。

第二，主观程序正义论，基于信息技术肯定主义，强调信息技术因具有的不断更新程序参与和表达方式、持续改善缺陷并迭代升级、程序及时和规模化处理强等优势，故其能极大提升程序制度的主观公平感，形塑更为公正和更具有可接受性的程序正义。主观程序正义论以信息技术融入程序设计对社会心理的作用机制为出发点，主张信息技术具有趋向性和优越性，可以通过信息技术本身的进步形塑更为公正和更具有可接受性的程序机制，消解技术对传统程序正义实现带来的不良冲击。可以说，主观程序正义论抓住了信息技术的优越性，但陷入了"技术万能主义"和"技术强依赖"之中，忽视了人不可或缺的作用。

2. 主客观程序正义论的不足

综上，无论是客观程序正义论，还是主观程序正义论，既具有合理内核，但又都存在不足。前者是建立在质疑"技术万能或者强依赖"的基础上，以新的程序制度构建与程序主体参与正义并重，来实现信息技术下的程序正义；后者则坚信"信息技术本身的自我更新及完善"，并且通过信息技术的更新和完善构建相应的程序，满足人们对程序正义的心理需求。二者既有关键共同点，又有明显区别。

二者都希望通过新的程序制度构建来缓冲信息技术对传统程序正义实现的冲击，这是通过程序控制来实现程序正义的典型表现，具有可行性和合理性。但二者在新程序制度设计的目的和方式上出现了分野。程序客观主义是从构建程序正义的客观标准出发，主张在新程序制度设计中强化人工的干预和监督；而主观程序正义主义是出于满足人们对程序正义的持续性追求，主张以信息技术的自我更新来设计新的程序机制。客观程序主义有可能会减损信息技术带来的程序优势，甚至加重程序冗余，而主观程序主义容易陷入"技术万能或强依赖"。技术解决不了所有问题，若公证员仅仅在技术层面被需要，沦为公证流程的非核心要素，且其没有任何显著程度的独立性或者对过程的掌控性，那么公证员将在在线公证流程中丧失独立性和自主权，成为商业利益链的附庸。

3. 程序正义平衡论的选择及支撑

虽然客观程序正义论和主观程序正义论都存在不足，但其又都具有一定的合理内核，那么是否可以将其进行有机统一？为此，有学者提出将程序正义平衡论作为对信息技术风险程序规制的法理基础。程序正义平衡论在合理汲取技术性正当程序论核心主张的基础上，注重以主观程序正义补强结果正义性。[①] 在此，我们可以借鉴程序正义平衡论实现了客观程序正义和主观程序正义有机统一的构架思

---

① 参见罗英：《数字技术风险程序规制的法理重述》，载《法学评论》2022年第5期，第158-159页。

路,但对其所指向的内涵则根据在线公证程序所表现出的特质加以厘定。

其一,虽然在线公证对程序正义的实现造成了冲击,但在线公证在技术赋能之下表现出不可替代的优势。首先,在线公证可以优化公证流程管理,提高公证效率和公证质量。一是通过利用在线"格式化"功能,在线公证将一些事务性的流程格式化,不仅节约了当事人的精力,而且使得公证员有更多精力集中到文书起草、证明材料审查、公证书撰写等重要公证环节,提高公证效率和公证质量。二是通过在线公证系统设置,快速实现公证事项的繁简分流,优化相应程序设置。其次,在线公证可以打破时空限制,最大限度地实现公证便民、利民。在线公证当事人不仅可以随时随地申办、获取公证信息,而且可以通过被接入在线公证移动平台的全国一体化政务服务平台获取公安、民政、不动产等信息以便在线完成相关申办流程和实现无证明式公证,延伸了基层公证法律服务,着力解决了基层群众办理公证周期长、多趟跑的局面。最后,在线公证有助于提升公证既有的服务能力和推进公证业务办理方式的现代化改革。从公证业务创新的角度出发,在线公证有助于扩展公证新业务,实现公证增量发展,解决诸多线下公证难以有效解决的难题,增强公证制度的活力。[1]

毫无疑问,较线下公证而言,在线公证不可替代的优势是信息技术应用于公证,并通过技术增量式赋权和重构式创新,进而赋能公证,实现公证具体问题与治理主体、解决方案的智能匹配,从而提升治理效能。[2] 故我们不能因为在线公证存在着程序正义实现风险就否定"在线技术"的作用,而应通过利用新的数字技术和设计新的程序制度以及加强程序主体的程序参与,来缓解信息技术对程序正义带来的冲击。

其二,信息技术固然可以赋能公证,提高公证效率和提升公证质量,但人在在线公证中的作用和需求也不可忽视。一方面,在线公证程序不是简单的机器格式化运行,公证机构和公证人要在其中发挥主体作用。这也是在线公证能保持公信力,为社会源源不断提供公共服务的重要因素。当然,这种"公证主体"区别于线下公证中的"公证主体",因为它不仅出现在"事中",即公证机构要时刻把控公证申请的过程,协助引导当事人进行操作,应对可能出现的各种新情况、新需求,并进行审核等,还更多地出现在"事前",比如通过参与事前的产品和流程设计,将公证员的把控审核前置,从源头控制可能的公证风险。另一方面,在线公证程序的目的并非揭露客观真相,而是维护民事实体法的秩序,保障民事主体的合法权益。在此目的下,在线公证程序规则和制度的构建及所要实现的程序正义应当以当事人为主体,

---

[1] 如针对网络借贷的大量出现,公证机构可以与银行合作,直接在银行设立"网络赋强公证办理处",在当事人申请贷款的同时同步进行赋强公证的办理,出证快速,解传统赋强公证无法适应高频率之难,既能够帮助银行更快完成业务的办理,也有助于当事人更加迅速地拿到贷款。

[2] 参见张丙宣:《如何运用数字技术提升治理效能》,载《学习时报》2020年3月30日,第5版。

满足当事人的需求,为当事人服务。毫无疑问,公证机构的主体作用和公证申请人的当事人主义要求契合了程序平衡论中主观方面的内容,在线公证应注重适当的人为干预和监督调整程序设计,以增强程序主体(包括可能和潜在的程序主体)对信息或者数字技术设计的程序制度的接受感、满意度。

综上,在线公证背景下,适宜选择程序正义平衡论作为程序控制的法理基础。在客观上,利用新的信息技术和设计新的程序制度,加之程序主体的适度程序参与,来适应信息技术对公证程序正义带来的冲击。从主观上,关注人们在在线公证语境中的程序正义感受,注重从主观上通过适当的人为干预和监督调整程序设计,增强公证程序主体(包括可能和潜在的程序主体)对信息技术设计的程序制度的接受感、满意度。

四、在线公证客体范围确定的解释性进路

前文我们在明确在线公证客体范围争议背后实质乃是"程序正义"实现认识差的基础上,分析了在线公证背景下程序正义理论受到的冲击与侵蚀,然后通过分析客观程序正义主义和主观程序正义主义的优劣,选择并论证了程序正义平衡论作为在线公证应对技术冲击的法理基础。这为我们研究在线公证客体范围提供了一条确定的解释性框架。具体而言,在线客体范围确定的解释性进路,可遵循两个层面的思维:第一,破解影响在线客体范围确定的表象之因,为在线客体范围的确定消除偏向;第二,对在线公证的客体以性质进行界分,根据其出证审查条件来进行阶段性范围的扩展。

(一)在线客体范围受限表因再考量

程序正义平衡论为在线公证范围确定偏向的考量,提供了一条新的确定分析思路。此处拟以程序正义平衡论的意涵为根据,从主观和客观两个方面,对在线客体范围受限表因进行再考量,以程序控制来消除在线公证客体范围确定所面临的障碍。

1. 直接原则有限扩张其"射程"

在线公证对直接原则的冲击已经不可避免,在这种情况下,有观点认为,在线公证程序对直接原则传统内涵的突破并非不可接受。在线审查与当面核查效果具有等同的拟制,其在远程身份确认以及电子介质资料防伪等适用上的难题,可通过现有的身份识别、电子签名等技术得到完美解决,只不过囿于电子技术存在真实性风险的特点,需要在在线审查的过程中给予特别的关照,保持更为审慎的态度。[①]

---

① 参见蔡虹、夏先华:《网贷纠纷治理的新进路:基于"互联网+"的强制执行公证》,载《湘潭大学学报(哲学社会科学版)》2019年第6期,第52页。

从程序正义平衡论来看,此种观点具有合理性。

从客观上看,在线公证将公证中的核心要素通过技术手段设计成非线下见面程序进行等效同质的实现和替代,其实可以认为"在线"在公证中的运用不过是一种信息获取渠道的延伸而不构成对直接原则核心价值的损害。考察司法审判领域与公证同根同源的直接原则的演变也能证实的确如此。传统上,直接原则要求法官在物理层面当面与诉讼参与人接触并亲自审查证据。但随着技术的发展,以杭州互联网法院为代表的新型法院已经实现了诉讼的远程化。这一概念更新能被迅速接受的背后逻辑在于法官借由技术构建获得了更高效、更可靠的信息获取渠道且并未损害直接原则的核心价值。

从主观上看,公证申请人对公证程序最大的满意是其能够实现公证结果的真实性。这种主观的期盼反映出公证的结果导向性质,即公证的过程服务于公证结果。① 目前对直接原则规定的目的是要求公证机构及人员能够保证当事人主体的真实性,包括身份和意思表示的真实。若在线公证能够达到与当事人线下"面对面"相同的效果,即快速可靠辨别当事人的身份和确定当事人的意思表示,那么对直接原则的内涵作新解释便具有了合理性和正当性。况且传统的肉眼识别以及面对面接触已经难以满足群众对公证时效性、便捷性的需求。② 线下公证面对面情境下的信息交互模式可以借由网络信息技术实现。

直接原则扩大解释的最大顾虑是担心在线条件下仅仅凭借信息技术未能保证公证的真实性,那么可对其进行有限制的解释,"亲自性"与"到场性"可以借鉴互联网工具突破物理空间,但暂不能被机器或技术完全替代③,即在线公证并不拒绝"到场""面签",而是利用信息化技术将传统的"到场""面签"模式加以线上转化,同时建立健全"人防""技防"并重、"线上线下管控"结合的风险防控机制,在最大程度上减少在线公证带来的风险,从而增加直接原则扩张解释的合理性。

总的来说,程序正义平衡论下,直接原则可以合理且有限扩张其"射程",消除公证当事人对公证意思表示真实性判断、公证服务质量的顾虑,为在线公证的申请、审核、出证等程序的运行提供正当性支持。

2. 技术程序更新与主体作用、需求并重

在线公证程序既要注重发挥技术的作用,适度强化程序主体的程序参与,促进新技术对程序的持续完善,又要关注人们在在线公证语境中的程序正义感受,消除

---

① 参见段伟、李全息:《公证人职责研究》,法律出版社2016年版,第282页。
② 参见方良祯:《"互联网+公证"在公证服务中的应用研究》,载《中国公证》2021年第5期,第41页。
③ 更为激进的做法是技术完全替代"到场""面签",例如,有公证处在商标转让、公众号迁移事项的网络承办方面用"刷脸+智能问答"的方式代替了面签。

他们对技术依赖的隐忧,具体可根据公证机构的主体作用发挥和公证申请当事人的正当程序参与需求来调整程序设计。

第一,在线公证程序建设中要坚持以信息技术为核心推动力,提供新的程序机制来取代信息技术所侵蚀的程序性机制,例如,利用最新数字技术设置更加严格的身份核验程序、严密的程序告知阅读程序、精细的审查程序、严格的出证程序、安全的数据文件保管程序等,竭力化解传统正当程序理论核心价值要素所面临的正义风险。

第二,在线公证程序中要坚持关注程序主体对程序设计的可接受性和主观满意度。一方面,尊重公证机构的主体地位,满足其对在线公证程序的作用发挥,尊重其对程序过程正义的参与;另一方面,尊重当事人的程序选择,根据当事人的合理程序要求及时调整程序设计,为当事人提供平等、安全、公正的服务。唯有如此,方能克服在线公证程序本身具有的风险性和不足,最大限度减轻公证机构本身服务能力的限制。

(二)在线客体范围确定的逻辑进路

我们已经借助程序正义平衡论对在线客体范围受限表因进行了再考量,主张直接原则可有限扩张其"射程"以确立公证程序正当性,实现技术程序更新与主体作用、需求并重,从而力图克服在线公证程序本身具有的风险性或不足。在线公证客体的表象之因通过程序控制得到消解。在此基础上,我们需要践行第二层的思维。

根据公证事项的不同性质,公证机构受理的客体范围可分为法律行为、有法律意义的事实、有法律意义的文书、可赋予强制执行效力的债权文书、公证事项有关的辅助业务。[①]

首先,实务界和理论界目前对有法律意义的事实和文书适用在线公证程序基本无争议。因为有法律意义的事实或者文书,虽然在法律上具有特定意义或者作用,但其不涉及意思表示和权利处分,对程序保障要求较低,更侧重于公证效率的要求,故对有法律意义的事实和文书进行在线公证,不会有损其公证的公信力,反而能够利用信息技术为当事人提供新的参与和表达方式,打破时空界限,为当事人提供公证便利,提高公证效率,增加当事人的程序公平感。

其次,对于公证事项有关的辅助业务,如证据保全、保管遗嘱或者其他文件,适用在线公证也不存在阻碍。特别是对于证据保全,区块链、云平台等数据技术的应用,不仅使得公证效率大幅提高,而且公证的安全性也得到了更充分的保障,增加

---

① 江伟:《公证法学》,法律出版社1996年版,第53-57页。

了人们对在线公证程序的正义满足感。

最后,在线客体范围确定争议最大的便是法律行为和可赋予强制执行效力的债权文书公证事项,特别是法律行为公证事项,不仅涉及意思表示真实的认定,而且攸关权利处分,故无论理论界还是实务界对其能否适用在线公证程序都莫衷一是。从理论上讲,所有的公证事项都应属于在线公证受理的客体范围。在线公证并不否定公证制度本身,其实质为公证服务方式的创新和变革,其内核仍以实现当事人意思表示的受领、固定、传递等公证本质规律为根本遵循。① 在程序正义平衡论的指引之下,信息技术迭代更新引起程序制度持续优化,程序主体的适度参与缓和技术正义、程序主体的正义感受反作用于程序制度建设。在此基础上,在线公证程序必将克服对传统程序正义冲击和侵蚀带来的正当性风险。自然而然地,在线公证客体范围也将得到最大扩展。当然,在线公证客体范围的扩展要秉持循环演进方式,切不可操之过急,不能在公证机构的硬件、当事人的接受程度、在线公证程序本身未标准化等各方面条件尚不具备时全面推行。因此,在线公证程序适用范围应坚持逐步扩展。

此外,在线公证的客体范围在确定上也存在例外。如《电子签名法》规定了几种不适用电子签名的合同:一是涉及婚姻、收养、继承等人身关系的;二是涉及停止供水、供热、供气等公用事业服务的;三是法律、行政法规规定的不适用电子文书的其他情形。目前在线公证的终结阶段,即出证主要依靠电子签名技术来实现远程本人确认,故不适用电子文书的合同难以完成在线公证程序的整体进程。当然,不适用电子文书的情形不是一成不变的,如2019年《电子签名法》修改,将涉及土地、房屋等不动产权益转让的合同类型和涉及供电公用事业服务的合同类型纳入电子签名的适用范围。这意味着随着社会需求的不断加大和电子签名技术的完善发展,其适用范围会越来越广,相应地在线公证程序的受理客体范围也会越来越广。

---

① 参见段伟、王海宁、李全息等:《从公证本质看公证程序的应然状态》,载《中国公证》2014年第6期,第42-43页。

在线公证的理论基础、现实困境及法律因应

张 进*

摘要：在线公证不同于电子公证和网络公证，是一种全新的公证形式，具有公证活动在线化、公证平台账号化、公证规则现代化等特征，当事人同意和法律的不断发展为其提供理论根基。美国、日本、韩国等国的电子公证立法经验启示我国应重视在线公证立法，以修订现行法律为主要途径，重视与其他法律法规的衔接，并注重实施细则的制定。考察我国现行法律和电子公证、网络公证的发展实践发现，我国在线公证发展面临法律地位及效力不明、政策无法充分指引在线公证发展、在线公证整体建设失范等问题。对此，为回应在线公证的发展需求，推动在线公证优化发展，我国应修订现行《公证法》，明确在线公证的法律地位和效力；完善在线公证相关政策，推动政策法律化；统一标准，规范在线公证建设。

关键词：在线公证；公证法；公共法律服务；电子公证；网络公证

公证作为一种预防性法律制度，是公共法律服务体系的核心内容，在保障社会和谐稳定、推动市场经济健康发展以及服务民生方面发挥着关键作用。整体来看，我国公证法律体系发展较为缓慢，《公证法》于2005年8月28日通过，2015年4月24日进行修改。2021年，中央全面深化改革委员会通过《关于深化公证体制机制改革 促进公证事业健康发展的意见》（以下简称《意见》），其中对公证体制机制改革的目标和要求作出明确规定。在新时代背景下，进一步完善公证法律体系，是服务全面依法治国、促进社会治理现代化的关键途径。在现代科学技术推动下，"公证＋科技"已成为势不可当的发展潮流。就实践来看，公证信息化建设取得较大进

---

* 作者简介：张进，中国政法大学硕士研究生。

展,公众可以通过"公证云"平台网页端、App端、微信、支付宝等多个端口在线申请办理公证;浙江省宁波市的"公证E通"以"网上办""掌上办"模式推行"多渠道受理＋集成式服务＋数字化办理＋规范性审查"等线上线下相结合的公证服务,取得显著成效。此外,各地在当事人身份认证方面积极创新,福建省厦门市鹭江公证处自主掌控身份识别系统和数字密钥,上海市东方公证处的"公证证据宝"以三号(账号、身份证号、手机号)为一体综合识别当事人身份等,这些都是公证制度的新发展,公证信息化建设正在有序推进。

依托于公证信息化建设,电子公证、网络公证、远程视频公证已经初步实现,相关理论研究比较丰硕,为在线公证的发展及研究积累了一定的经验。然而,在线公证与电子公证、网络公证有所不同,是公证信息化建设的新形式。因此,有必要基于公证信息化建设的已有成果,对在线公证进行系统性研究。本文首先以在线公证的界定为出发点,概括在线公证的特征,明确其与电子公证、网络公证的不同之处。其次,挖掘在线公证的理论基础,探索在线公证的正当性根基。再次,运用国际视野考察域外部分国家的电子公证立法,归纳其中我们可以借鉴的科学经验,为我国在线公证法律法规完善提供域外经验。最后,以现行法律法规和电子公证、网络公证应用实践为参照,分析在线公证发展的现实困境,并据此提出相应的建议和对策。

一、在线公证的概念及特征

公证为服务经济社会发展、预防化解纠纷矛盾以及保障当事人合法权益作出了巨大贡献。将信息技术与公证制度融合在一起,可以促进公证制度功能和作用的进一步发挥,对于推进新时代公证体制机制改革意义重大。

(一)在线公证的界定

作为法律的基本构成要素,法律概念是法律的"敲门砖",在线公证概念的确定是系统性研究在线公证、发展其法律规则的逻辑前提。

关于在线公证,目前尚无确切定义。虽然已有部分实践,但在线公证的研究仍处于起步阶段,系统性研究在线公证的文献数量极少,缺乏对在线公证的科学定义。给在线公证下定义面临着实践的不确定性和理论的确定性之间的冲突,实践的不确定性表现为在线公证实践尚不充分,理论的确定性要求只有给在线公证作出明确定义,才能为其划定界限,确定研究范围和边界。

在线公证是信息化浪潮下信息技术和公证制度深度融合的产物,是"在线"和"公证"两个词语的有机组合,但并非二者简单叠加。可以将公证制度的发展划分为三个阶段:第一阶段为"公证＋计算机技术";第二个阶段为"互联网技术＋公证";第三个阶段即"在线公证",是信息技术和公证制度的有机融合。第一阶段和第二阶段为第三阶段的实现积蓄力量,做足准备。第三个阶段标志着一个新的公证时代的来临,如同在线诉讼和互联网司法给司法领域带来的巨大变革一样,在线公证标志着公证价值、制度、技术、设施、人力等各领域的变革。有学者参照国务院、最高人民法院发布的相关文件中"互联网+公证"的习惯性称谓,指出在线公证就是"互联网+公证"。① 这是对当前实践的适当总结,但正如前述,"互联网+公证"是公证制度的2.0版本,并非真正意义上的在线公证。

在线公证的定义应考察现行法律对公证的界定,并融合"在线"之要求。《公证法》第2条规定:"公证是公证机构根据自然人、法人或者其他组织的申请,依照法定程序对民事法律行为、有法律意义的事实和文书的真实性、合法性予以证明的活动。"公证的核心在于被授予权力的机构根据当事人申请证明某些行为、事实、文件的真实性和合法性。在线主要是指信息技术应用使公证制度从实体化转变为网络化、信息化、智能化。因而,可以对在线公证作出如下定义:"在线公证是指公证机构、申请人等可以依托电子公证平台等,通过互联网或者专用网络等在线完成申请、材料提交、受理、审查、核实、出具和送达公证书等事宜。"

在线公证与电子公证、网络公证不同。有学者根据域外经验将电子公证视为网络公证,并将其定义为公证人与当事人无须面对面,即可借助完整网络平台和工具对发生在网络上或借助信息网络完成的表现为电子数据的法律事实、法律文书和民事法律行为的真实合法性进行证明和保全的活动。② 该观点强调电子公证网络化的同时又将电子公证的适用范围限缩为发生在网络上或借助信息网络完成的表现为电子数据的法律事实、法律文书、民事法律行为等。还有观点指出电子公证是电子公证机构利用电子技术在网络中证明具有法律意义上的行为、事件、文书并赋予其法定效力的活动,是传统公证职能和国家司法证明权在网络上的衍生和发展,是传统公证与现代网络的契合。③ 相比于前一观点,该观点更进一步,将电子公证视为传统公证的网络化和电子化,却否定了电子公证未来在新领域中的适用,尤其是在网络空间的适用。此外,有研究对网络公证作出界定,指出网络公证是网络公证机构根据当事人的网上申请,依法证明发生在互联网上的法律行为,有法律意义的文书、事实的真实性和合法性。④ 从这些概念就可以知悉,在线公证与电子公证、网络公证不同。一方面,电子公证、网络公证多指对发生于网络上的行为、事

---

① 参见雷雷:《关于公证活动使用电子签名的法律属性探讨》,载《中国公证》2022年第3期。
② 参见李新辉:《电子公证之定义、特征、原则研究》,载《中国公证》2015年第6期。
③ 参见李鹏、邹积超:《电子公证论纲——以电子商务为进路》,载《河南司法警官职业学院学报》2004年第3期。
④ 参见朱狄敏:《网络时代与网络公证》,载《中国司法》2003年第6期。

实或文件的公证,而在线公证的应用场景则不限于网络社会,还包括现实生活,甚至包括元宇宙等。另一方面,即便电子公证有时可指传统公证的网络化,但缺乏开放性,相反,在线公证则具有开放性,能够为未来可能需要的公证领域预留规制空间。与实践中在部分公证环节或者程序中简单使用计算机技术或互联网技术不同,在线公证是信息技术与公证制度深度交融后的产物。

(二) 在线公证的特征

信息技术对公证的影响是全方位的,助推公证制度理念重塑、模式重构、流程再造,在线公证宣告了新的公证时代的来临,推动实现公证信息化、数字化、网络化、智能化。在信息技术支撑下,公证活动将在线上以平台账号的方式进行,公证规则将变得更加现代化。

1. 公证活动在线化

相比于传统的公证活动,在线公证活动以在线方式进行,是一种超视距的公证。公证程序运行的基础方式与逻辑发生根本性变革,公证人与当事人的接触距离和方式发生改变,线上沟通交流取代线下纸质沟通或当面沟通,面对面审核转变为异步审核,电子证据取代书面证据,公证的申请、受理、审查、出证等事项全面实现网络化、信息化和数字化。于模式而言,在线公证包括两种模式,即阶段在线模式和全程在线模式。前者是在线公证的最初模式,该模式对应公证的2.0版本,关注公证单一阶段或其集合,是部分流程的在线化,即在申请、材料提交或者出证等部分环节使用信息技术,是线下公证的辅助手段,达到适当提高公证效率、方便当事人的效用;后者是在线公证的成熟模式,对应公证的3.0版本,将信息技术、互联网技术等充分引入公证各个环节,构建综合性、系统性的在线公证机制,用公证"减法"换取当事人公证成本降低的"加法"与公证效率的"乘法"。在线公证使得公证办证程序更加便捷高效,电子化程度越来越高,可以像电子购物平台购物、手机App转账一样远程操作,快速完成。需要说明的一点是,公证1.0版是最初级的版本,主要指在公证活动中应用计算机技术、互联网技术等储存与公证相关的资料或者利用计算机开展办公等,所以公证1.0版本质上并不属于在线公证的范畴。

2. 公证平台账号化

信息技术重塑公证应用场景和流程,公证法律关系从线下转至线上,从实体转向虚拟。在线公证平台是在线公证活动得以运行的重要基础,公证申请人将从有血肉的自然人、法人或组织实体转变为被代号、昵称等字符串代替的账号和密码,公证申请、审查、出证等都将统一在平台上进行。同时,线下传统的面对面沟通、实体签字捺印将转变为密码、密钥、证书或者电子公章等。在线公证平台中的申请人、公证员都将变得虚拟化,是以数字形式呈现的网络账号。

在公证办理过程中,当事人要自主、自助申请公证,即在在线公证平台提交个人资料,申请个人账号,登录在线公证平台,按照程序逐步操作,完善公证申请等事项。当然,这些均是针对形态和审核方式而言,公证申请人、公证员、公证机构的职能、公证原则和规则并不会因此而发生改变,在线公证不是"去公证化",在线平台和网络账号背后仍由人来操控和处理。这不仅体现公证价值的核心,更是在线公证成立的基础。

3. 公证规则现代化

在线公证推动公证规则的升级改造,实现规则现代化变革。公证规则现代化是公证规则变革的具体表现,是符合实践发展需求的制度回应。习近平总书记强调,没有网络安全就没有国家安全,没有信息化就没有现代化。[①] 信息化是公证现代化的动力源,"网络"日渐成为公证服务的"主路",统筹推进在线公证尤为重要,《意见》指出:"推进公证业务办理方式改革,推进全国公证机构实现公证业务在线预约、申办,建立健全公证业务线下线上协同办理机制……拓展在线办理公证业务范围……对有法律意义的事实、文书的公证业务,尽快实现全程在线受理、办理。"在线办理公证业务是在线公证的应有之义,不断积累的在线公证实践将产生叠加作用,倒逼公证法律规则不断修订完善。公证法律规则完善的同时,在线公证的理念、原则、规则等将融入公证法律法规中,直接推动公证规则实现现代化。

在线公证的模式、应用领域有着根本性变革。公证从时间线单一、场景封闭转变为时间线开放、场景灵活的线上线下交融的新模式,作为预防性司法制度和公共法律服务的重要组成部分,公证规则现代化将进一步便利公众办理公证事务,拓宽公证办理范围,提高公证业务办理质效,整体推动我国公共法律服务建设和全面依法治国战略的落实。除此之外,在线公证规则的现代化还表现为可适用的领域具有开放性和包容性,在线公证不仅可以对现有的传统公证事项进行公证,而且可以应用于未来可能出现的其他公证事项。

二、在线公证的理论基础

在线公证的诞生与发展必然需要一定的理论逻辑。在线公证是个人同意和意思自治的主要表现,更是法律发展的重要体现,彰显了新时代公证法律法规回应社会实践的趋势。

---

① 参见庄荣文:《网络强国建设的思想武器和行动指南——学习〈习近平关于网络强国论述摘编〉》,载《求是》2021年第3期。

（一）当事人同意

在线公证是"新物种"，依赖于当事人同意赋予其正当性根据。在现行《公证法》中，尚未有在线公证的相关规定，《公证法》主要规范传统公证活动——线下公证，这实际就提出了一个问题：法律未予以规定时，公证机构开展在线公证的合法性的根据在哪里？严格意义上来讲，法学上的合法性根据应是法律的明确规定，即在《公证法》中设立在线公证相关章节或条款，或者以立法方式专项规制在线公证。但是，在不具备这样的条件时，我们只能退而求其次，从其他角度寻求在线公证的正当性根据。公证程序依赖于自然人、法人或其他组织的申请才能启动，因而当事人的申请在公证程序中占据着极为重要的地位。

与传统公证相比，在线公证虽然无法获得直接的合法性根据，但当事人同意可以赋予其正当性。如前所述，当事人的申请是公证启动的前提条件，在在线公证未在法律中加以规定时，当事人可以自愿申请在线公证。在这一过程中，当事人的自愿申请就赋予在线公证正当性，基于当事人的同意，在线公证的启动便有确定性保障。

另外，当事人的同意中还涵盖有意思自治的成分。意思自治原则是各国确定涉外合同之债准据法的基本原则之一，源于西方国家视为合同法"灵魂"的"契约自由"原则。[①] 尽管公证法与意思自治原则的适用领域有所出入，但其中包括的意思自治的意蕴是相同的。换言之，当事人申请在线公证是当事人意思自治的表现，是当事人依据其民事行为能力自愿作出申请在线公证的意思表示的自由行为。从这个角度讲，当事人的同意可以赋予在线公证正当性。

当事人的同意还表明其愿意将个人信息提交至网络中。个人信息保护是在线公证发展的一个重要方面，换言之，在线公证有无正当性和合理性，很大程度上取决于当事人的个人信息保护问题能否得到妥善解决。相比于部分流程的网络化或线下公证，在线公证的个人信息保护风险较大，存在的安全隐患更多，因而如何平衡在线公证的发展与个人信息保护也是一个十分重要的问题。当事人的同意不仅表明其愿意申请在线公证，而且具有概括同意的效果，表明其愿意将个人信息提交至网络，从而赋予在线公证机构保护和处理当事人个人信息的正当权利。

（二）法律的发展性

法律具有发展性，法律是一个不断发展的科学体系。"法律发展"是一个整体性概念，数字化与社会经济、政治、文化等的全面发展相适应、相协调，包括法律制度变迁、法律精神转换、法律体系重构等在内的法律进步过程与趋势，更多关注法

---

① 参见丁伟：《限制"意思自治原则"的法律制度新探》，载《政治与法律》1996年第1期。

律制度在当下或者现在所发生的以及面向未来所可能发生的动态的进步过程。①法律的发展性要求法律不断根据实践适时调整规范结构与内容,适应社会实践需求。现代科技发展对法律产生了诸多影响,推动着法律内容的拓展,在开拓新法律部门的同时也推动着已有法律的内容调整与更新。② 科技发展对法律的影响毋庸置疑,在线公证是现代科技融入公证的产物,必然对公证法律法规产生相应影响。

法律的发展性要求公证规则适应实践中的在线公证,赋予在线公证合理性。实体层面的在线公证作为现代科技融入公证的产物,需要相应的规则加以规范,这倒逼公证法律法规检视自身结构和内容,发现自身与实践的脱节之处,关注公证发展的实践需求,将在线公证的理念价值、原则规则吸纳进来,重新构建公证法律体系,从而实现在线公证法律机制的完善。法律发展与在线公证是不可分割的两个方面,在线公证作为实践需求推动着公证法律体系和内容的发展,法律发展又能够为在线公证提供合理性依据。

三、域外电子公证立法考察及借鉴

在线公证发展于电子公证,法律规则构建需要先来考察电子公证立法。在这方面,相较于我国而言,部分国家走在前列,其电子公证立法早,经验较为丰富。合理借鉴这些立法经验可以为我国在线公证立法提供思路和方法。

(一)国外电子公证典型立法

美国、日本、韩国等国家的电子公证立法发展较快,呈现出不同发展格局。弗吉尼亚州是美国第一个颁布电子公证法律的州,引领着美国电子公证立法。日本、韩国作为我国近邻,其电子公证立法稍早,较为成熟,因而有考察之必要。

1. 美国《弗吉尼亚州公证法》

2011年,弗吉尼亚州修订公证法,融入电子公证的相关规定,该法于2012年生效。于立法模式而言,弗吉尼亚州主要是将电子公证纳入公证法以此达到规制电子公证的目的。该法首先对电子公证和相关概念作出界定,然后将电子公证引入"远程在线公证"范围,规定"远程在线公证"是指根据《弗吉尼亚州公证法》第1章进行的签名人不在而公证人在场的电子公证。

2021年《弗吉尼亚州法典》第47.1篇即为《弗吉尼亚州公证法》,该法共分为7章,分别为一般规定、任命、权利和义务、任期、罢免和取消、民事和刑事责任、州外专员(已废除)。关于电子公证的内容主要在第1章"一般规定"中。根据《弗吉尼

---

① 参见张文显:《法理学》,高等教育出版社2007年版,第205页。
② 参见魏浦雅、贺善侃:《论现代科技发展对法律的影响》,载《东华大学学报(社会科学版)》2007年第4期。

亚州公证法》第 2 条,"电子公证行为"或"电子公证"是指公证人根据第 12 条或法律另行授权的涉及电子文件的官方行为。第 12 条主要规定公证人的职权,包括接受确认、宣誓与确认、证明除法院保管的文件外的任何文件的副本是真实副本、证明证人的宣誓书或证词、核实事实、执行法律可能特别允许的其他行为。"电子文件"是指通过电子手段创建、生成、发送、传送、接收或存储的信息。① 所以弗吉尼亚州电子公证包括两方面:一为公证人依照职权开展公证的行为;二为根据法律另行授权涉及电子文件的公证行为。另外,《弗吉尼亚州公证法》中还确立了电子公证的相关规则,包括电子的定义、电子公证书的定义和要求、电子公证人的认定、电子公证印章或电子印章的规定、电子签名等。据统计,目前美国超过一半的州已通过立法,永久允许公证人利用电子签名相关技术,通过远程在线公证流程发送公证文件,其余大多数州则通过行政命令或临时立法授权公证人使用远程在线公证。②

2.《日本公证人法》

《日本公证人法》颁布于 1908 年,2000 年日本国会通过对部分法律的修正案,对《日本公证人法》进行修订,将电子公证写入其中。2011 年,日本国会再次修订《日本公证人法》,目前该法分为 7 章加附则,共 95 条规定。③《日本公证人法》第 1 条第 4 款明确赋予公证人认证电子或磁性记录的权力;第 2 条对公证人创建的电子或磁性记录的效力要求作出规定,要求其必须符合《日本公证人法》和任何其他法律规定,否则不具有效力;第 7 条第 2 款是对指定公证人执行相关程序的规定;第 62 条第 6 款至第 8 款分别明确公证人认证电子或磁性记录的条件、公证人存档电子或磁性记录的要求以及需要采取的措施;第 77 条第 1 款则规定监督人员对公证人存档的电子或磁性记录的检查。

从实践看,经过法律对电子公证地位和效力的确认,以及相应技术的开发应用,2000 年 1 月日本开始施行电子公证制度,并迅速为社会所接受。2007 年日本电子公证适用范围进一步扩大,适用于个人事务。目前,90% 以上的公证人、80% 以上的公证人事务所可以办理电子公证业务。④

3.《韩国公证法》

《韩国公证法》颁布于 1961 年,历经多次修订,《韩国公证法》分为正文和附则

---

① 参见《弗吉尼亚州公证法》,载 https://law.justia.com/codes/virginia/2021/title-47-1/,最后访问日期 2022 年 9 月 10 日。
② See Remote Online Notarization: A Natural Evolution of E-Signature, at https://www.docusign.com/sites/default/files/resource_event_files/remote_online_notarization_-_a_natural_evolution_of_electronic_signature.pdf(Last visited on September 12th, 2022).
③ 参见《日本公证人法》,载 https://elaws.e-gov.go.jp/document?lawid=141AC0000000053,最后访问日期 2022 年 9 月 20 日。
④ 参见巴玺维:《日本公证制度对我国的启示与借鉴》,载《人民论坛》2011 年第 24 期。

两部分,正文共 90 条。从现行有效的版本来看,最近的一次修订引入了视频公证制度,委托人能够对电子文件或电子化文件进行公证,而无须到公证办公室,弥补了现行公证制度运行中的一些不足。

从具体条文来看,该法第 1 条第 2 款规定界定了"电子文件""电子化文件""电子签名""指定公证人"等概念,电子文件引用《韩国电子文件与电子交易基本法》第 2 条第 1 款的定义;电子化文件是指非纸质文件或以电子形式制作的转换为信息系统可以处理的形式的文件;电子签名引用《韩国电子签名法》第 2 条第 2 款中的定义;指定公证人是指司法部长根据该法第 66 条第 3 款在公证人中指定处理有关电子文件和电子化文件的公证事务的人员。第 2 条明确公证人可以根据当事人申请或其他关系人的委托进行电子文件认证。第 3 条规定电子公证文件的法律效力要求。第 7 条明确公证人处理电子文件保存时收取保管费用的权利。第 24 条规定电子文件的保密要求。第 66 条第 5 款至第 12 款分别规定电子文件的认证、电子化文件的认证、制定公证人的电子签名、保存经核证的电子文件、提供认证信息、委托规定、技术发展普及、远程视频认证等。[1] 值得注意的是,远程视频认证修订于 2017 年,该款明确可以使用互联网图像装置同时收发视频和语音,并确立了相应的身份认证程序。

另外,为落实《韩国公证法》中电子公证规则,韩国还制定有《韩国公证法实施令》,该令第 38 条对指定公证人应具有的设施、指定公证人的程序、电子文件认证和身份认证的具体步骤进行规定[2],这对于《韩国公证法》电子公证规则的实施无疑具有重大意义。

(二)对我国在线公证立法的启示

1. 适应技术发展趋势与实践需要,尽快以立法形式规范在线公证

如上所述,美国、日本、韩国均以立法形式规范电子公证,可见其十分重视对实践需求的满足和技术发展的适应,尽可能以立法方式明确电子公证的法律地位、法律效力。法律的严肃性和规范性保证了制度的严肃性和规范性,法律对电子公证的明确规定为电子公证的应用提供了可靠的法律依据和合法性基础。对于在线公证而言,实践需求已经凸显,是技术发展的必然趋势,对此应借鉴他国电子公证立法经验,以立法明确在线公证的法律地位和法律效力,确保在线公证的正当性和合法性。

---

[1] 参见《韩国公证法》,载 https://www.law.go.kr/LSW/lsInfoP.do?efYd=20180620&lsiSeq=199495#0000,最后访问日期 2022 年 9 月 22 日。

[2] 参见《韩国公证法实施令》,载 https://www.law.go.kr/LSW/lsInfoP.do?efYd=20210105&lsiSeq=227237#0000,最后访问日期 2022 年 9 月 22 日。

2. 避免专项立法,以修订现行法律方式规范在线公证

美国、日本、韩国的电子公证立法都是通过对既有的法律进行修订加以实现的,在现有法律中明确电子文件的定义,并与其他法律规定有机结合,从而将电子公证纳入现有法律框架下,适用现有法律的其他规定。这既避免对现行法律大修大改,引发法律体系内部冲突,又有效地解决了专项立法带来的成本高昂、程序烦琐等问题。因而,我国在线公证立法也可以通过修订现行《公证法》的方式实现,在《公证法》中明确在线公证的概念、法律地位、效力、认证条件、程序等内容,从而实现在线公证法律制度构建。

3. 重视与其他法律规定衔接,制定实施细则

《弗吉尼亚州公证法》《韩国公证法》通过引用其他法律的规定界定相关概念,《韩国公证法实施令》借助细化《韩国公证法》中电子公证的相关规定确保电子公证规则的细化落实,避免电子公证流于形式,这些均值得借鉴。我国在制定在线公证法律规则时,也要高度重视与其他法律法规的衔接,及时制定实施细则,可以以同步修订《公证程序规则》的方式落实在线公证相关规定。

四、我国在线公证发展的现实困境

近年来,我国相关部门持续推进"互联网+公证"服务,各地的远程视频公证服务系统初步建立,在线公证建设取得一定成效,公证服务便捷性大幅提高。与此同时,制约在线公证进一步发展的诸多问题也逐步显现。

(一) 在线公证法律地位及效力不明

在线公证法律地位与效力不明源于缺乏专门规范在线公证的法律规定。有研究指出若把电子公证视为新型公证事项,则《公证法》第11条第11项"自然人、法人或者其他组织自愿申请办理的其他公证事项"可为其法律依据;若将其视为公证事务,则《公证法》第12条第3项"保管遗嘱、遗产或者其他与公证事项有关的财产、物品、文书"可作为法律依据。[①] 这一观点试图从现行法律中寻求电子公证的法律依据,值得称道,但该观点混淆了公证内容和公证方式,错误认定法律依据。这两项规定无法为在线公证提供法律依据,甚至也无法作为电子公证的法律依据。其一,在线公证与电子公证都是"公证+科技"的产物,是一种新型公证产品,是一种公证办理方式的改变,而非公证内容。其二,该观点预设电子公证仅包括电子数据、文书的公证、保管,忽视了电子公证的其他面向,导致判断不周延。

纵观现行《公证法》,目前未见规制在线公证的相关法律规定,存在着法律不禁

---

① 参见李新辉:《电子公证之当事人身份、意思表示、法律依据研究》,载《中国公证》2015年第8期。

止和法律不确定的矛盾。法律没有规定表明法律不禁止,但同时法律不明确也导致了在线公证效力和地位不明的困境。法无禁止即可为和法无授权即禁止是两个意思相对的法谚,前者主要应用于私权利领域,后者主要应用于公权力领域。就公证所属领域而言,公证是社会公共法律服务体系的一部分,是国家授权相关机构行使公证的权力,具有公权力的属性,因而应适用法无授权即禁止。遵循这一逻辑,在线公证其实理应被禁止。因为法律没有明确授权,在线公证便无法得到国家法律接受和认可,在线公证效力无法明确,公证的确定性、权威性就会受到损害甚至大打折扣。同时,法无授权不可为在公证领域的适用也否定了通过法律解释的手段将在线公证纳入《公证法》规制范围,法律未授权即为禁止,法律解释不可突破。

尽管2020年修订的《公证程序规则》明确规定在线方式办理公证业务,但其并不能为在线公证提供法律依据。《公证程序规则》第72条第2款规定:"公证机构采取在线方式办理公证业务,适用本规则。司法部另有规定的,从其规定。"该款仅是对以在线方式办理公证业务需要适用的公证程序规则的规定,本质上并非是对在线公证的确认。并且,以在线方式办理公证业务仅是在线公证的一个方面,两者不可相提并论。

公证本质上是一种预防性司法制度,主要基于防御的目的,确认事实、文件和法律行为,从而减少纠纷、保障权利实现及其效率。若法律不明确地赋予在线公证合法地位,则在线公证效力不明,其作为预防性司法制度的目的就将难以实现。正如2005年颁布《公证法》是对实践中的公证突破《公证暂行条例》内容的回应,从而适应迅速发展的市场经济和体制改革需要那样[①],在线公证的出现与发展亦突破了现行《公证法》的内容,法律规范缺失致使在线公证法律地位和法律效力不明,这将导致在线公证欠缺直接的合法性基础,制约在线公证实践发展。

(二)现有政策难以有效指导在线公证发展

现有政策无法引导在线公证持续健康发展。作为指导在线公证发展的核心政策,《意见》对在线公证建设提出三点要求:一是要推进公证业务办理方式改革,推进全国公证机构实现公证业务在线预约、申办,建立健全公证业务线下线上协同办理机制;二是加强与公安、民政、自然资源、人力资源社会保障以及人民法院等有关部门信息化建设方面的合作,拓展在线办理公证业务范围;三是建立全国统一的公证链平台,探索开展区块链应用。对有法律意义的事实、文书的公证业务,尽快实现全程在线受理、办理。这些要求为在线公证建设提供了理念指引,但在落实过程中却存在诸多问题。一方面,政策要求过于抽象,各地理解不一。由于缺乏具

---

① 参见陈慰星:《〈公证法〉的颁行与公证制度的完善》,载张卫平:《民事程序法研究》第3辑,厦门大学出版社2007年版,第145-155页。

体规则指导,各个公证处对在线公证的适用范围、如何适用公证程序等都存在不同理解。就同一类型公证业务而言,不同公证处有不同的公证程序,即便处于同一环节,也会有诸多不同要求。^①另一方面,政策要求涵盖范围较窄,无法覆盖在线公证各个方面。发展在线公证不仅涉及上述三点,而且还涉及在线公证的法律地位、适用范围、适用程序、后续评价、技术标准、个人信息保护措施等,目前的政策缺乏对在线公证评估、平台安全性、个人信息保护等方面的规定,而这些内容又关涉在线公证的发展本身。所以,现有政策要求抽象化、涉及面窄无法赋能在线公证的发展。

在线公证政策法律化十分关键,可使政策具体化、广泛化,推动在线公证持续发展。公共政策法律化是由国家立法机关根据法定程序将成熟、稳定的公共政策群转化为法律的过程。[②] 政策法律化必须要满足成熟性、必要性、合法性的条件,具体到在线公证相关政策中,成熟性要求关于在线公证的政策经过长期的实践检验,可以通过法律加以确定;必要性是指政策内容有必要以国家强制力的形式保障实施;合法性是指政策被社会公众认同和接受。从这些具体条件来看,在线公证的相关政策尽管可以满足必要性和合法性的条件,但无法满足成熟性的条件,需要进一步完善、充实,唯有如此,方能为在线公证政策法律化提供必要准备,实现政策综合性、指导性与法律明确性、可预测性的有机互补,优化选择在线公证的治理工具。

(三)在线公证整体建设失范

在线公证源于电子公证和网络公证,发展良久,电子公证和网络公证发展过程中的问题实际上也成为制约在线公证发展的问题。2000年中国公证行业提出"公证介入电子信息安全系统解决方案",司法部同年成立专项研究网络公证课题组,由南京市第三公证处牵头,于2002年发布《全国网络公证计划大纲》,研制开发出中国公证网身份审核系统、在线招投标公证应用系统,实现网上办理身份确认、证据保全、安全交易以及法律监督类公证业务。[③] 这推动了各地公证信息化建设,如南京市司法局和公证协会组织研发南京信诚公证信息系统,该系统集公证、管理、交流、反馈等功能于一体。然而,在发展过程中,信息化建设零散化、同质化等问题尤为明显。一方面,由于缺乏统一规划和建设标准,各地大量重复建设信息化系统,导致公证平台开发数量远超实际需求,各地系统呈现出同质化竞争的趋势。由于所采用的数据库建立方式和内容不同,不同单位多头研发导致信息数据不能兼

---

① 参见邓矜婷、周详军:《电子公证相关问题初探》,载《中国司法》2020年第12期。
② 参见崔凤、赵缇:《论公共政策法律化》,载《山东行政学院学报》2019年第1期。
③ 参见《我国将建立统一"网络公证"平台》,载《人民日报》2002年2月23日,第7版。

容统一,软件大同小异,平台建设处于各自为政的状态,造成大量人力、物力浪费。① 另一方面,由于各地经济发展水平和技术水平不一,信息化建设进度大不相同,许多公证平台目前无法实现公证档案内容的信息数字化和公证审批、业务流程电子化的要求。即便中国公证协会牵头建设的全国公证业务辅助系统、公证行业管理系统可以实现部分业务电子化,但仍然存在系统封闭的问题,各系统过于独立,相对隔离,行业内外部门之间的信息沟通、共享以及协作均有很大的改进空间,这从《意见》仍要求加强与公安、民政、自然资源、人力资源社会保障以及人民法院等有关部门信息化建设方面的合作就可窥知一二。

此外,电子公证平台建设安全性保障不到位的问题十分突出。安全性既包括平台自身的技术安全标准,又包括当事人个人信息保护,因而平台建设的安全性问题主要表现为两个方面。一是安全性技术标准不统一,整体和具体流程的差异较大。由于各公证处的财政能力和业务需求差异较大,往往根据自身实际情况采纳不同的安全技术标准,这会导致在线公证安全性流程覆盖程度产生重大差异,不仅平台整体性的安全程度不同,而且特定环节的安全性也可能各不相同。以电子公证数据保存为例,有的公证处直接使用电脑硬盘或外界存储设备进行储存,有的则使用"云盘"进行存储;又以数据交换为例,有的公证处通过刻制光盘来交换信息,有的则直接通过电子邮箱、"云平台"进行交换。② 并且,由于缺乏安全保障机制,公证有关信息数据的准确性也无法得到保障。二是个人信息保护难度大,安全风险高。与传统公证以身份证件和当面交流识别当事人身份和以纸质档案固定当事人信息不同,在线公证中需要以身份证信息、生物信息或其他能证明的个人信息综合进行身份认证,公证申请和材料也需要以电子化的方式提交,以数据形式呈现,数据量十分庞大,若缺乏保护规则,这些信息更易被泄露和滥用。尽管《中华人民共和国民法典》(以下简称《民法典》)、《中华人民共和国个人信息保护法》等法律法规均有保护个人信息的相关规定,但如何将其要求融入《公证法》和在线公证中仍缺乏具体的应用规则,这会加大个人信息保护难度。

五、助推在线公证发展的法律回应

在线公证是电子公证、网络公证的迭代升级,代表了新时代公证制度的发展趋势。尽管在线公证已经得到一定程度的发展,但在线公证的发展仍然面临着一些问题与困境,需要从法律层面入手,统筹推进在线公证建设,充分发挥在线公证价值。

---

① 参见陈平、王庆:《关于公证信息化建设的几点思考》,载《中国司法》2007年第8期。
② 参见邓矜婷、周详军:《电子公证相关问题初探》,载《中国司法》2020年第12期。

(一) 修法为途,明确在线公证法律地位及效力

立法是赋予在线公证合法性的唯一途径,我国应适时进行在线公证立法,明确在线公证的法律地位及效力。经过电子公证、网络公证的推广应用,电子公证、网络公证相关政策和规则已经有所发展,我国在线公证已有一定的实践基础,可以根据我国国情,借鉴域外电子公证立法经验,以修订《公证法》的方式,将在线公证纳入现有《公证法》框架体系内,从而实现在线公证立法的目的。目前,部分省份均已发布远程公证、在线公证的相关规范,如《江苏省远程视频公证规范》、浙江省公证协会出台的《浙江省在线公证暂行规范》等,其中《浙江省在线公证暂行规范》包括总则、在线公证范围和执业区域、在线公证平台、在线公证程序、电子公证文书核验与电子档案、附则等部分,为公证员、当事人在线公证提供了明确指南,这一规范的经验在立法时可资借鉴。

在此基础上,还应注意以下几个方面,搭建更为完善的在线公证法律体系。第一,应在《公证法》中对在线公证作出明确定义,为在线公证提供法律前提,避免可能产生的概念性争议。第二,要确定在线公证的管辖范围。传统公证以"一般管辖为主,特殊管辖为辅",即一般由当事人住所地、经常居所地、行为地或法律事实发生地公证机构受理,涉及不动产事项由不动产所在地的公证机构受理。由于在线公证适用范围广泛,几乎包括所有公证业务,因而其管辖范围应予以类型化区分,涉及传统公证事项的在线公证仍按照既定规则办理,涉及信息网络事项的公证则弱化执业区域划分,坚持当事人自主选择原则,由当事人自主通过在线公证平台选择公证机构。如此可方便当事人申请公证,极大提高公证便捷度和公证效率。第三,要合理确定在线公证的适用范围。在线公证能否适用于所有公证业务需要根据我国实际情况合理抉择,《电子签名法》第3条对不适用电子文书的情形作出列举式规定,从电子签名作为在线公证的一个组成部分而言,这限制了在线公证在这些情形中的应用,但作为全新的公证形式,在线公证可否突破?有观点认为电子公证应与《电子签名法》保持一致,不适用电子文书的情形理应不适用电子公证。[①] 电子公证作为在线公证的最初形态,与《电子签名法》保持一致情有可原。但在线公证是公证发展的新趋势和新方向,理应以技术改进和升级为突破口,实现在线公证适用范围的扩容。第四,要明确公证机构、公证人的信息保护责任和当事人检查信息是否改变的权利,从法律角度增强在线公证安全性。以法律条文规定建立信息记录和追溯机制、定期评估检查机制,根据在线公证特点修改现有责任机制,突出泄露信息的责任追究。第五,设立在线公证准入和在线公证员认证机制,由司法

---

① 参见李新辉:《电子公证之管辖、范围、程序研究》,载《中国公证》2015年第9期。

行政管理部门主管在线公证机构和在线公证员的登记、考核、培训工作。

(二)完善政策,推动政策法律化

政策具有指导性和综合性,在特定阶段可以发挥规制作用,但亦应据实调整,适时推动政策法律化。一方面,要及时完善现有政策群。细化《意见》关于在线公证建设的各项要求,各地应根据《意见》围绕本区域实际情况出台在线公证建设细则,明确建设思想、建设目标、建设步骤、建设要点、建设流程、组织领导等内容,切实提高《意见》要求的具体性和可操作性。另一方面,还应当及时出台与在线公证相关的政策,尤其是应在现有基础上尽快出台关于在线公证系统建设、技术标准、配套措施、公证人才队伍建设等的专项政策,丰富和充实在线公证政策群,为在线公证建设各个方面提供更为具体的指导。

在线公证相关政策满足条件后,要及时推动在线公证相关政策法律化,这是优化在线公证建设治理工具的合理选择。我国立法程序较为繁复,通常情况下,一部法律需要3~5年才能通过,最快也需要2年。[①]《公证法》于2005年通过,2015年第一次修正,2017年9月第二次修正。2019年7月,中共中央办公厅、国务院办公厅印发的《关于加快推进公共法律服务体系建设的意见》提出要推进制度建设,修改《公证法》。[②] 由此而言,修正《公证法》的契机已经出现。并且,在线公证实践发展与法律空白的矛盾愈加凸显,修正《公证法》,纳入在线公证已经成为必为之举。从长远角度看,在线公证政策法律化、在线公证入法是我国规制在线公证、推动在线公证有序发展的核心手段,是全面依法治国背景下完善公共法律服务体系的有效途径。必须提高立法效率,在立法中增强预见性和前瞻性,对在线公证的未来发展、应用场景等作出科学评估,加快将在线公证相关政策的理念精神、原则规则转化为法律条文,为在线公证提供合法性基础,适应在线公证发展实践。

(三)统一标准,加强规范在线公证建设

统一建设标准,探索建立全国性或省级的在线公证平台和系统。在推进公证信息化建设方面,司法部已开展大量工作。2017年司法部、科技部联合印发的《"十三五"全国司法行政科技创新规划》中提出要加速突破互联网电子数据公证取证技术、证据保全技术、证据交换技术,以及公证电子数据保存的安全性技术,研究

---

① 参见吴志攀:《"互联网+"的兴起与法律的滞后性》,载《国家行政学院学报》2015年第3期。
② 参见《中共中央办公厅 国务院办公厅印发〈关于加快推进公共法律服务体系建设的意见〉》,载新华网,http://www.gov.cn/zhengce/2019-07/10/content_5408010.htm,最后访问日期2022年9月10日。

公证行业CA认证体系,加强远程或移动公证办理模式下相关技术的安全性、可靠性。① 2019年12月,为进一步规范全国公证信息化建设,加强公证业务指导,司法部发布实施《全国公证综合管理信息系统技术规范》(SF/T 0023—2019)、《公证数据中心建设和管理规范》(SF/T 0033—2019)、《公证数据要求与规范》(SF/T 0034—2019)、《公证信息资源共享平台技术规范》(SF/T 0035—2019)、《公证信息安全技术规范》(SF/T 0036—2019)、《公证档案数字化规范》(SF/T 0037—2019)、《公证书制作规范》(SF/T 0038—2019)等7项标准。② 于技术而言,上述技术已取得一定进展,但部分技术如公证数据交换技术、远程在线公证身份认证技术等仍有待突破,需进一步加大研发力度,根据在线公证发展实践需求,有针对性地重点突破急需应用的技术。于标准而言,前6项标准均与公证信息化建设相关,因而也可为在线公证建设提供指导。司法部作为司法行政主管部门,还应加强与中国公证协会的协商、沟通,在现有的关于公证信息化建设的标准基础上补充、细化在线公证建设标准,制定电子公证书规范标准、在线公证与现有标准的衔接标准等。当然,在重点突破技术和完善标准的基础上,还应探索建立全国或省级的公证平台。法国、意大利已经自上而下建立全国统一的公证人网络平台,以此为基础拓展功能,实现数据储存、查询、交换、网上拍卖、信息发布等功能,并注重与政府部门和公证书使用部门的对接沟通③,这些经验对于我国而言有一定的借鉴意义,我国应整合各地现有的公证平台。

强化安全保障、增强系统安全性,确保个人信息安全也是重要方面。要从具体制度和机制着手,着重提高在线公证的安全性,增强在线公证公信力。其一,建立在线公证安全保障机制,构建数据录入系统确认和审核制度,降低数据被篡改的风险。其二,以"程序+技术"实现双重安全保障,建立公证人员身份认证机制和数据追溯机制。可借鉴线上政商事务办理初次注册账号核实当事人身份的经验,综合运用人脸识别、指纹识别、虹膜识别等生物认证和手机验证码、数字证书、实时口令等传统认证方式对公证人员身份进行认证。其三,在线公证全生命周期融入区块链技术,借助区块链技术不可篡改和去中心化的特征,对在线公证数据的生成、存储、共享、销毁等进行日志记录,留存交互信息。

---

① 参见《司法部关于印发〈"十三五"全国司法行政信息化发展规划〉的通知》,载中华人民共和国司法部网,http://www.moj.gov.cn/pub/sfbgw/zwxxgk/fdzdgknr/fdzdgknrtzwj/202103/t20210316_207583.html,最后访问日期2022年9月10日。
② 参见《司法部关于发布实施〈全国公证综合管理信息系统技术规范〉等7项标准的公告》,载中华人民共和国司法部网,http://www.moj.gov.cn/pub/sfbgw/zwxxgk/fdzdgknr/fdzdgknrtzwj/201912/t20191211_207874.html,最后访问日期2022年9月11日。
③ 参见周志扬、吕宏庆:《法国、意大利公证信息化发展对我国的启示》,载《中国公证》2016年第11期。

六、结语

在信息技术高速发展、元宇宙和人工智能等方兴未艾之际,在线公证潜力巨大。在线公证的发展要适应时代所需,坚守公证的价值基础。在电子公证、网络公证的基础上,完善在线公证立法与政策,推动政策法律化,明确在线公证的法律地位、效力、管辖范围、适用范围、适用程序等,寻求传统公证与在线公证的平衡点,为当事人提供高效、便捷、可及的在线公证服务,推动公共法律服务体系完善,进一步提高公共法律服务水平,助力全面依法治国目标的实现。

在线公证的破与立

——兼谈江苏省远程视频公证办证平台的发展

张　健[*]

摘要：新冠疫情与当事人的公证需求催生了江苏省远程视频公证办证平台的产生、优化与升级。更重要的是，从公证发展的内在驱动力来看，实现在线公证也是公证制度发展的必然趋势。然而，在线公证面临着身份真实、意思表示真实与自由、统一办证平台缺失等方面的难题。在此，唯有加快在线公证立法、搭建省级统一在线公证平台、加紧在线公证的人才队伍建设，方能推动在线公证实现长足发展。

关键词：在线公证；身份真实；意思表示真实；统一办证平台

整体观之，作为预防性司法的公证制度，自《公证法》颁布实施以来的近二十载，在曲折中盘旋而上发展。公证制度在社会治理模式中的重要作用不容小觑，并且这种作用在当下法治社会的治理模式中将更加凸显。与以公证员的"视域"为规范程序的线下办证模式或者传统公证不同，在线公证是近些年伴随着互联网、区块链等新兴科技的发展而产生的线上办证模式。各地公证机构都在努力突破传统办证模式，探索线上办证"新大陆"，积极利用信息网络技术办理公证业务，以适应新形势下多样化的公证服务需要。例如，上海市东方公证处推出与法院连通视频通信对证人作证过程进行公证的新办证模式，杭州市互联网公证处积极探索利用区块链技术抓取互联网上的侵权行为，南京市国立公证处自主研发的存证平台为电子证据提供保管和时间戳的公证服务。笔者所在的南京公证处也推出了商业秘密

---

[*] 作者简介：张健，江苏省南京市南京公证处公证员。

保护平台、电子公证存证项目、知识产权侵权行为公证悬赏取证服务、远程视频公证办证平台等。

科技发展是时代的洪流,科技赋能公证同样是大势所趋。在新时代的浪潮下,公证制度要想取得长足的发展必须始终遵循客观、合法与便民原则,同时也要顺应时代的潮流而勇于创新。互联网技术的发展已然在突破时空限制方面实现了重大的历史跨越,并且这种趋势还在急速演变。要么互联网技术的发展倒逼公证制度模式的变革,要么公证行业积极搭乘高新科技发展成果的顺风车,这是公证行业不能回避的问题。笔者任职的公证处为应对新冠疫情而协同各方力量倾力推出了江苏省远程视频公证办证平台,不仅服务于各类有需要的人民群众,而且为在线公证的前景作出了宝贵探索。本文将在结合江苏省远程视频公证的实践探索经验的基础上,讨论在线公证当前面临的发展难题及其解决对策等问题。

一、江苏省远程视频公证办证平台的产生与发展

(一)产生概况

依据《公证法》和《公证程序规则》的有关要求,首先,公证行为是依申请的行为,且只有适格的主体才能申请公证事项。其次,公证必须严格依照法定程序,包括但不限于公证行为的方法、步骤、要求等要素,只有依据正当程序才能保证程序合法,维护当事人的合法权益,确保公证公信力。最后,公证客体是可以公证的事项,如民事法律行为、有法律意义的事实和文书,当然也有不可以公证的负面清单。诚然,在线公证与线下公证的基本要求是相同的,但要实现传统公证服务的线上转化,以及新型公证的业务创新,合理的制度设计和法律支撑必不可少。

有学者指出,在线公证实质上是传统公证制度得到互联网等新兴科技加持的产物,其具有公证制度的所有属性和价值,因此也必须在法律框架内运行。在线公证可以打破时间和地域的限制,当事人可以随时随地申办公证业务,其便捷性不言而喻。例如,通过江苏省远程视频公证办证平台,公证申请人只需要一部手机,便可申办办证,即申请人通过办证平台与公证员"线上面对面"交流沟通,进而完成一系列的公证手续,全程留痕,依法依规,谨慎办证。

(二)流程介绍

申请人通过远程视频公证办证平台申请进行在线公证时,首先,需要在平台完成身份认证,依据姓名、身份证号码、手机号码、验证码等有效信息确认其是本人后,发起公证申请。然后,公证员受理在线申请,通过平台与申请人进行视频沟通,向申请人告知申请公证事项的法律意义和可能产生的法律后果,发送电子受理通知单和风险告知书等,告知当事人在办理在线公证过程中的权利义务、注意事项等

内容。对此，申请人要及时反馈，通过平台上传或下载电子文档以完成信息记载和传递并附上电子签名。其次，公证员要仔细确认申请人真实的意思表示及公证需求。具体而言，公证员从事实和法律两方面在线审核当事人的申请事项，同时依靠计算机技术的网络安全与维护，防止破坏性网络行为，审查网络证据的形成、接收与传送、存储过程的真实性和合法性。最后，公证员在法定期限内，依据法定程序出具纸质公证书。当然，电子公证书在更大范围推广也是大势所趋。

（三）发展趋势

江苏省远程视频公证办证平台从较为简单的委托、声明等公证事项入手，克服了申请人身份真实、表意真实、办证过程存证等技术难题，严守正当程序，顺利实现在线公证，并在技术不断成熟的基础上逐步实现公证事项的多样化。

在在线公证中，申请、受理、审查、出证等环节都由平台详细记录，时间节点、网络环境状况等在线公证全过程的数据也被实时存储与备份，保证在线公证流程具有客观合法性、可信度，防止数据丢失或篡改。在此基础上笔者大胆假设，对于互联网上各种网络信息的保全等公证事项的需求以及相应的在线公证需求会有井喷式增长。对此，实践中已有公证处推出了成熟的办证平台并在使用中取得了预期成果。

当然，在线公证的发展还需要克服网络黑客、木马程序等破坏性互联网技术带来的挑战，因而依赖成熟的在线保全信息网络技术等配套技术和完备的立法保障。作为全国首款轻量化远程视频公证服务产品，江苏省远程视频公证办证平台依托微信小程序（现已升级有独立运行 App），已累计服务近万人，出具超过一万件各类公证书。当事人无须亲自到公证处或者到公证员的面前就能顺利实现办证需求，极大便利了人民群众的生产生活。

新冠疫情是催生了江苏省远程视频公证办证平台的外在动力来源。从公证发展的内生驱动力来看，实现在线公证也是公证制度发展的必然趋势。对于这一问题的探讨，也正是笔者本文讨论的在线公证破与立的主要内容。从本质上来讲，在线公证就是公证，只是目前没有法律明文规定在线公证这一法律制度，加之其主要是与互联网技术的融合，更侧重于技术操作，靠公证制度来保障，因而在线公证的破与立的根源在于信息网络技术的安全运行以及公证法律制度的修改与完善。需要立足于传统公证业务类型，结合时代特征，从更深层次去考量在线公证中新的公证类型与平台、配套法律制度的完善和实务操作的深层探索，进而推动在线公证的长足发展。

二、在线公证发展面对的难题剖析

在线公证的操作流程不可能脱离传统公证程序规则的基本要求。换言之，传统公证办证过程中遇到的难题,在线公证同样也需要面对,甚至困难度与不可确定性更为突出。在绝大多数情形下,申请人的公证需求是正当的,且能够在公证机关的协助下顺利得以实现。然而,也有极少数案例中公证机关出具的公证书莫名成为犯罪分子作案的工具,给公证机关带来严重的社会负面影响,破坏了公证制度的良性构建。恰恰是这些极少数的存在,需要我们花费大量的人力、物力以及财力去防漏补缺。公证制度运行的每一个环节都需要慎之又慎。基于理想状态下在线公证的正常运行,笔者试将在线公证需要面对的难题分为身份真实、意思表示真实与自由、统一办证平台缺失等方面。

(一)身份真实问题

身份真实问题,即申请人是不是合适的当事人,有无冒充、冒名情形。这个问题在传统公证中存在,而在在线公证情形下尤为凸显。传统公证中的身份真实问题主观上依赖于受理公证员的"视域"。公证员在审查"真人真证"时,直接面对申请人,这需要公证员具备丰富的"识人"经验,能够凭借肉眼判断人证合一性,且务必保持高度专注和警惕,稍有不慎便会被别有用心之人利用化妆、寻找面部相似的人假冒等方式蒙混过关。庆幸的是,近年来公证员可以借助公安机关的人证识别系统较大程度地排除"假人"对公证工作的干扰。

显而易见,即使在直接原则的指导下,公证员在现场观察进行人像识别或辅以机器的识别,尚不能完全排除冒充公证的发生。与之相比,在线公证时公证员不能直接面对当事人,只能通过视频对话时当事人远距离传输的声音、图像、表情及沟通来确认申请人身份,其难度自然有所增加。例如,在江苏省远程视频公证办证平台,公证员与申请人进行视频通话时的清晰度、流畅度,以及对方运用了恶意软件、假借他人身份破解视频通话窗口,开启外挂软件换脸变音等情形都可能混淆公证员的判断。

当下,平台依托于微信的实名认证功能,从而在身份真实性上排除了较大风险,但不能排除平台在嵌入微信时不会被其他网络程序恶意切入,从而扰乱在线公证的正常运行。与传统公证相比,在线公证的人脸识别环节在信息维度必然是"失真"的,在主导性维度上也很可能是"失控"的,公证员被蒙蔽的风险加大。

(二)意思表示真实与自由问题

司法实践中,公证员在受理室接待当事人时,通过与当事人面对面沟通,明确当事人了解自己所要办理的公证事项,后经过必要的告知、沟通和询问程序,进而受理公证。在此过程中,公证员要完整制作笔录以记录申请人的意思表示,并与申请人进行确认。对于受理过程中当事人的意思表达真实与自由问题,公证员须至少内心确信能够保证在可控范围内。

对当事人意思表示的真实性进行审查时，公证员按照基本的公证程序要求，针对申请人的陈述，告知其行为可预期达到的法律效果，同样也告知如果该陈述不是其真实意思表达，也就是所谓的虚假陈述可能带来的法律风险以及需要承担的法律后果。实践中也曾出现这样的案例，申请人第一天来到公证处办理夫妻财产约定协议公证，第二天则来公证处闹事否定前述约定。然而，现场办证的视频监控录像、申请人签署的权利义务告知书以及公证笔录、申请人签字的夫妻财产约定协议等证据材料均表明了前述约定为当事人真实意思表示，且办证环境也表明了其意思表示自由。这类事后反悔的公证事项超出了公证员的把控范围。公证员的职责是最大限度告知申请人所办公证事项的可能法律后果和法律风险。无论是申请人的主动虚假陈述还是受胁迫的虚假陈述，在公证员遵守公证程序要求和职业规范前提下依法出具的公证书，当然具有其相应的法律效力。

在线公证依托于语音和视频交流，所以公证员感知范围有限，仅能通过视频镜头与申请人在有限的视域范围内进行沟通。至于镜头之外是否存在干扰申请人办证的不利环境，公证员无法保证。这种在线沟通固然便利了当事人办证，但在线沟通本身的距离感也是可能的风险点所在。与申请人到公证处受理室办证不同，申请人是否处于一个相对安全的交流环境和正常有序的沟通进程，视频另一端的当事人是否受到现实的威胁，视频通话是否受到网络因素的影响等，都构成了能否进一步推动在线公证发展的不可控因素。

对此，公证员在通过江苏省远程视频公证办证平台受理公证服务申请时，首先要询问当事人的网络连接是否正常、交流环境是否安全，并且要求申请人用镜头扫视一周自己所处的环境，沟通过程中还要随时对当事人的交流环境进行检测。据此，公证员判断申请人的人身安全问题，进而在接下来的沟通环节确信其意思表示的真实与自由。如果当事人意思表示的真实与自由虽有外在不利因素的干扰却佯装未受到任何胁迫，例如当事人在不可见的范围内受到了胁迫，公证员对此显然缺乏有力的应对手段。

（三）统一办证平台缺失问题

放眼全国，少数经济发达地区的公证处或者部分经济实力较强的公证处率先研发了各类在线公证受理平台。在线公证的发展境况，归因于"在线"平台的研发和运营需要大量的人力、物力和财力支持，因而其发展情况与社会经济大环境和公证处自身的发展情况不无相关。多数公证处依据网上申办公证事项搭建网上公证受理平台，简单的公证事项可通过网上平台简易办理，但有更多的公证处还是保持原有的办证模式。

由于缺乏统一的在线公证平台，各家公证处自主研发在线公证受理平台造成在线公证建设流于形式。而且在线平台建设工作往往停留在表面,公证处之间缺乏交流学习与合作,同质化严重。理论上来说,中国公证协会建立一个统一的网上受理平台,使得各个公证处在同一平台上开展各自业务,进而实现公证行业信息化发展和公证行业协同发展,是有利于节约资源成本的可取之道。现有的公证行政管理和行业管理系统、中国知识产权公证服务系统和"五库四系统"等都是各自独立的系统,且在现实中上述系统并未得到充分、有效的利用。公证书核实、委托调查取证、公证信息查询等办证流程均不能享受到公证信息化建设带来的便利,因而亟须一个全方位、多层次、宽领域全国性公证办证平台的出现。

三、推动在线公证发展的合理对策

与传统公证不同,在线公证使得公证员对公证申请人身份、状态、所处环境的感知弱化。因而,克服这种感知上的障碍是推动在线公证进一步发展的关键。即使是传统公证,对于当事人身份真实、意思表示的真实与自由也不能做到绝对正确,也会被极少数人钻空子。现行的在线公证业务受理模式下暂未发现"假人假证"情形,一方面是出于风险考虑,只有极少数的公证事项可以通过在线公证办理,操作指引也主要集中于不涉及处分财产的委托、声明等公证。另一方面,在线公证还不够普及,有公证需求的当事人还是倾向于本人去公证处或者打电话了解相关公证事宜。为了推动在线公证的长足发展,基于江苏省远程视频公证办证平台的使用情况,笔者认为有必要进一步采取如下举措。

(一)加快在线公证立法

当下开展在线公证的上位法依据是《公证法》和《公证程序规则》的概括性规定。《司法部办公厅关于推进海外远程视频公证试点工作的通知》[①]规定了远程视频的适用对象、业务范围和工作要求,在线公证也已突破了传统公证的办证模式。显然,这是公证行业的创新,但还远远不够,在线公证不仅缺乏有力的法律支撑,更需要具体的规范认可、支持和引导。因而,有必要推动《公证法》和《公证程序规则》的修改,增加在线公证的相关规定,并细化、规范化在线公证受理的全流程。

在线公证不仅需要出台能够指导其办证实践的规范,也需要建立一种激励其创新的体制机制。当下,各公证处摸着石头过河,缺乏法律规范的支持引导,即使公证机构有魄力先行一步,但因缺乏后进动力,可能难以行远。作为试点举措,目前在线公证平台可以办理的公证服务仅局限于简单的不涉及财产的声明、委托公

---

① 2022年5月5日,《司法部办公厅关于推进海外远程视频公证试点工作的通知》(司办通〔2022〕57号)提出进一步扩大海外远程视频公证试点。

证,待时机和技术成熟以及相关法律制度健全后,在线公证的服务事项必然更加多样化。因而,现实的发展迫切需要在线公证立法以及相关法律制度的修改完善。法律的指引作用能够推动整个公证行业的长远发展。

随着在线公证规范的制定和完善,申请人的身份真实和意思表达真实与自由问题也将迎刃而解。待建立较为成熟的在线公证服务体系后,将实现公证注册、申请、办理、审查的全程线上化。同时,在线公证运用人脸识别、身份证号码、手机验证码、大数据技术、相关问题询问等方式加强身份的确认,甚至可以多部门联合(如申请公安部门的信息数据端口)来实现申请人的身份确认,以强化公证员对安全环境的综合判断,从而对当事人的表达真实与自由作出全面判断。当然,在线公证必须有更严格的程序要求,既要依托于网络技术但又不能被网络技术所裹挟,对于可能出现的漏洞应有配套合理的程序技术设计,以充分维护公证的公信力。

(二)搭建省级统一在线公证平台

中国公证协会致力于构建统一的公证平台来实现统一管理和数据统计,但因各地公证行业发展差异大、公证执业区域限制、社会对于公证行业的认知不够等各方面的原因始终未能建立。笔者认为全国范围内统一平台建立的可操作性不大,但以省级为单位搭建统一平台实有必要,理论上考虑到各省经济发展状态不一,但以地方行政区域为中心的平台构建有其切实的可操作性。

江苏省远程视频公证办证平台就是很好的实践范例。该平台有条件地在全省范围内推广,集中优势力量办事,发挥头部效应,并借机实现了公证机构间的密切联系与合作。通过江苏省远程视频公证办证平台,不仅可以有力推动公证信息化建设,而且极大地便利了公证员的公证书核实、委托调查取证、公证信息查询等工作的进行。最后,可以待省级统一在线公证平台搭建成熟后,再行考虑是否搭建全国性在线公证平台。

(三)加紧在线公证的人才队伍建设

在线公证是公证业务和信息网络技术的高度融合,因而其发展既需要专业的法律人才,又需要专业的技术人才,甚至两方面的复合型人才,熟练掌握二者的人才是在线公证得以发展的重要基础。在线公证高度依赖于信息技术,因而信息传输与存储的安全性、稳定性,业务办理的高效性,都是在线公证全面展开的必要条件。虽然公证机构可以为第三方的服务和技术付费,但这种技术和服务若不能转化为公证机构自身所有,那么在关键环节的使用效果上甚至证明效力上,都可能存在欠缺。推动在线公证的发展,必要的人才培养和队伍建设迫在眉睫。

四、结语

在线公证的发展与建设是当下信息网络技术高速发展的必然趋势。在线公证从最初的业务辅助工具,发展为独立的办证平台,再到集综合性、全面性为一体的服务平台,其服务领域不断拓展,有关部门对其的管理举措也日益精细化。公证的信息化建设将推动公证行业整体迈上新台阶,以更加便捷、高效的公证服务方便人民群众的生产生活。

试论海外远程视频公证的模式选择

袁 钢 刘文豪*

摘要：海外远程视频公证在实践中发展出与民间侨团合作模式、与海外律所或其他机构合作模式、由申请人自行寻找见证人模式、公证机构与申请人直接视频模式以及与我国驻外使领馆合作模式五种模式。多种模式并存导致海外远程视频公证存在诸多问题。海外远程视频公证模式的选择应当遵循公证安全的保障性、服务获取的可及性、办证程序的稳定性与工作人员的专业性标准与要求。从学理与实践出发，国内公证机构与驻外使领馆合作模式是海外远程视频公证的最佳选择。完善我国驻外使领馆合作模式，需要制定统一办证规则，明确双方职责划分，统一公证文书格式，完善公证收费标准，推动远程公证信息化建设。

关键词：海外远程视频公证；驻外使领馆；远程公证模式

海外远程视频公证是指我国公证机构根据居住在海外的申请人的申请，通过远程视频方式为申请人办理相关公证的活动。海外远程视频公证属于在线公证或线上公证的一种，在公证办理过程中公证员通过视频方式与当事人进行询问、交流。开展海外远程视频公证对于优化公证服务，深化"放管服"改革，便利人民群众生活、促进服务经济社会高质量发展具有重要意义。[①] 但作为一项新型公证法律服务形式，其在实践中存在五种模式，多模式并存导致诸多问题，冲击了公证制度的安全性、权威性与效率性。本文将以此为切入点，通过分析远程视频公证制度的

---

* 作者简介：袁钢，中国政法大学法学院教授、博士生导师，公证法学研究中心副主任；刘文豪，中国政法大学法学院硕士研究生，公证法学研究中心研究助理。

① 参见《司法部关于印发〈关于优化公证服务更好利企便民的意见〉的通知》（司发〔2021〕2号），2021年5月28日发布。

模式标准与现实需求,考察现有场景模式的利弊,选择更为契合现实需求的场景模式,并对其提出针对性完善建议。

一、海外远程视频公证场景模式的选择标准

(一)公证安全的保障性

公证是公共法律服务体系的重要组成,是完善多元化纠纷解决机制,预防纠纷、化解矛盾的重要环节。近年来公证机构不断创新服务模式,探索新型公证业务,海外远程视频公证就是典型的例证。公证机构开展海外远程视频公证有利于为海外当事人提供高效便捷的公证法律服务,体现了公证行业的公益责任与社会担当,彰显了公证为民的价值追求。但《公证程序规则》第5条规定,公证活动应当遵守直接原则,这就要求公证员应当亲自接待当事人,当面听取其陈述,亲自审查当事人提供的证明材料。然而,在海外远程视频公证模式下,公证员与当事人依靠远程在线技术实现对接,材料审核也是通过线上进行,这无疑与《公证程序规则》的要求相背离。此外,由于实践中不乏提供虚假材料、陈述以申请公证的情况,不少人更是质疑线上公证会对公证的安全性造成冲击。

因此,高效便民与公证安全的冲突问题是海外远程视频公证模式选取首先要面对的难题。公证之"公"在于公信力,远程视频公证模式应当体现公证的公信力。公证权实质是社会公共权力,公证在我国经历了由国家证明权到社会证明权的转变,其与私证对立,由公信力作背书。公信力即要求公证活动的安全性,安全性即要求公证员需要具备必要的专业知识,履行审查核实义务,严格遵循法定程序。因此,公证员也被称为"法律安全的保证人"[1]。勒内·达维曾在《英国法与法国法:一种实质性比较》中论述道,公证人作为法律家,一项重要职责是他最终必须确保各种文件的安全。[2] 远程海外视频公证模式的选取也首先应当体现安全性,保障公证职能的发挥,彰显公证公信力。

(二)服务获取的可及性

作为社会公共权力,公证权具有公共性特征。[3] 其实质是公证机构面对社会大众提供的一种公共法律服务,服务对象自然包括海外公民。《公证法》第1条关于立法宗旨的规定指出,该法制定的最终落脚点在于保障自然人、法人或者其他组

---

[1] 薛凡:《公证改革的逻辑——基于公证属性、全球和中国语境展开》,厦门大学出版社2018年版,第220-245页。

[2] [法]勒内·达维:《英国法与法国法:一种实质性比较》,潘华仿、高鸿钧、贺卫方,译,清华大学出版社2002年版,第67-68页。

[3] 参见张宇衡:《社会结构演变对于公证权性质的影响——孙笑侠教授谈公证权应如何定位》,载《东方公证法学》2017年第2卷。

织的合法权益。为此,需要合理适用该法以规范公证活动、保障公证机构和公证员依法履行职责,最终达到预防纠纷的目的。其中,"自然人""法人"及"其他组织"当然包括海外公民。目前我国公民、法人及相关组织在海外具有越来越强的存在感,对公证制度的需求也在不断加强。我国创设远程视频公证制度的目的亦包含对海外公民、法人及相关组织的合法权益予以最大程度的保障。此外,司法部印发的《全国公共法律服务体系建设规划(2021—2025 年)》亦指出,"十四五"时期要建成覆盖全业务、全时空的法律服务网络,扩大公证服务供给,提高公证服务的均等化、可及性。① 加之新冠疫情肆虐之时,存在华人华侨及中国公民受疫情所限滞留国外,无法顺利回国亲自办理公证的情况。而我国驻外使领馆受疫情影响办理委托、声明等公证业务件数持续下降,公证业务几乎处于停滞状态。上述两种情况导致了海外公民办理远程视频公证的需求不断增加。因此,远程视频公证的场景模式选择需要考虑其能否以完善的法律制度来保障我国海外公民、法人及相关组织能够通过公证制度获得法律保障,进而维护其合法权益。

(三)办证程序的稳定性

公证活动实质上是一个前后衔接的程序性活动。"程序性既是实现公平正义的法律保障,也是制约公共权力或国家权力不被滥用的通行做法。"② 虽然公证权在我国历经了行政权力到社会公共权力的转变,但在每一阶段均对公证权的行使提出了程序性要求。公证制度可以说是保障实体法正确实施的程序性法律制度,是国家司法制度的重要组成部分。③ 海外远程视频公证当前正处于试点阶段,存在多种模式并存的局面,不同模式下有不同的办证程序,甚至同一模式下的办证程序也不尽相同,因此办证模式的选取要考虑办证程序的稳定性。稳定的办证程序可以体现公证的程序性价值,保障公证公信力。程序正义被称为"看得见的正义",首先,公证员严格遵循海外视频公证的程序性要求可以保障办证的质量,维护公证客观、真实、公证的理念,从而提高公证公信力,维护公证行业的整体形象。其次,稳定的办证程序可以提高公证的办证效率,有利于为海外公民提供高效便捷的公证法律服务。在遵循形式正义的前提下,在办理海外远程视频公证的过程中可以采取简便易行的手续,加强各个环节间的协作与衔接,在保证公证质量的同时,可以最大限度地提高工作效率。最后,稳定的程序可以提高海外公民的可预期性,有利于公证员合理安排时间,提供相关材料。海外公民可以根据先前办理远程视频

---

① 参见《司法部关于印发〈全国公共法律服务体系建设规划(2021—2025 年)〉的通知》,2021 年 12 月 30 日发布。

② 马宏俊:《公证法学》,北京大学出版社 2013 年版,第 207 页。

③ 田平安:《律师、公证与仲裁教程》,法律出版社 2002 年版,第 286 页。

公证的周期、要求安排自己的办证活动,在维护自身利益的同时,也会增加对公证制度的认同感。

(四)工作人员的专业性

公证员是提供公证法律服务的专家,具有专业化的特征。专家形象要求公证员履行专家责任。"专家责任指具有特别知识和技能的专业人员即专家在履行专业职能(执业)的过程中,违反高度注意义务、忠实义务以及努力完成受委托任务的义务给他人造成不利后果所应承担的民事责任。"[1]参与海外远程视频公证的工作人员虽不要求具有与公证员相同的高度注意义务、忠诚义务,但应当具有相应的专业化水平,从而彰显公证活动的专业特性,增强公证活动的公信力。因此,在模式选取时需要考察相应人员提供公证法律服务的专业化程度。例如,《电子签名法》第3条不适用电子签名的情形下(如涉及婚姻、收养、继承等人身关系的,不得约定使用或者不使用电子签名、数据电文),海外远程视频公证可以通过驻外工作人员现场见证公证当事人签署公证文件,现场密封后由工作人员将纸质公证文件邮寄回国内公证机构,通过"线上+线下"相结合方式签署文件。为了保证海外远程视频公证的合法性、安全性、严谨性,这一过程就需要办证人员对当事人的身份加以核实,对其签署的文件进行检查,配合公证员完成相应的审查核实义务,从而维护公证的客观性、真实性。因此海外远程视频公证场景模式的选取也需要考虑工作人员的专业化水平。

二、海外远程视频公证的主要模式及其问题

(一)海外远程视频公证的主要模式

当前我国公证机构开展海外远程视频公证主要有与民间侨团合作模式[2]、与海外律所或其他机构合作模式[3]、由申请人自行寻找见证人模式、公证机构与申请人直接视频模式以及与我国驻外使领馆合作模式[4]五种场景模式。

1. 与民间侨团合作模式

与民间侨团合作模式即通过民间侨团、商会组织在海外的联络点模式,是指在华人较为集中的地点设立海外联络点,由当地华人组织参与,当地华人作为联络员提供见证辅助。海外华人根据预约时间在海外联络点通过固定的视频设备与国内

---

[1] 董佰壹、刘芳:《试论公证员的专家责任》,载《河北广播电视大学学报》2006年第4期,第39页。

[2] 参见林为口、郑柳青:《海外视频公证的实践与发展》,载《中国公证》2019年第9期,第26-41页。

[3] 参见《在大阪的七旬老人放弃上海房产"继承权","海外远程视频"公证在沪启动》,载腾讯网,https://new.qq.com/rain/a/20200312A0G5E300,最后访问日期2022年9月30日。

[4] 参见《长安公证处与中国驻迪拜总领事馆协作办理海外视频公证》,载微信公众号"长安公证",最后访问日期2022年6月16日。

公证机构进行视频连线,并由两名海外公证联络员在当地见证辅助。浙江省文成县公证处、温州市华东公证处、丽水市莲城公证处、青田县公证处都曾采用该模式开展海外远程视频公证。

2. 与海外律所或其他机构合作模式

该模式由国内公证机构与海外律师事务所、会计师事务所等机构合作,以具有相应职业资格的从业人员作为海外联络人,在当地提供见证辅助的合作模式。如上海新虹桥公证处曾与日本律所合作办理《放弃继承权声明书》公证,海南省三亚市凤凰公证处、四川省成都市律政公证处等也采取类似模式开展海外远程视频公证。

3. 由申请人自行寻找见证人模式

在特殊情况下,申请人所在地既没有海外联络点或本人前往海外联络点不方便,又联系不到与国内公证机构开展合作关系的海外律所或会计师事务所,无法通过上述方式找到见证人。在这些情况下,一些公证机构允许申请人自行寻找适当的、没有利害关系的人担任见证人,在申请人所在地的现场辅助见证其办理远程视频公证。

4. 公证机构与申请人直接视频模式

随着信息技术的进一步提升,如人脸识别、人证比对、活体检测、电子签名、视频会议、定位等技术的成熟,许多公证机构在质量、安全可控的情况下,对于公证质量影响不大的公证事项,已不再要求建立联络点或提供辅助见证人方式。目前公证机构通过自行开发的远程视频平台,直接与当事人进行远程视频,可以做到当事人足不出户即可完成公证申请。

5. 与我国驻外使领馆合作模式

由国内公证机构与我国驻外使领馆或中国签证申请中心合作,申请人需在驻外使领馆或签证申请中心工作人员的监督下操作远程视频平台,并采用"线上+线下"方式,签署相关公证文件。

(二)多种场景模式并存存在的问题

海外远程视频公证存在多种场景模式,尚未形成统一的规范,导致其存在受理条件不统一、公证效力不明、公证流程不统一、收费标准不统一等诸多问题。一是受理条件不统一。海外远程视频公证尚处于试点推进阶段,办证量较少,地区之间的发展也呈现出不均衡态势,其中有一家公证机构办理了十余件海外远程视频公证,而大部分公证机构目前尚未办理过海外远程视频公证,这导致了各公证机构在受理条件上并不统一。二是公证效力不明。海外远程视频公证客观上对"公证员亲自办理""公证员面见当事人""当事人亲自签署法律文书""执业区域"等公证活动基本原则和必备程序造成了冲击①,导致公证效力不明。不同场景模式下见证人不同(详见表1),特别是民间侨团、商会代表、海外律所或其他机构工作人、无利害关系的自然人等不具有法律上的地位,这将会导致当事人对公证活动的公正性产生怀疑,严重影响公证公信力,冲击公证文书的"证据效力""强制执行效力"和"法律要件效力"。② 三是公证流程不统一。远程视频公证系统的基本使用流程包括申请、接入准备、连接视频、受理审查、询问取证和证据归纳等环节。③ 因缺乏统一规范,当前不同省份、不同区域公证机构的具体操作流程存在较大差异。四是公证收费标准不统一。海外远程视频公证缺乏相应的规范约束,行政监管和行业监管又相对滞后,特别是海外远程视频公证花费的人力物力成本较高。因此,收费太低会导致许多公证机构对此没有积极性,不愿意办理。多种因素共同作用下导致多种模式的海外远程视频公证收费标准不统一,甚至存在混乱的局面。

表1 海外远程视频公证的主要模式统计表

主要模式	是否存在见证人	见证人类型
与民间侨团合作模式	是	民间侨团、商会代表
与海外律所或其他机构合作模式	是	海外律所或其他机构工作人员
由申请人自行寻找见证人模式	是	无利害关系的自然人
公证机构与申请人直接视频模式	否	—
与我国驻外使领馆合作模式	是	驻外使领馆工作人员

三、海外远程视频公证场景模式的选择建议

(一)不同场景模式的利弊分析

1. 采用与民间侨团合作模式、与海外律所或其他机构合作模式、由申请人自行寻找见证人模式的利弊

利用海外侨团华人的社会身份,利用律师或其他机构人员的执业身份、利用没有利害关系的第三人作为见证人,对申请人进行身份确认、现场监督见证申请人的签名行为,具有一定的客观性。但民间侨团工作人员、律师、会计师或普通见证人身份并不具有法律上的相应地位,导致公证公信力不足。

---

① 参见张鸣:《兼顾疫情防控和社会需要——江苏公证探索远程视频公证模式》,载《中国公证》2020年第3期,第60页。

② 参见马宏俊:《公证法学》,北京大学出版社2013年版,第128-133页。

③ 参见林成丽:《开展海外网络公证事务可行性探讨》,载《中国公证》2018年第4期,第63-67页。

2. 采用公证机构与申请人直接视频模式的利弊

在申请人居住地没有我国驻外使领馆或中国签证申请中心,或者我国驻外使领馆或中国签证申请中心均不开放的情况下,公证机构与申请人直接视频的模式能够保证当事人足不出户完成公证申请。但公证现场没有具有较高社会地位和公众信誉的人员在现场见证和监督,存在法律上的风险和弊端。另外,涉及申请公证的事项不适用电子签名的情形时,则存在法律上的瑕疵,公证风险较大,如申请人因反悔而推翻公证时,难以确保公证书的效力,容易造成法律上的争议。

3. 采用与我国驻外使领馆合作模式的利弊

驻外使领馆是依法办理公证的机构,具有办理公证的职能,驻外使领馆的法定职能及身份天然具有更强的公信力,申请人的身份得到驻外使领馆工作人员的核验,申请人签署行为的真实性得到保证。但其也存在相应的不利影响,主要包括特殊情况下使领馆不开放或者没有中国签证申请中心、申请人居住地距离我国驻外使领馆或中国签证申请中心较远等现实情况的制约而无法办理公证。此外,公证机构与驻外使领馆进行对接和沟通的时间相对较长,加之本身正常办理流程的限制,相应地会导致公证办理期限较长。

(二)路径选择:与驻外使领馆合作模式

通过不同场景模式的利弊分析,结合海外远程视频公证模式的选取标准,与驻外使领馆合作模式更符合海外远程视频公证的实践发展。

第一,与驻外使领馆合作模式可以保障公证活动的安全性。驻外使领馆是办理公证的合法机构,驻外使领馆办理公证的依据是《公证法》、《维也纳领事关系公约》、中外双边领事条约以及我国外交部的有关规定[①],其较国内公证机构公证依据的文件更具外事性质。因此,与驻外使领馆合作办理公证,有利于保障公证活动的安全性,提高公证公信力。

第二,与驻外使领馆合作模式可以保障公证服务获取的可及性。使领馆是大使馆、领事馆的简称,其中大使馆位于驻在国的首都,领事馆设在驻在国各大重要城市。[②] 受政治因素、经济发展水平影响,这些城市往往是我国海外公民相对集中分布的区域,且海外公民与使领馆的联系也相对紧密。因此,与驻外使领馆合作,可以最大限度地保障公证法律服务的可及性,进而完善公共法律服务体系的服务网络。

第三,与驻外使领馆合作模式可以保障办证程序的稳定性。一方面,驻外使领

---

① 参见《中国驻外使领馆办理公证简介》,载《重庆与世界》2003年第6期,第63页。
② 参见邵津:《国际法》,北京大学出版社、高等教育出版社2011年版,第288-300页。

馆本身就是办理公证的合法机构，其公证程序与国内公证受理、审查、出具、审核、出证、案卷的归档和管理等程序基本相同。开展海外远程视频公证可以同司法部、国内公证机构协商借鉴现有办证程序的部分流程。另一方面，驻外使领馆在国外是国家形象的象征，其办理的业务具有规范化、程序化的特征。因此，与驻外使领馆合作办理公证可以实现公证的程序价值，进而促进公证职能的实现。

第四，与驻外使领馆合作模式可以保障工作人员的专业性。驻外使领馆负责办理公证的部门一般包括驻外使领馆领事部、领事（侨务）组或兼管领事业务的其他部门，驻外使领馆内其他部门无权办理公证业务。并且驻外使领馆还配备公证工作人员，协助公证签署人员办理公证事务的人员，可协助完成公证的受理、制证、发证及立卷归档等辅助性工作。有条件的驻外使领馆还雇用了当地雇员或让编外人员协助进行公证工作。因此，与驻外使领馆合作模式可以保障工作人员具有相应的公证法律服务知识与技能，从而保障公证质量，提高公证效率。

第五，与驻外使领馆合作模式符合海外远程视频公证的实践趋势。2022年4月，外交部在官网发布通知："自2022年5月5日，海外远程视频公证将在60余个驻外使领馆实施。外交部将及时总结经验，坚持为群众解难题、办实事，努力为海外中国公民提供更加优质、更为贴心的服务。"[①]司法部于2022年5月发布《关于推进海外远程视频公证试点工作的通知》，指出要进一步扩大海外远程视频公证试点，并对海外远程视频公证业务的适用对象、业务范围进行了明确规定。[②] 从上述通知可以看出，与驻外使领馆合作模式已成为当前的主流趋势。

四、与我国驻外使领馆合作模式的完善建议

（一）制定统一的办证规则

海外远程视频公证目前尚处于试点阶段，我国尚未形成统一的远程视频公证规则或标准，各地公证机构与驻外使领馆合作开展远程视频公证的办证规则与程序要求存在诸多不同之处，形成了多种规则和做法并存的混乱局面。为确保海外远程视频公证程序的严谨性，应当根据近几年海外远程视频公证试点工作实践经验，制定统一、科学的规则。一方面，在规则的制定主体上，因海外远程视频公证需要驻外使领馆的参与，所以建议司法行政部门与外交部门合作制定相应规则，加快

---

① 《外交部将自2022年5月5日在部分国家实施海外远程视频公证》，载外交部官网，https://www.mfa.gov.cn/web/wjb_673085/zzjg_673183/lss_674689/xgxw_674691/202204/t20220428_10675123.shtml，最后访问日期2022年9月30日。

② 《司法部办公厅关于推进海外远程视频公证试点工作的通知》，载司法部官网，http://www.moj.gov.cn/pub/sfbgw/zwxxgk/fdzdgknr/fdzdgknrtzwj/202205/t20220505_454341.html，最后访问日期2022年9月30日。

海外远程视频公证的制度化、规范化建设。另一方面,为了保证海外远程视频公证书的法律效力,规则应当明确对于公证机构采用远程视频方式、电子签名方式办理的委托、声明、签名等公证事项,该公证书的效力应当完全等同于一般公证书的效力。只有确认了海外远程视频公证书的法律效力,才能在立法上解决其效力瑕疵的问题。

(二)明确双方的职责划分

由于国内公证机构与驻外使领馆双方各自承担的工作不同,需要明确双方的职责。明确双方职责有利于规范远程视频公证办证流程。首先,由使领馆人员介绍自身身份、现场核验当事人身份证件、核验人证是否一致、询问当事人是否自愿申请远程视频公证、现场监督和见证当事人独立操作手机。然后,由当事人登录公证机构的远程视频平台,人脸识别,活体检测,阅读公证员通过平台传输的公证文件,电子签名,公证员发起视频询问,当事人对公证询问笔录进行电子签名,对于不适用电子签名的情况,当事人可以线下签署公证文件,使领馆人员现场密封公证文件,邮寄公证文件。最后,由当事人缴纳费用,公证机构审查核实相关事实,出具公证书,线下领取或邮寄方式领取公证书。这一部分由公证机构负责。

(三)统一公证书的格式

公证书是公证活动集中体现的载体,是公证活动的立体过程的平面化展现。司法部《公证书格式(修订征求意见稿)》规定:在本公证机构以外的地点或采取在线方式办理的,办证地点和方式据实表述,但应当事前经省级司法行政部门同意并备案。① 但该规定并没有对与驻外使领馆合作办理的海外远程视频公证书格式进行统一规范,亦没有制定相应模板格式,这给公证机构出具公证书格式带来困难,也给使用者带来不便。目前各地公证机构出具的海外远程视频公证书格式各有差异,应当尽快予以统一。

远程视频公证书的规范化写作,应当汲取先进工作经验,形成统一、规范、严谨的文书呈现样式。远程视频公证书格式的统一,将促进远程视频公证书的规范化。对于海外远程视频公证,根据不同案情、使用者的需求,可以采用电子签名和线下签名两种不同方式签署,对于采用电子签名和不采用电子签名的公证书格式,应当据实表述清楚。

(四)完善公证的收费标准

海外远程视频公证属于一项综合性的创新法律服务,收取的费用包括公证费、远程视频平台技术建设开发费用(或平台技术使用费)、公证书代书费、调查费、录

---

① 参见《司法部关于〈公证书格式(修订征求意见稿)〉公开征求意见的通知》,载司法部官网,http://www.moj.gov.cn/pub/sfbgw/lfyjzj/lflfyjzj/202012/t20201222_150861.html,最后访问日期2022年9月30日。

音录像费等。各个公证机构当前在坚持公平公开原则、严格执行国家有关规定的前提下,按照试点公证机构所在地规定的收费标准,由当事人直接向试点公证机构交纳。但目前各地公证机构关于海外远程视频公证的收费标准大相径庭,价格差异相差较大,因此建议制定统一的收费标准。

此外,还需要不断完善远程视频公证的收费标准。公益性是公证最重要的属性,公证机构本身为公益性质单位,并代表国家行使证明职能。① 因此,公证收费的完善应当坚持公益属性,遵循以人民为中心原则、非营利性原则、科学计算成本原则、公平公开原则。在制定具体收费标准的过程中,应当结合与当事人的沟通成本、与驻外使领馆的沟通成本、在线受理时间成本,以及远程视频公证过程中公证员需要付出的时间成本、精力成本等进行综合科学计算,同时又要本着以人民为中心的原则、非营利性原则来制定。

(五) 推动远程公证信息化

海外远程视频公证办理过程中办理所用软件、办理过程中的身份识别、资料上传、材料审核、视频通话、电子签名等都需要依靠远程技术及公证信息化作为支撑。② 因此,海外远程视频公证的发展需要不断加强公证信息化建设,增强数据获取的稳定性、安全性与高效性。一要针对海外远程视频公证就信息化法律服务的程序进行规范化指引,增加有关线上公证等网络办证的业务指引,肯定远程办证的效力,规范公证办理程序和要求,使公证人员依法依规办证,不断提高办证效率。二要对公证服务中的数字化和信息化操作增加强制性规定,比如必须用身份证验证系统、必须使用人像采集系统,以便严格操作,降低风险。三要加强与国内民政部门、公安部门、司法行政部门等机关的联系,建立健全协调、共享机制,增加各部门协调联动、信息共享等方面的规定,争取实现其他信息保管单位与公证机构的信息共享,以方便公证人员核对信息,减轻风险,同时也简化了要求申请人提供的材料,实现对程序的优化与效率的提高。

信息技术深刻影响着人类社会的思维模式、生产方式与生活方式,同时也架起了公证法律服务远程化的桥梁。目前国内公证机构与驻外使领馆合作办理的海外远程视频公证仍存在规则缺失问题,只有通过制度化建设、规范化建设,才能不断规范海外远程视频公证服务,优化远程视频公证流程。只有不断加强公证人员技能培训,改善服务设施,全面提升服务品质,才能为海外中国公民提供优质、高效、便捷的公证服务,切实提升海外中国公民的获得感、幸福感、安全感。

---

① 参见林为口、郑柳青:《海外视频公证的实践与发展》,载《中国公证》2019年第9期,第32页。
② 参见张鸣:《兼顾疫情防控和社会需要——江苏公证探索远程视频公证模式》,载《中国公证》2020年第3期,第59-60页。

网络赋强公证参与网贷纠纷治理的思辨与进路*

夏先华　刘玲姿**

摘要：网贷纠纷的独特性与频发性使得传统的诉讼机制遭遇司法资源有限、维权效率低下、案件执行受阻等治理局限。网络赋强公证的探索为网贷纠纷化解提供了新的思路，其与网贷纠纷治理在理念、场域、机制、效益、功能等多个维度存在深度的理论耦合。运用网络赋强公证解决网贷纠纷，宜采取线上申请与人工审核相结合的公证模式，设计从嵌合申请到智慧执行的全部流程，并搭建包括申请、办证、业务管理与数据存管等在内的多层级应用系统平台。网络赋强公证的适用并未突破公证的面签原则，且可通过互联网法院集中管辖的执行模式来解决分散执行的难题。对于赋强公证中的费用分担问题，可在分段收费的基础上将主要公证费用的收取移至出具执行证书的后端。最后，通过"区块链＋公证"的方式，可在网络赋强公证中形塑技术与制度的双重公信。

关键词：网络赋强公证；网贷纠纷；纠纷治理；公证债权文书

一、问题的提出

互联网与金融的结合经历了从"技术支持"到"深度融合"的不同发展阶段，网贷平台的迅猛发展极大地拓展了互联网金融的广度与深度。网络贷款利用互联网的技术优势，突破时间与空间双重维度的限制，实现全天候自助式借贷服务，其贷款可得性、金融服务质量都得到了极大提高。与此同时，随着近年来网络借贷金融的迅猛增长，由此所引发的网贷纠纷数量也在与日俱增。与传统借贷纠纷不同，网

---

* 基金项目：湖南省法学会法学研究青年课题"公证参与诉源治理机制创新研究"（22HNFX-D-002）。

** 作者简介：夏先华，湘潭大学法学院讲师；刘玲姿，湘潭大学法学院硕士研究生。

贷纠纷具有涉众广且分散、跨地域、标的额小、纠纷数量庞大等特征。这就要求网贷纠纷解决机制不仅能高效、便捷地处理大量纠纷，且能克服解决纠纷成本与收益不对等的局限，以及跨地域执行难等现实问题。而我国现有的司法资源相对有限，且诉讼机制化解纠纷的成本较高，效率相对低下，无法及时、有效地治理网贷纠纷。对此，实务界开始探索利用网络赋强公证快速化解网贷纠纷的治理新范式。公证作为兼具预防与化解纠纷功能的特殊机制，可以依托其证明效力与强制执行效力，全流程地参与网贷纠纷的预防与治理，从而解决这一纠纷化解的困局。但由于网络赋强公证尚处于探索阶段，法律规范仍不健全，实践中还存在许多操作性难题。比如，赋强公证嵌入网络借贷纠纷治理是否具有契合性？其制度方案应当如何设计？网络赋强公证的运行是否有违面签原则？强制执行的管辖法院如何确定？公证费用如何承担？这些问题都亟待学界的讨论与解决。鉴于此，本文从网贷纠纷治理面临的现实难题出发，着力探讨运用网络赋强公证手段化解网贷纠纷的合理性以及具体的设计方案，并针对实践中运行的困境，提出相应的解决对策。

二、网贷纠纷治理面临的现实难题

（一）网贷纠纷的独特性与频发性

1. 网贷纠纷的独特性

互联网技术的嵌入与运用，在给金融贷款服务带来便利的同时，也使得其所产生的网络贷款（以下简称网贷）纠纷具有不同于普通借贷纠纷的差异性。具体而言，网贷纠纷的独特性表现在以下几个方面：(1)涉众性。在传统的线下金融借贷模式中，借款人需要依托金融机构进行面对面交易，交易方式的线下特性使得借贷主体的地域分布较为集中，其涉及的人数也相对有限。相比之下，网络金融借贷突破物理空间的限制，并充分利用大数据进行信用分析，迅速促进远程借贷双方达成交易，极大地释放了民众的融资需求，扩大了网络借贷的群体规模。鉴于这一特点，其所引发的网贷纠纷在整体上也具有涉众性，影响范围较大，如若未能得到妥善解决，很容易影响网络金融的安全与秩序稳定。(2)跨地域性。根据2020年广州互联网法院发布的《互联网金融纠纷司法分析报告》（以下简称《报告》）数据显示，自该法院2018年9月28日挂牌成立至2020年8月，共受理互联网金融纠纷案件40522件。其中，23.11%的案件借款人住所地在广东省，剩余76.89%的案件借款人则分布在全国其他各个省份。[①] 由此可见，网贷纠纷的当事人地域分布极

[①] 《广州互联网法院发布〈互联网金融纠纷司法分析报告〉》，载广东政法网，http://www.gdzf.org.cn/zwgd/202009/t20200923_1055940.htm，最后访问日期2022年10月27日。

为分散,纠纷化解殊为不易。(3)小额性。从《报告》披露的数据来看,广州互联网法院受理的40522件互联网金融纠纷中,标的额在1万元以下的案件数量为24352件,占比60.1%。通过小额诉讼程序审理的案件数量为38921件,占比高达94.06%。[1] 大部分的网贷纠纷标的额相对较小,其纠纷的处理更适用于成本低廉、高效的解纷机制。

2. 网贷纠纷的频发性

随着网络交易的盛行以及金融市场的发展,金融贷款的违约率一直居高不下,纠纷数量也在与日俱增。根据银保监会的最新数据统计,2022年年末,银行业金融机构的不良贷款余额3.8万亿元,较年初增加1699亿元,不良贷款率高达1.71%。[2] 另外,在法院受理的案件中,互联网金融纠纷案件数量也呈现出爆发式增长,且在民事案件中占比越来越重。以武汉市黄陂区人民法院为例,2020年、2021年以及2022年1至3月,黄陂区法院分别受理互联网金融纠纷656件、3332件、1284件,占全院民事同期收案总数的比例分别为8.9%、23.6%、35.3%,增幅极为明显。[3] 重庆市江北区人民法院也做过类似数据统计,2019年至2021年该法院受理互联网金融借款案件数量分别为115件、1348件、4656件,同比分别增长341%、1072%、245%。[4]

近年来,网贷纠纷急剧增长,其存在多方面的成因:第一,虚拟货币的广泛运用以及移动支付的推广,极大地刺激互联网交易与金融市场的繁荣。金融机构借助互联网平台逐渐迈向多边化,通过整合社交、消费、借贷、金融等多个维度的资源与服务,不断地向潜在客户人群进行延伸,吸引客户参与金融交易。在网络金融交易体量不断上行的前提下,其因违约所带来的网贷纠纷数量自然也处于上升态势。第二,随着我国征信体系的不断完善,以及民众对于信用认知的提升,信用消费市场得到了飞速发展,以信用卡、花呗等为载体的信用产品,在转变民众消费习惯的同时,也引致了消费信贷数量的激增。根据中国人民银行的数据统计,我国广义个人消费贷款余额从2015年年末的18.96万亿快速膨胀到2020年年末的49.6万

---

[1] 《广州互联网法院发布〈互联网金融纠纷司法分析报告〉》,载广东政法网,http://www.gdzf.org.cn/zwgd/202009/t20200923_1055940.htm,最后访问日期2022年10月27日。
[2] 参见张琼斯:《银保监会:今年把支持恢复和扩大消费摆在优先位置》,载《上海证券报》2023年2月4日,第2版。
[3] 《全省首个!黄陂法院发布〈互联网金融案件审判白皮书〉》,载武汉市黄陂区人民政府网,http://www.huangpi.gov.cn/ywdt/bmzc/202205/t20220508_1967658.html,最后访问日期2022年10月27日。
[4] 《江北法院:互联网金融案件逐年猛增 金融借款合同案件最多》,载重庆日报网,https://baijiahao.baidu.com/s?id=1734340689349103713,最后访问日期2022年10月27日。

亿,增长161.6%。① 在信用惩戒机制尚不完备的现实条件下,以个人信用为依托的网络借贷存在较大的违约风险。第三,信息技术在给金融借贷行业带来红利的同时,也存在因信息不对称而导致不良贷款率飙升的问题。一方面,受限于借贷的互联网模式,金融机构对于借款人的信息审查存在现实的局限性;另一方面,有的互联网金融平台为了追求利润,放宽了对借款人的信息审查,甚至仅凭借身份证、学生证、电话号码等基本信息就可以通过贷款审核。这些都将加大借款人违约的可能性,导致不良贷款比重的提升。

(二)网贷纠纷诉讼机制的治理局限

由于实践中大部分网贷纠纷标的额较小,案件数量庞大,以传统诉讼机制解决此类网贷纠纷存在一定的局限性。因此,金融机构往往因其受损利益与维权成本不相匹配等原因,而无法有效维护其自身合法权益。② 具体而言,以诉讼机制化解网贷纠纷存在如下弊端。

1. 司法资源有限

互联网技术的嵌入极大地提高了贷款的易得性,其所引发的网贷纠纷数量也呈现爆发式增长。且相较于普通贷款纠纷,网贷纠纷案件具有涉众性与跨地域性,其诉讼成本相对高昂。庞大的网贷纠纷数量与有限的司法资源之间存在极为尖锐的矛盾,现有司法资源在一定程度上无法满足网贷纠纷治理的现实需要。具体而言,一方面,现代社会的急剧变革与结构转型,诱发了大量的社会矛盾与纠纷,其不断涌入法院以后,进一步加大了法院的办案负担。加之,2015年以来大力推行的立案登记制改革,在保障当事人诉权、推动立案制度走向规范化的同时,也导致了法院收案数量的大幅增长与不断积压。另一方面,法官员额制改革使得一线办案法官的数量有所减少,尽管司法辅助人员的合理配置在一定程度上提升了法官的办案效率,但案多人少已然成为现代司法中最为突出的现实矛盾。在司法资源极为紧缺的现实情景下,网贷纠纷的小额性与频发性使得法院对于网贷纠纷的诉讼治理极为审慎。

2. 效率相对低下

相较于非诉讼解决纠纷方式,通过诉讼途径解决网贷纠纷的治理效率整体上相对较低。究其原因,其一,民事诉讼是通过权威裁判的方式,确定是否存在权利

---

① 《4.8万亿消费背后的"信用逻辑"》,载21世纪经济报道网,https://m.21jingji.com/article/20220614/herald/6c5fb481b89bce68976da0c083099894.html,最后访问日期2022年10月27日。

② 参见魏益华、吴子熙:《中国网络借贷多层次解纷制度与困境》,载《甘肃社会科学》2020年第2期,第195页。

义务关系,从而达到解决纠纷的目的。① 为了确保法院公正裁判,民事诉讼极为强调程序设计的精细化与权利保障的完备性,在双方当事人的激烈对抗下,程序运行效率并不高。其二,从审限规定来看,诉讼程序的审理周期冗长,金融机构难以快速实现其债权。根据《中华人民共和国民事诉讼法》(以下简称《民事诉讼法》)规定,一审普通程序的审理期限为六个月,简易程序的审理期限为三个月。上述期限经批准还可再行延长,且公告期间、鉴定期间、管辖权争议的处理期间并未计算在内。对于法院的一审判决,当事人不服还可上诉至上一级人民法院,从而启动二审程序。在司法实践中,由于法官的办案压力比较大,诉讼拖延的问题较为突出,不少法官临近审限才完成相应的审判任务。可见,在网贷诉讼中,当事人走完全部诉讼流程耗时较长,整体上解纷效率较低。其三,网贷纠纷中借款人的地域分布极为分散,也给法院的送达工作带来了诸多不便。加之,金融机构对于借款人的地址信息审查不严、借款人提供虚假信息或者故意失联、拒接电话等原因,实践中法院多因借款人下落不明而采取公告送达方式,所耗费的时间成本较高,影响整体的诉讼效率。比如,上海市浦东新区人民法院在审理中便发现,小额金融借款案件的公告送达使用率较高,诉讼周期呈现冗长化,其公告送达案件的平均审理期限高达139天。②

3. 案件执行受阻

网贷纠纷的跨地域性特征,使得其生效裁判的执行面临着一系列现实困难:第一,作为网贷纠纷案件被执行人的借款人,其在地域分布上极为分散,这给执行法院查控、执行被执行人的财产带来了诸多不便。尽管网贷纠纷案件的执行大多是通过查控、划拨被执行人名下的银行账户等方式进行,但这一方式无法全面查找被执行人的财产状况。当通过网上查控无法获取被执行人财产状况之时,仍需要进行异地查询与执行被执行人的财产。第二,执行收益与成本投入不相适配。由于网贷纠纷存在小额性,相较于执行所获得的收益,异地执行或现场执行的成本过高,不相匹配。第三,在网贷纠纷的审理中,借款人下落不明或无法联系的情形较为普遍,尽管法院通过缺席审理而作出了相应的判决,但在执行阶段仍有可能因无法联系被执行人或查询被执行人的财产信息,而不得不终结执行程序。第四,在司法实践中,存在不少被执行人隐匿、恶意转移财产等躲避执行的情形,这也给法院的执行工作造成了不当阻碍。

三、网络赋强公证与网贷纠纷治理的理论耦合

2015年国务院发布相关规范性文件,要求深入推进普惠金融发展建设,逐步

---

① 参见[日]兼子一、竹下守夫:《民事诉讼法》,白绿铉译,法律出版社1995年版,第4页。
② 参见孟伟阳、黄丹:《小贷公司借款案诉讼周期冗长化》,载《法制日报》2015年7月3日,第5版。

建立适应我国国情的多元化金融消费纠纷解决机制。① 如上所述,仅仅依靠诉讼的单一纠纷解决机制在化解网贷纠纷过程中,存在司法资源有限、维权效率低下、案件执行受阻等多重弊端。为应对这一纠纷治理困局,实务界已经积极探索利用公证这一非诉讼解纷机制化解网贷纠纷的做法。据了解,2019年北京市中信公证处携手石景山区人民法院从缓解金融类纠纷办案压力入手,大力探索"公证+执行"的诉源治理创新模式,以"公证前端预防,执行后端保障"的作用形式,实现对网贷纠纷的事前预防与高效化解。② 在这一过程中,网络赋强公证发挥了其证明、服务、执行以及信用保障等重要职能,提升了网贷纠纷治理的整体效能。网络赋强公证之所以具备如此显著的功效,是因为其与网贷纠纷治理在理念、场域、机制、效益以及功能等多个维度存在深度耦合。

(一) 理念耦合:从程序对抗到实体固定

纠纷是否得到有效解决,事关整个国家和社会的长治久安。但纠纷的解决需要耗费大量的人力、物力与其他资源的投入。故而如何在解纷资源有限的前提下快速高效地化解纠纷,无疑是当下极具现实意义的重要命题。长期以来,我国基于法体系与司法制度自立性存在根基尚且脆弱的法治现况出发,大力推进社会"法化"的进程,倡导审判作为"法的支配"最后屏障的中枢地位,将一般法律规范适用于纠纷生成后的审判程序与处理结果。③ 且为了强化对当事人的权利保障,民事诉讼逐步迈向以当事人主义为中心的程序构设与诉讼模式,程序环节与保障机制日趋完备。但程序设计的精细化与当事人平等对抗的加强,在实现程序正义的同时,也将导致程序运行的复杂化与纠纷解决的低效化。这使得审判机制在案多人少的现实矛盾下越来越显得捉襟见肘,无法有效应对诉讼爆炸所带来的挑战。

事实上,纠纷的产生经历了从双方"和谐一致"到"冲突对抗"的渐变过程,公权力在不同阶段的介入,将产生截然不同的法律效果。若能在交往双方关系和谐共恰之时,便通过法定程序机制对实体性事实与证据予以固定,便能最大限度地约束当事人双方在之后的民事交往中恪守诚信,进而从根本上减少纠纷的发生。而在事实探知方面,诉讼机制是通过辩论手段与平等对抗的庭审环节,来帮助法官查明事实真相,其探知成本相对高昂。同样,公证制度也可通过事前对双方无争议的事

---

① 参见《国务院关于印发推进普惠金融发展规划(2016—2020年)的通知》(国发〔2015〕74号),2015年12月31日发布。

② 《北京市中信公证处携手法院共建"金融纠纷线上一体化平台"获北京高院2019年司法改革最佳示范案例》,载北京市中信公证处官网,http://www.bjgzc.com/zxxw/201912/2019112613180.html,最后访问日期2022年10月27日。

③ 参见〔日〕田中成明:《现代社会与审判:民事诉讼的地位和作用》,郝振江,译,北京大学出版社2016年版,第2页。

实进行固定,以减少对诉讼对抗机制的依赖,降低纠纷发生后查明事实的司法成本。另外,从风险系数维度来看,纠纷主体通过诉讼机制解决纠纷,其实质是诉诸一种事后救济手段,维护其合法权益。但以程序对抗为核心的诉讼机制,虽可通过辩论手段与证据制度最大限度地探知案件事实,但难免会存在事实偏差与真实风险。甚至,在程序对抗走向极端之时,不排除司法审判可能沦为双方当事人诉讼实力与技艺比拼的现实场域。与之相较,"实体固定"模式在双方当事人实施民事法律行为伊始、纠纷发生之前便开始固定事实与证据,其不存在真实风险或者风险更低。可见,相较于程序对抗,实体固定的解纷理念在成本、效率、风险等方面更为占优。

公证作为以法定证明为核心职能的法律机制,其参与纠纷治理的过程,实质上是"实体固定"理念的体现与运用。在网络借贷过程中嵌入赋强公证程序,一方面,可以利用公证的公信力,约束交易双方遵守合同约定,从源头上预防纠纷的发生;另一方面,即便发生违约纠纷,赋强公证的运用也可减少对违约事实的探知成本,其强制执行效力也为网贷纠纷快速解决提供了可行路径。

(二)场域耦合:制度运行的时空属性

在传统的公证模式下,由于受地域限制、交通成本、业务水平等因素的影响,公证机构无法为当事人提供全天候、高标准的优质公证服务。[①] 但网络技术的广泛应用突破了时间与空间的限制,其在推动公证信息化建设的同时,也不断地促进公证服务模式的创新。网络赋强公证便是这一服务模式创新的探索与体现。与固定时间、固定地点的传统线下公证模式不同,网络赋强公证利用区块链、时间戳、大数据等电子信息技术,通过互联网平台进行线上申请、线上受理、线上审核、线上出证,使得公证服务突破了物理空间的局限,推动了公证服务的远程化,极大地延伸了公证服务的广度与地域范围。网络赋强公证的这一特性,与网贷纠纷的跨地域性、分散性、网络性高度契合,能很好地满足网贷纠纷治理的现实需要。

另外,不同于诉讼事后救济的功能属性,网络赋强公证贯穿于网络借贷的全流程,集事前预防、事中监督以及事后解纷于一体,助益网贷纠纷的预防与化解。首先,赋强公证对于网络借贷事实的确证,减少了借款人违约的可能性,可实现事前的纠纷预防。有研究数据显示,约八成的债务人能在执行证书签发前自觉履行义务,仅约一成的案件通过签发执行证书进入执行程序[②],其中极少有债务人对执行证书提出异议[③]。其次,公证机构在出具赋强公证文书之前,依法将对当事人有关

---

① 参见赵志红、吕立:《全力推进公证信息化快速发展的探索与思考》,载《中国司法》2015年第8期,第33页。
② 其他情形包括债务人提出确有理由的异议,公证机构告知其通过诉讼解决纠纷等。
③ 参见刘疆:《强制执行公证争议问题研究(下)》,载《中国公证》2007年第4期,第38页。

情况、意思表示真实、借贷合同法律关系以及证明材料的真实性进行审查,以确保公证事项的真实性与合法性。公证介入网络借贷过程,将进一步强化对借贷合同法律关系的审查与监督,降低不良贷款的概率。最后,对于因借款人违约而引发的网贷纠纷,可以通过申请强制执行债权文书而予以快速处理,发挥公证制度的解纷优势。

(三)机制耦合:公证环节内嵌与效力外彰

赋强公证作为一项依托法定证明权而获得强制执行效力的公证服务,其由三个相连接的公证环节组成:一是赋予债权文书强制执行效力环节(合同公证环节);二是由公证机构出具执行证书环节(出具执行证书环节);三是由申请人依据执行证书与公证债权文书向法院申请强制执行环节(申请强制执行环节)。在网络借贷纠纷治理中,赋强公证的三个环节将嵌入网络借贷的不同阶段,发挥其特有的法律效力。当借款人与金融机构订立借贷合同时,双方可以通过共同签订"赋强公证协议"的方式,向公证机构申请办理赋强公证业务。此时的公证债权文书仅具有一种"可期待效力",即未来条件成就时,当事人可据此向法院申请强制执行。[①] 在这种"可期待效力"的作用下,借款人违约的机会主义受到了抑制,借贷偿还率大大提升,其在一定程度上预防了借贷纠纷的发生。当债务人到期未履行还款义务时,债权人可向公证机构申请出具执行证书。公证机构对债务人的债务履行情况进行审查、核实后,便可向债权人出具执行证书,此时的执行证书即具有对借款偿还情况的"证明效力"。通过执行证书的证明效力,债务人履行债务的情况得以确证与固定,减轻了法院在执行阶段的核实任务。当债务人仍未履行或未完全履行债务时,债权人可向人民法院申请强制执行。此时的公证债权文书即具有相应的强制执行效力,可作为法院的执行依据,从而确保借贷债权的快速实现(见图1)。另外,相较于其他法律文书,公证文书的另一大优势体现为其法律效力的国际性与跨域性,通过外交或领事认证等特殊环节[②],公证文书可以在其他国家或地域得到认可与适用[③]。而在网络借贷纠纷中,存在大量债务人的财产分布在国外或者债务人为逃避债务而恶意转移财产至国外的情形。此时,司法机关所作出的生效判决或裁定,往往需要通过两国之间特殊司法协助的方式,予以承认与执行,程序相对烦琐复杂,颇为不便。而公证文书效力跨域的优势恰好可以解决网贷纠纷治理中的这一难题。

[①] 参见卢卫平、谢星:《赋强公证业务收费模式调查及优化探析》,载《中国公证》2019年第9期,第60页。
[②] 2023年3月8日,中国正式加入《取消外国公文书认证要求的公约》。2023年11月7日,该公约在中国生效实施。对于公证文书等公文书在公约缔约国中的使用,可以免除外交或领事认证等认证手续。
[③] 参见詹爱萍:《挑战与应对:网络语境下知识产权的公证保护》,载《学术论坛》2015年第9期,第64页。

图 1 强制执行公证环节示意图

(四)效益耦合:网络赋强公证的成本优势

网贷纠纷案件的案情一般较为简单,权利义务关系明确,事实清楚,证据充分,且标的额相对较小。然而,相较于诉讼化解网贷纠纷存在的维权成本高、耗时长等弊端,网络赋强公证具有较为明显的成本优势。第一,在时间成本方面,由于无须精细化的审理环节,办理赋强公证所花费的时间更少,实现债权更为简便、快捷。根据公证法律法规,公证机构经审查认为符合办证规则的,应在受理之日起 15 个工作日内出具公证书。这与民事诉讼中长达三个月或六个月的审限相去甚远。且在批量化的网贷案件中,其借贷事实及法律关系存在高度的同质化,公证机构审查与出证所耗费的时间将会更短。另外,网络赋强公证的线上运行与集约化模式,将进一步缩减办证时间,提升办理效率。第二,在经济成本方面,赋强公证的收费标准远低于诉讼费用。根据《诉讼费用交纳办法》有关规定,财产案件受理费根据当事人诉讼请求的金额或者价额按比例分段累计收取,最高比例为 2.5%(超过 1 万元至 10 万元的部分),最低比例为 0.5%(超过 2000 万元的部分)。同样,根据《公证服务收费管理办法》的规定,赋强公证业务也实行"按标的比例收费",且具体的收费标准由省级人民政府价格主管部门会同同级司法行政部门制定。① 以湖南省为例,2020 年新修订的《湖南省公证服务收费管理办法》调整了公证服务收费的政府指导价,赋强公证业务收费采取在证明合同(协议)公证收费的基础上按照每件 1000 元进行加收的模式。对于证明合同(协议)公证的收费,仍采取分段收费的模式,最高为 0.4%(10 万元至 50 万元的部分),最低为 0.007%(超过 1 亿元的部分)。对比二者的收费标准可知,赋强公证费用远低于利用诉讼手段的案件受理费。另外,对于小额网贷案件而言,当事人委托律师、出庭差旅等费用支出才是其主要的诉讼成本,而这些成本在网络赋强公证中并不存在或成本极低。第三,在风险成本方面,囿于诉讼中当事人举证质证与法庭辩论的现实情况,其诉讼结果难以预测与控制,存在败诉的风险。而对于公证机构出具的公证债权文书,法院裁定不予执行或

---

① 参见贾纯:《强制执行公证在商业银行不良贷款处置中的运用》,载《金融理论与实践》2009 年第 1 期,第 90 页。

驳回申请的比例极低(见表1),债权人可通过申请强制执行保障其债权的实现。

表1 2019—2021年公证债权文书执行情况统计表① 单位:件

年份	公证债权文书的执行情况							
	首次执行收案数	首次执行结案数	结案方式					未结
			不予执行	驳回申请	执行完毕	执行终结	终结本次执行程序	
2021	30458	27990	462	203	6472	10210	10268	6172
2020	23787	25929	311	206	5373	9298	10525	3750
2019	30351	32233	432	331	6749	11628	12575	6799

(五)功能耦合:培育社会信用与保障金融秩序

在市场经济与民事交易中,经常存在因交易双方信息不对称、欺诈、违约、逃避责任等所引致的安全风险,极大地影响了交易目的的实现,以及交易主体对于市场的信任。基于此,如何消解市场交易中的种种风险与不确定性,营建交易主体之间的合理信赖,是促成交易达成、确保市场正常流转的重要着力点。相较于熟人空间中私人之间的个体信任,公证制度是以国家公信力为后盾,在陌生的交易主体之间提供一种信用的交换媒介,创设具备公示效用的社会公共信用装置。② 市场主体通过申请对特定事项或行为予以公证,便获得以国家信用为背书的证明效力,其既打消了交易对象对于己方信息、交易安全的质疑与顾虑,缩减了市场活动中信息获取与核实的成本投入,又使得该交易行为产生了公共可信赖性,在后续的民事交易中塑造了一种强力的制度信任。显然,在诸多公证业务中,赋强公证业务更能全面实现对社会信用的维系与培育。一方面,赋强公证对于借贷交易事实的固定,遏制了借款人基于机会主义与经济动机的博弈性违约,在可预期的违约结果导引下,借款人不得不遵守合同约定的还款义务。且赋强公证增进了金融机构与借款人之间的互信,减少了借款人借贷过程中的现实阻力,提升了金融借款的易达性。另一方面,对于借款人投机性的违约行为,赋强公证可通过其强制执行效力,实现快速惩戒与打击,加强对社会信用的制度保障。

另外,网络借贷所涉及的金融市场作为市场经济的重要组成部分,其市场的特殊性与高风险性,都要求国家采取强力措施来保障金融市场秩序,防范金融风险。而诉讼救济的滞后性、成本的高昂性,都在一定程度上彰显出金融秩序司法保障的

---

① 数据来源于《全国法院司法统计公报》,载中华人民共和国最高人民法院公报网,http://gongbao.court.gov.cn/Details/a6c42e26948d3545aea5419fa2beaa.html,最后访问日期2022年10月27日。

② 参见张文章:《公证制度新论》,厦门大学出版社2005年版,第2-3页。

不足。尤其是在司法资源极为紧缺的现实情况下,法院对于早已超出司法容量的小额网贷纠纷,表现出一种无可奈何的"放纵"。金融机构也因诉讼成本与收益的不对等,对于小额借贷的诉讼催收采取战略性的放弃。显然,这些做法都助长了金融市场的不良风气,不利于金融秩序的维系。而赋强公证的适用有效克服了网贷纠纷治理中的现实困难,其对于规范与调整金融信贷法律行为,保障金融秩序具有重要的现实意义。

四、网贷纠纷治理中运用网络赋强公证的方案设计

(一)公证模式:线上申请与人工审核相结合

互联网技术与赋强公证的结合在实践中存在三种运行模式。第一种为"依托网络系统的人工操作"模式。该模式本质上还是公证员的线下办证模式,其受理、资料核实、审查、出证等公证业务流程基本上由公证员进行人工操作,互联网技术只是用于系统平台的搭建,并为公证员办证的规范管理、信息核查、文书制作等提供基础性的辅助作用。显然,这一模式并未发挥"互联网+"的技术赋能优势,其网络属性徒有其表。第二种为"全流程线上智慧运行"模式,即通过系统平台的嵌合开发与数据互联互通,将申请、审查、出证、执行等不同公证环节嵌入金融机构网络借贷的各个过程,进而实现公证程序的标准化运行以及批量化出证。公证机构在这一过程中将依托集成平台,完成监督网贷合同订立、接受系统自动推送的公证申请、审查当事人身份及贷款事实、告知公证事项、出具公证债权文书、督促借款人依约偿还借款、代为申请强制执行等一系列业务流程。尽管这一模式极大地提高了公证智能化程度与出证效率,也为当事人办证提供了便利,但其实质是以技术证明替代公证员的证明,存在审核不全面、身份不确定、材料不真实等风险。故而其适用范围存在极大的限定性,一般限于信用卡等小额的网贷赋强公证。第三种为"线上申请与人工审核相结合"模式。该模式既发挥了互联网突破时间、空间局限的技术优势,贯彻"让数据多跑路,让群众少跑腿"的服务理念,节约了当事人申请办证的时间与交通成本;同时又要求公证审查、出证等核心环节由公证员线下完成,有效克服了"全流程线上"模式审核不到位的真实风险。

在上述三种模式中,第一种模式仍处于公证信息化的初级阶段,互联网的技术优势未能得到有效彰显。第二种模式尽管实现了互联网技术与公证制度的深度嵌合,但自动化运行与批量化处置的公证模式催生了公证质量隐忧与安全风险,在推广适用方面应持审慎态度。相对而言,在现阶段采取"线上申请与人工审核"的模式较为妥当,其兼顾了公证信息化与业务精细化的共同要求,在保障公证质量的基础上,强化了科学技术对公证业务的赋能。在公证实践中,第三种模式适用范围较广。比如,2021年江苏省公证协会出台的《区块链+金融债权文书网上赋予强制

执行效力公证暂行规范》第3条规定,办理网络赋强公证,不得由计算机软件无差别自动受理、批量处置,应按照线下同类公证的标准进行审查核实,逐件办理。

(二)程序设定:从嵌合申请到智慧执行

赋强公证的运行需遵循从申请与受理、审查到出证、申请执行等一系列特殊流程规则,这一程序的规范化有助于从程序上确保公证职权的妥当行使与公证业务的高质量。然而,相较于传统线下模式,网络赋强公证模式脱离了物理空间的束缚,其无须在公证处等特定场所集合完成全部的公证流程,这使得网络公证的程序运行具有碎片化的特征,可在不同的端口与时段共同完成。故而为了提升赋强公证操作的便捷性与数据的流通性,网络赋强的公证程序可嵌合在网贷关系成立及其纠纷生成的不同过程,实现"网络借贷—在线公证—智慧执行"的无缝衔接与流程运转(见图2)。

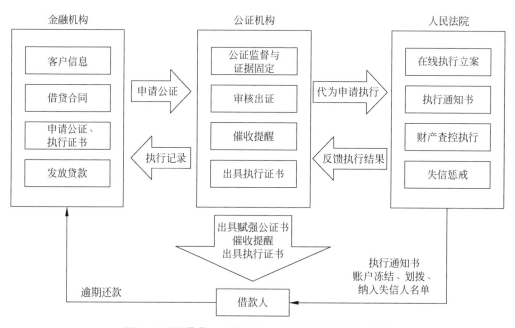

图2 "网络借贷—在线公证—智慧执行"流程示意图

具体而言,公证机构可对借贷、信用卡等格式合同样式进行预审查,并将审查通过的格式合同置于金融机构平台系统之中。在借款人通过金融机构网络平台提交贷款申请之时,公证机构便可参与借贷合同的订立并对其进行监督。在征得借款人同意的基础上,金融机构可将相应的金融借贷合同或者信用卡领用合同等推送给公证机构,并共同申请办理网络赋强公证。公证机构在收到申请以后,将通过视频会话系统等方式对当事人(主要为借款人)履行告知义务与审核程序。公证机构应告知当事人相关的权利义务以及办理赋强公证的法律效果,确认当事人办理公证的真实意思表示，以及债务人愿意接受强制执行的承诺。且公证机构需审查当事人身份信息、申请材料、借贷合同以及电子签名等内容的真实性与合法性。对于符合法定条件的，公证机构依法出具电子赋强公证书，并根据当事人提供或确认的电子邮件进行电子送达。在借款期限内，公证机构应当通过金融机构平台随时关注借款人的还款情况，并对其还款事实予以证明固定。公证机构还可视情况发布催收通知，提醒借款人按期还款。对于借款人到期不履行或不完全履行还款义务的情形，公证机构可根据金融机构的申请以及此前固定的还款事实，依法出具相应的执行证书。在接受金融机构的委托后，公证机构也可向人民法院代为申请执行，并发送公证债权文书、执行证书以及相关证明材料。法院在线立案以后，可以通过网络执行查控系统查询、划拨或网上执行被执行人银行存款等相关财产。经过人民法院强制执行仍未能实现债权的，如果符合债务人有履行能力而拒不履行的情形，人民法院可以将其纳入失信被执行人名单，进行失信惩戒。在赋强公证、强制执行以及失信惩戒等多重机制的保障之下，大部分不良贷款催收困难问题都能得到相应的解决。以北京市中信公证处为例，其曾做过试运行的数据统计，在第一轮债务核实催告后，借款人自主偿还率为30%左右；在第二轮法院执行立案后，自主偿还率达50%；在第三轮列入失信被执行人名单后，偿还率已高达90%。[①]

（三）平台搭建：多层级的应用系统开发

如前所述，为了更好地发挥公证的监督、证明、强制执行等职能，网络赋强公证程序须深度嵌合网络借贷、执行等全部过程。鉴于此，有必要联合金融机构、公证机构共同开发网贷纠纷赋强公证的一体化平台，并与法院执行案件系统相对接，从而实现不同机制的联动与信息流通。具体而言，网络赋强公证业务系统应当包含如下子系统：（1）公证在线申请系统。该系统主要运用于赋强公证受理申请环节，须对接或直接嵌套在金融机构借贷系统之中进行运作。一方面，公证机构可通过该系统在用户申请借贷、赋强公证之时，综合运用手机短信验证、人脸识别等技术对借款人的身份进行验证，确保身份信息属实。另一方面，对于借款人申请公证真实意思表示的审查，可区分借贷合同标的额的大小而作出相应的区别设计。对于标的额较小的公证案件，可通过视频弹窗的方式，来告知赋强公证法律效果、债务人所承担的责任风险、债务人的异议途径等事项[②]，并通过当事人勾选公证服务协议的方式，来确认其真实意思表示。对于标的额较大的公证案件，公证员仍须通过

---

① 参见闫雅强、施扬、解庆利：《北京市中信公证处区块链公证的实践和思考》，载《中国公证》2019年第7期，第48页。

② 参见熊志钢、汪倩、解庆利：《"区块链＋网络赋强公证执行"路径探讨》，载《中国公证》2021年第11期，第52页。

视频会话方式,来告知借款人相关权利义务与内容事项,通过对话问询来查明其申请赋强公证与承诺接受强制执行的主观意愿,并最终进行电子签名予以确认。(2)公证机构办证系统。该系统在接受申请端发送过来的公证申请材料以后,安排执业公证员在后台进行公证审查、出具电子赋强公证书,督促债务人积极履行债务,并根据金融机构的申请出具执行证书。(3)公证机构管理系统。加强项目管理、质量监控、业务查询、信息核实、数据统计与分析等。(4)公证数据存管系统。将申请人的身份信息、申请材料、借贷合同、公证审查核实的视频录像、贷款还款记录、电子公证书、执行证书等电子资料自动编排生成电子卷宗,并进行加密处理和保存。在这一过程中,要极为注重数据收集、传输、保存的安全性,其技术服务应符合公证信息安全的国家标准与规范。

五、网贷纠纷治理中运用网络赋强公证的困境纾解

(一)对突破面签原则的质疑与回应

基于网络化模式以及运行效率的考量,网络赋强公证大多采取在线问询、强制浏览公证告知事项或视频弹窗、电子签名确认等方式,来代替公证员线下询问、审查的面签环节。因此,有学者提出质疑,虽然电子信息技术的运用有助于提升公证效率、降低运行成本,能够做到证据留痕且真实,但忽视了公证员亲历审查与审慎履职的要求,可能难以对当事人行为能力作出准确判断,难以保证申请人全面、正确地理解其可能承担的责任以及赋强公证的法律后果。[①]

对此,笔者认为应当辩证地看待面签原则的内涵与适用。具体而言,面签原则之所以成为公证领域内的基本原则,是因为强调公证员当面询问交流、审查判断,可以更好地核实当事人的身份、探知其真实意图,并判断公证事项的真实性。即面签原则实质上是客观真实原则导向下的保障性原则,只要能确保公证申请人身份、意思表示以及公证事项的真实性,面签原则可以扩张解释为线上的虚拟"见面"。而从技术层面来看,人脸识别等技术运用可以高准度地识别、确认当事人的真实身份,这与线下的身份核查并无差异。且我国通过《电子签名法》等法律规范肯定了数据电文、电子签名的法律效力,并对电子签名认证制度作出了规定。如今,电子签名技术已日趋成熟,广泛应用于民商事交易、司法审判,其在网络赋强公证中的适用亦具备正当性。对于借款人真实意思表示的确认,可参考手机银行、移动支付等领域的适用,根据身份识别信息以及受识别人的系统操作进行判断。故而对于小额借贷的赋强公证,可以根据借款人勾选公证协议的行为,推定其不存在欺诈、胁迫等意思表示不真实的情形,且通过设置债务人异议途径或端口来进行修正。

---

① 参见张瑜明:《从技术视角看待网络赋强公证》,载《中国公证》2020年第2期,第50页。

当然,对于大额借贷的赋强公证,仍须通过视频对话等形式,确认借款人真实意思表示。同样,对于小额案件中借款人行为能力的判断,也可通过其年龄身份信息以及在平台上的操作日志来综合判断,并提供相应的异议途径。此外,对于借款合同及其还款事实的审查,一方面,在技术、风险防范尚不成熟的条件下,应尽量避免采取智能合约的方式代替人工审查;①另一方面,基于金融机构借贷合同的共似性、公证机构对于格式合同的预先审查,以及全程参与合同订立、还款监督等原因,允许公证员采取非当面的后台人工审查亦无不可,并不会损及赋强公证的真实性。

(二)分散执行的症结与集中管辖模式的证立

赋强公证对于网络借贷的规范与保障是以其强制执行效力为后盾的,倘若赋强公证执行机制运行不畅,那么将影响整个制度的适用成效。根据《民事诉讼法》第231条、《最高人民法院关于公证债权文书执行若干问题的规定》第2条的规定,公证债权文书的执行案件由被执行人住所地或者被执行的财产所在地人民法院管辖。立法者作此规定是基于保障法院执行工作顺利开展的需要,便于执行法院查控被执行人的财产,并采取相应的执行措施,防止其隐匿、恶意转移财产,逃避执行。然而,与普通民事案件不同,网贷纠纷跨地域性、涉众性的特点使得其赋强公证执行的管辖法院极为分散。这无疑增加了申请执行的差旅费用、时间成本以及与执行法院的沟通成本,与网贷纠纷化解的高效率、低成本的需求并不相符。尽管金融机构可以通过在线申请执行方式,解决分散式执行管辖所带来的现实困境,但部分法院并不存在全程电子化操作的客观条件②,且不同法院对于网络赋强公证的取态和认识存在较大的差异性,这些都会影响赋强公证的执行效率。

为解决这一难题,有学者提出了三种解决方案:一是允许公证机构所在地法院管辖网络赋强公证执行案件;二是由各省、自治区、直辖市高级人民法院以指定管辖的方式,确定本辖区内的特定法院负责执行;三是由互联网法院集中管辖网络赋强公证执行案件。③ 具体来说,方案一将公证机构所在地纳入执行管辖的连接点,虽在一定程度上克服了分散执行的弊端,但公证机构所在地与赋强公证执行之间的联系并不密切,法院负责执行并不能提升财产查控与执行的便利性。倘若采取在线执行的方式,仍存在各公证机构所在地执行法院智慧化建设程度不一的现实问题。另外,由公证机构所在地法院执行,将不利于执行当事人之间程序利益

---

① 笔者并不否认区块链智能合约技术在网络赋强公证中的适用前景,但在技术尚未成熟的现实条件下,为确保公证业务质量,对于依托该技术的自动化、批量化出证模式应保持审慎态度。
② 参见蔡虹、夏先华:《网贷纠纷治理的新进路:基于"互联网+"的强制执行公证》,载《湘潭大学学报(哲学社会科学版)》2019年第6期,第53页。
③ 参见廖永安:《完善网络赋强公证的执行管辖是推动互联网金融纠纷解决的关键一招》,载《人民法院报》2019年7月18日,第5版。

的平衡,且容易诱发执行腐败或司法地方保护的风险。① 方案二兼顾了集中管辖与方便法院执行等多重需求,由最高人民法院指定的特定法院辐射整个省级辖区,保障公证债权文书的执行。但仍未解决对跨省被执行人的执行难题,且对于辖区内赋强公证案件的执行,仍因地域因素存在较高的执行成本,与网贷纠纷的小额性特征并不相符。相对而言,笔者更为赞同互联网法院集中管辖的第三种运行模式。究其原因,在网贷纠纷化解成本收益比较低的现实制约下,其执行的网络化、智慧化将成为必然趋势与应然选择。在网络执行模式下,法院与执行案件之间物理联系所带来的便利性,在无形中被大大弱化,执行的集约化与技术化成为主要考量因素。而相较于普通法院,互联网法院的智慧化程度无疑更为占优,由其集中管辖既可以实现网贷赋强公证执行的集约化,又可以确保在线执行的案件质量。这与网贷纠纷化解的内在需求存在高度的契合性。

(三)公证收费分担的抵牾与分段收费的调适

公证费用的分担与收费模式也是影响社会公众是否选择赋强公证制度的重要考量因素。现有的赋强公证收费制度尚不完善,在一定程度上制约了网络赋强公证的推广应用。具体而言,我国《公证法》以及《公证服务收费管理办法》仅明确了公证收费的范围、模式、标准以及违法收费的法律责任,但并未对赋强公证费用如何在当事人之间分担予以规定。从各地的公证实践来看,存在由债权人承担、由债务人承担以及由债权人与债务人共同承担等不同做法,具体由当事人协商决定。然而,与普通的债权法律关系不同,网络借贷的双方为金融机构与客户,其实力与地位并不相称。尽管《商业银行收费行为执法指南》②《关于进一步规范信贷融资收费 降低企业融资综合成本的通知》③等一系列规范性文件的出台,要求银行在双方合意的基础上,与借款方约定赋强公证费用承担方式,不得强制转嫁公证成本。但在实际操作中,部分银行却利用其在借款放贷方面的主导地位,在与借款人"议价"过程中,不当地要求借款人承担赋强公证费用。更有甚者,部分金融机构在

---

① 在网络赋强公证的业务开展中,公证机构所在地一般也是金融机构所在地。

② 2016年,国家发展改革委办公厅发布的《商业银行收费行为执法指南》第21条规定:"商业银行应当承担合理的业务成本,不得转嫁。认定转嫁成本的考虑因素具体包括但不限于:……(二)融资过程中需要办理公证、登记、保险、评估等业务时,按照法律、法规、规章规定或者合同约定应由商业银行承担费用的,是否将相关费用转嫁给客户承担。"

③ 2020年,中国银保监会、工业和信息化部、发展改革委、财政部、人民银行、市场监管总局联合发布的《关于进一步规范信贷融资收费 降低企业融资综合成本的通知》第9条规定:"由企业与银行共同承担的费用,银行不得强制或以合同约定方式向企业转嫁。银行应根据企业风险状况引入差异化的强制执行公证安排,在双方合意的基础上与借款企业约定强制执行公证费承担方式,不得强制转嫁费用。对于小微企业信贷融资,鼓励银行主动承担强制执行公证费;以银行作为抵押物财产保险索赔权益人的,保险费用由银行和企业按合理比例共同承担。"

平台业务系统的开发过程中,直接将借贷资质审查与网贷赋强公证费用承担进行技术捆绑。显然,金融机构作为赋强公证的收益方,却无须承担相应的公证费用,这无疑有违公平交易的原则。不过,如若要求金融机构承担公证费用,则囿于金融机构内部审批机制以及地方分支机构权限等因素约束,其分支机构很难与当地的公证机构形成业务上的常态合作,针对网络借贷业务一般性地办理赋强公证。鉴于此,对于网贷纠纷赋强公证,有必要确立由金融机构承担公证费用的基本原则,并将其纳入借贷业务的成本事项之列,减少其实施阻力。

另外,赋强公证的收费模式以及相对应的公证成本,也极大地影响了金融机构办理网络赋强公证业务的意愿。具述之,《公证服务收费管理办法》第6条明确规定赋强公证采取"按标的比例"收费模式。《公证法》第46条明确将公证费用标准的制定权限下放到省一级人民政府价格主管部门与司法行政部门。从各地的做法来看,尽管其赋强公证收费的规定与标准各异,但整体上均存在分阶段收费以及先高后低等共同性特点,即在合同公证环节与出具执行证书环节均收取公证费,且前端的收费相对更高。以《湖南省公证服务收费管理办法》为例,公证机构办理赋强公证业务,遵照证明合同(协议)按比例分段收取公证费用,并按件收取赋强公证费用1000元。对于因债务人后续违约而申请出具执行证书的情形,公证机构再按照每件1000元的标准,收取出具执行证书的公证费用。显然,申请人在赋强公证前端所承担的费用成本,远超出后端申请执行证书的成本。但对于金融机构而言,一般情形下借款人违约率并不高,其涉诉风险不大,而办理赋强公证的成本支出以及公证费用前端倾斜的特点,反而增加了金融机构的业务成本,以至于其更愿意在纠纷发生后选择更为高昂的诉讼方式,或者仅在风险极大的借贷业务中选择申请赋强公证。事实上,在网贷赋强公证中,公证机构的审查成本主要集中在后端的出具执行证书环节,其需要全面核实借款人的债务履行情况。且对于金融机构而言,前端的债权文书公证更多地体现公证预防职能,后端的出具执行证书环节才是切实解决借贷纠纷的过程,在这一阶段分摊较高的公证费用较为合理,更具有可接受性。综上所述,赋强公证收费应转向前端限额按件收费、后端按比例分段收费的模式,将公证成本后移至出具执行证书的环节。

(四)"区块链+"形塑技术与制度的双重公信

网络公证的运行改变了传统公证信息传递的模式,以电子介质为载体的信息收集、存储与传输成为网络公证最为显著的特征。互联网技术在给公证制度带来便利、高效的同时,也引发了信息技术层面的安全风险。尤其是在网络赋强公证中,多环节的制度构设与历久性的程序运行,进一步加大了信息流通过程中的篡改、泄露风险。加之,网络赋强公证中信息收集端口的分散性与多主体性,使得信息交互、共享、传递的环节不断增加,这都会给公证信息安全带来极大的挑战。鉴于此,公证机构如何在制度确证真实的基础上,添附技术的双重"保险",便是当下网络赋强公证发展的重要任务。

区块链技术的运用,恰好在公证制度公信的基础上形塑技术公信,从而解决这一网络运行的信任与安全问题。从技术层面来看,区块链的本质是分布式数据存储、点对点传输、共识机制、加密算法等多项技术的集合与运用,其具备防篡改性、去中心化、数据透明等一系列优势,可以有效应对信息交换与共享中的安全问题。[①] 具体而言,其一,区块链技术所采用的分布式对等网络,转变了由公证数据存管系统等中心化数据存储的传统方式。通过点对点的方式,在各个节点之间进行信息汇流,且以全链见证的方式对各个节点的事实予以固定。其二,区块链的加密算法有效解决了节点分散分布所带来的信息扩散与隐私安全问题。当信息数据上传以后,区块链通过非对称加密将其转化成哈希值,并对其加盖可信时间戳。由于不同数据所生成的哈希值具有唯一性,且所有节点均会对上述数据予以记录,故而任何节点的数据改变都会导致其哈希值发生变化,其篡改易于被发现。另外,哈希值作为非可逆的摘要算法,其核验过程中无法逆推原始数据,避免了信息二次泄露[②],从而实现数据可用不可见。其三,区块链条上各个节点均可查询、核验所有上传的数据,数据信息的透明性、可监督性、可追溯性得到加强。

六、结语

赋强公证制度的适用是以公证的国家公信与强制执行效力为核心要义,其改变了传统诉讼机制中程序对抗的解纷理念,以实体固定的运行机理来预防和化解民事纠纷。网络赋强公证作为互联网时代公证制度的创新形态,已成为多元化纠纷解决机制中的重要生力军,在一定范围内与诉讼等传统解纷手段形成了功能互补。在网络借贷领域,传统的诉讼机制化解网贷纠纷遭遇了维权难、执行难等现实困局,而网络赋强公证在其中的适用却是恰如其分,其在作用场域、运行机制、制度功能等维度的优势与网贷纠纷的解纷需求存在高度的契合性。实践中网络赋强公证制度的探索已为网贷纠纷治理提供了参考样板。因此,理论界应加强对网络赋强公证的制度法理、方案设计以及优化策略等内容的研究,以提升对公证实践的指导性,切实发挥网络赋强公证在网贷纠纷治理中的效能,积极推动互联网金融领域的信用体系建设。

[①] 参见马明亮:《区块链司法的生发逻辑与中国前景》,载《比较法研究》2022年第2期,第15页。
[②] 参见蔡虹、夏先华:《电子签名证据真实性的多维检视:保真、鉴真与证明》,载《湖南社会科学》2019年第5期,第68页。

网络赋强公证在化解网络借贷纠纷中的适用与完善

——以诉源治理为分析视角

谭 曼[*]

摘要：通过传统诉讼方式解决网络借贷纠纷面临着立案受阻、诉讼文书送达困难、胜诉案件执行困难、诉讼费用退缴困难、维权时间较为冗长、收益成本不相匹配等诸多痛点。相较而言，将网络赋强公证嵌入网络借贷全过程，通过在线公证联结在线执行，运用强制执行措施倒逼债务人守约践诺，具有推进诉源治理、节约维权成本、缓解司法压力等方面的显著优势。但实践中，网络赋强公证仍面临公证规则不够明确难以指导实践操作、执行管辖规则滞后难以满足人民群众日益增长的司法需求、信息资源共享不畅导致运作受阻等问题。因此有必要从改善网络赋强公证规则、改变公证执行管辖规则、促进部门之间信息联通等方面入手，构建在线借贷、在线公证、在线执行"三位一体"的网络借贷纠纷化解机制。

关键词：网络赋强公证；网络借贷；诉源治理；智慧司法；纠纷解决

随着信用消费经济时代的到来，我国信贷规模日渐庞大，爆发式增长的信贷业务引发了不良信贷存量问题，通过诉讼救济化解此类纠纷面临诸多困境，难以达到理想的回款效果。有鉴于此，本文拟在充分论证网络借贷纠纷诉讼解决面临的主要痛点的基础上，提出集在线贷款、在线公证、在线执行"三位一体"的新型智能化操作纠纷处置模式，分析网络赋强公证在化解网络借贷纠纷中的显著优势，解析该模式化解网络借贷纠纷的流程构造，认清网络赋强公证化解网络借贷纠纷面临的制度阻碍，从而提出完善路径，以期为网络借贷纠纷解决、公证行业变革乃至智慧

---

[*] 作者简介：谭曼，湘潭大学信用立法研究中心主任。

司法建设提供助益。

一、网络借贷纠纷诉讼解决中面临的主要痛点

网络借贷纠纷打击了出借人的积极性,催生了群体性矛盾,给行业发展造成重大阻力,通过诉讼方式解决该类纠纷可以起到有效调配司法资源、及时化解纠纷的作用,但随着互联网和信息技术的发展,网络借贷纠纷逐步呈现出信息媒介的网络化、数量增长的快速化、纠纷发生的群体性、纠纷化解的多元性等特征。此时,依靠传统诉讼救济往往难以有效保障债权人权益,通常面临以下几个方面的现实困境。

(一) 批量案件立案受阻

民事诉讼制度改革后,我国从立案审查制变革为立案登记制,要求有案必立、有诉必理,法院作为司法力量本应发挥化解矛盾、定纷止争的本职职能,但实践中,网络借贷纠纷案件在立案方面面临着法院"三不主义"的形式阻碍,即不收材料,不予答复,不出具法律文书。究其原因,主要在于:一是这类案件标的小、权利义务关系明确、数量大,法院员额制改革后,一线办案法官人数减少,法院内部人案比例失衡、案多人少的矛盾使法院不愿受理更多的案件[1];二是案件审限制度和法官考核制度带来的压力使得法院不得不考虑通过各种方式控制案件量,以确保年终绩效考核达标;三是法院即便受理这类案件,若无法在审限内结案,则会造成案件积压和结案率降低,这对司法公信力也会造成严重损害。因此法院对该类案件往往持不愿受理、不及时受理或不予受理、不予立案或限定数额批量处理等消极态度,导致实践中这类案件在立案阶段就面临层层阻碍。

(二) 诉讼文书送达困难

网络借贷纠纷本质是债权人与债务人双方对借贷合同事项的纠纷,实践中债务人为逃避欠款,往往采取消极态度面对非诉催收,这迫使债权人不得不诉诸法院寻求救济,但即便法院成功受理此类案件,送达工作仍可能因债务人失联、债务人拒绝接听电话、接听电话后否认身份[2]等原因受到实质阻碍,有些债务人为骗取贷款甚至在借款时就向债权人提供虚假、错误的信息,给后续法院文书送达工作造成很大的阻力。虽然民事送达制度对当事人及诉讼参与人诉讼权利、知情权利起着重要的保障作用,依照民事诉讼公平原则,法院必须确保双方当事人都能够接收到相应的诉讼文书,这是后续工作进行的基础,但在债务人联系方式、住址等信息不

---

[1] 刘慧合:《我国民事"立案难"实证研究》,西北师范大学 2020 年硕士学位论文。
[2] 胡超挺:《民事诉讼法律文书"送达难"的原因及对策》,载《法制与社会》2020 年第 9 期。

明的情况下,无疑会导致送达时间和成本的增加,这相当于加大了法院的执行成本。除此之外,公告送达适用条件苛刻,送达成本高、时限长,根据《民事诉讼法》和《关于进一步加强民事送达工作的若干意见》的相关规定,送达应当直接交受送达人,受送达人下落不明或采用其他方式无法送达时,可以采用公告送达方式送达,但公告送达需要在公告发出 60 日后才能视为送达,这又造成案件诉讼审限的延长和诉讼成本的增加,成为债权人诉讼维权的一大阻力。

(三)胜诉案件执行困难

执行难一直是司法实践中的重大难题,此问题在个人网络借贷纠纷诉讼案件中更加突出,原告在诉前、诉中投入了大量时间和成本,经历了冗长的审判程序后,仍难以实现维权目的。这是因为,一方面,网络借贷纠纷诉讼案件中被执行人下落不明或无法联系的情况十分常见,审判程序中被告很少到庭参加诉讼,基本缺席审判,即便原告胜诉,后续执行也会因被告下落不明、财产不清等问题遭遇重重阻力,实务中很多同类案件由于多年无法执行而被裁定执行终结。另一方面,被执行人确实存在执行不能的客观情况,或处于经济困难的状态无可供执行的财产,或资金周转困难,资金链中断无法履行等状况,导致执行工作无法正常推进。同时,实践中也不乏被执行人刻意隐瞒真实财产而拒绝、逃避执行的情形,如被执行人常采取假离婚、将财产登记在子女名下等各类手段隐匿财产,执行法官发现其可供执行财产较为困难,即便发现,也可能存在执行财产与夫妻家庭财产难以分割等一系列的问题,导致执行困难。

(四)诉讼费用退缴困难

根据《民事诉讼法》《诉讼费用交纳办法》①及相关司法解释的规定,诉讼费用包括案件受理费、申请费和证人、鉴定人、翻译人员等人员出庭发生的交通费、住宿费等费用。诉讼费用由原告预交,审判结束后由败诉方承担,法院应该自法律文书生效之日起的 15 日内退还其预交的诉讼费用。这一立法初衷在于减轻胜诉方当事人的诉讼负担,是"司法为民"的体现,但在网络借贷纠纷诉讼过程中往往会出现诉讼费退还和追缴困难的情形。

其一,随着互联网技术和网络信息化的高速发展,医院、不动产登记中心或物流服务行业都实行了信息化的排队取号、线上线下缴费、网络电子审批、自动退费等流程。但在国家司法体制改革的不断推进中,我国法院迟迟未实现民事诉讼费用预交与退还机制信息化,这其中的障碍主要可归结为我国民事诉讼费用预交标准存在规定单一、实操混乱、限度不定等诸多问题,导致应退还金额难以通过设计

---

① 参见《民事诉讼法》第 118 条、《诉讼费用交纳办法》第 6 条和第 20 条。

各种指令运行实现智能化计算的问题；我国民事诉讼审结后，法院向败诉被告追缴胜诉原告替其所垫付的诉讼费用时缺乏保障措施的困境，导致法院难以从主观上积极退费给胜诉原告。其二，法院内部的退费审批程序较为烦琐，退费时间往往超过了法定的15日。司法实践中当事人在胜诉后需要提交退费申请、诉讼费缴纳凭证、收据以及相应的法律文书，由案件承办法官制作退费审批单，且要层报庭长和分管院长审批，最终由立案庭负责办理退费。① 法院考虑到尽量节约司法资源，部分法院甚至规定只能在一周中的某一天办理退费手续，这就增加了诉讼费用退还的难度。其三，实践中债务人存在逃避心理，连债务都不愿偿还，更不用说缴纳诉讼费用。我国目前并未建立统一的诉讼费用执行追缴制度，相关司法解释只规定当事人拒不交纳诉讼费用的，人民法院应当依法强制执行，但如何对其强制执行却没有明确规定，导致诉讼费用执行程序的启动主体、启动方式等存在差异，进一步加剧了对诉讼费执行追缴的难度，进而又会反过来影响法院主动向胜诉方退费的积极性。

（五）维权时间较为冗长

根据《民事诉讼法》的规定，网络借贷纠纷案件如果适用普通程序，人民法院应该在六个月内审结，有特殊情况可以申请延长；若适用简易程序，应该在三个月内审结，一审终结后，一方当事人不服一审判决提起上诉的，即启动二审程序，二审审理期限为三个月，以上时限均从立案之日起算。由此可知，网络借贷纠纷案件即便能在法定审限内结案，按照我国两审终审的审判制度，走完诉讼全程理论上也需要六到九个月，即便只进行一审程序或者适用简易程序，也需要三个月，且该计算方式并不包括案件材料内部流转时间和公告送达时间。另外，若一方当事人无法联系或下落不明需要公告送达法律文书等情形时，就不能适用《民事诉讼法》规定的简易程序，导致审限延长和司法资源的浪费。网络借贷纠纷这种法律关系简单的案件，维权时间冗长不利于保护债权人的合法权益，更不利于金融秩序的稳定和个人征信体系的发展完善，同时也弱化了司法公信力，造成了司法资源的浪费。

（六）收益成本不相匹配

以最低的成本实现经济效益的最大化已成为现代社会的一条基本经济规则，互联网金融平台以简便的操作程序和快速的放款效率吸引了众多消费者蜂拥而至，借助互联网技术的高效便捷以及移动金融平台的发展，不断提升互联网金融交

---

① 邱凯、何洋：《"胜诉退费"的运行困境与改革进路——以构建诉讼费执行追缴制度为视角》，载《法制与社会》2020年第6期。

易量,实现消费信贷的快速发展,这类案件的批量化特征十分明显。网络借贷平台的投入成本本就不高,简单的办公室与几台计算机就能够运营上线,若采用传统诉讼方式解决这类案件纠纷,显然成本投入相差过大,从成本收益角度而言,诉诸法院并不是最经济最有效的方式。

首先,大批量的网络借贷诉讼案件需要支付高额的案件诉讼费,即使判决债权人胜诉,其主张的合理诉讼请求也难以得到法院的支持。其次,网络借贷纠纷案件中,单个债务人的贷款金额相对较小,但是案件数量大,在无法与被执行人取得联系的情况下,根据相关法律规定,公告送达产生的相关费用由原告垫付。不管通过张贴公告还是利用商业广告等网络媒介进行公告,其费用都会成为原告诉讼维权的额外支出。再次,部分法院对法律及相关司法解释存在错误适用问题,使债权人的权益受损。如浙江省温州市某区级人民法院于 2020 年 8 月开庭审理了平安银行温州分行与个人洪某的借款合同纠纷案件,双方于 2017 年 7 月 4 日签订《个人信用贷款合同》,合同约定被告洪某向原告借款 21 万元,贷款期限自 2017 年 7 月 5 日至 2020 年 7 月 5 日,月利率为 1.53%,还款方式为按月等额还本付息,并约定了相应逾期罚息,2020 年 7 月 14 日,原告平安银行温州分行向法院提起诉讼,其中要求按约定利率计算 2018 年 5 月 5 日至 2020 年 7 月 5 日期间的利息、罚息、复利,按月利率 2% 计算从 2020 年 7 月 6 日起至实际履行之日为止的逾期利息,但法院认为原告主张按约定月利率计算 2018 年 5 月 5 日至 2020 年 7 月 5 日期间的利息、罚息、复利,其总和已超过同期一年期贷款市场报价利率(以下简称"LPR")4 倍保护限度,对超出部分不予认定。2020 年 8 月 20 日,最高人民法院发布关于修改《关于审理民间借贷案件适用法律若干问题的规定》(以下简称《规定》),明确了民间借贷的出借人与借款人双方约定的利率不能超过合同成立时一年期 LPR 的 4 倍,但对于经金融监管部门批准设立的金融机构,因发放贷款业务等相关金融业务产生的纠纷不适用该规定。很明显,该法院在法律适用上存在偏差,严重影响债权人合法权益的实现。

司法实践证明,诉讼救济在化解网络借贷纠纷中面临诸多困境,而处理规模庞大的网络借贷纠纷,非诉救济同样也存在合规施压难、品质管控难、信息修复难等痛点。随着新型科技的广泛应用,民众对纠纷解决方式和司法服务需求逐渐发生变化,如何顺应公众对纠纷解决及司法服务便利化、开放化、智能化的新需求,立足金融信贷发展困境,实现"安全、便捷和普惠"的金融目标,如何破除执行难顽疾及缓解法院诉讼压力,对纠纷解决方式进行智能化变革,助推智慧司法建设,是这个时代面临的新挑战。

二、网络赋强公证化解网络借贷纠纷的主要优势

鉴于诉讼机制在化解网络借贷纠纷中的诸多痛点,笔者提出将网络赋强公证嵌入网络借贷全过程,通过在线公证联结在线执行,运用在线执行措施倒逼债务人守约践诺的"三位一体"模式。该模式主要依托人工智能语音识别[①]、GIS轨迹分析[②]、态势感知预警研判、人脸识别技术、自然语言处理(NLP)[③]、人员知识图谱分析等人工智能技术,以及互联网、大数据、区块链、云计算等新兴科技,实现在线贷款、在线公证、在线执行的全流程智能化操作,可提高银行回款效率,从源头预防和化解纠纷,防范系统性金融风险。同时,这也是瞄准公证行业在互联网时代面临的严峻危机与挑战,力促公证行业与互联网技术深度融合,以科技推动传统公证行业智能化革命的重要体现。该模式不仅可从诉源治理层面解决个人欠款纠纷案件立案难、送达难、执行难、数量多、成本高等难点和痛点,而且可为借贷双方提供安全可靠的信贷环境,也可为出借方提供贷前纠纷预防、贷中纠纷控制、贷后纠纷处置方案,以及为法院执行提供高效便捷的一站式解决方案。该纠纷解决模式的突出优势主要如下。

(一)有效推进诉源治理

"诉源治理"是指社会个体及各种机构对纠纷的预防化解所采取的各项措施、方式和方法,使潜在纠纷和已出现纠纷的当事人的相关利益和冲突得以调和,进而减少诉讼性纠纷,并且采取联合行动所持续的过程。[④] 简而言之,诉源治理就是从源头上化解诉讼纠纷,它既包括在诉讼外部从源头防范化解纠纷,也包括在诉讼内部构建一套运转有序、行之有效的纠纷解决体系,通过非讼和诉讼两种层面的制度并联运行,依靠诉讼辅助手段将案件进行分类处理。[⑤] 网络赋强公证之所以能对

---

① 人工智能语音识别是基于阿里巴巴达摩院机器智能实验室推出的新一代 DFSMN 语音识别模型。建立的 DFSMN 语音识别引擎将全球语音识别准确率记录提高至 96.04%(这一数据测试基于世界最大的免费语音识别数据库 LibreiSpeech),并且对法院领域的知识库进行了大量学习,大大提升了对记录过程中法言法语的有效识别。

② GIS 技术(geographic information systems,地理信息系统)是多种学科交叉的产物,它以地理空间为基础,采用地理模型分析方法,实时提供多种空间和动态的地理信息,是一种为地理研究和地理决策服务的计算机技术系统。

③ NLP 自然语言理解算法充分利用了多语言分词、词性标注学习、实体抽取等技术,其在关联分析层面,通过对接入的各种异构数据源(社会类基础数据、金融汇兑数据、资产数据、运营商话单数据)进行数据清洗、数据治理、标签打标、要素抽取,实现以"人、事、地、物、组织"为核心多维实体知识图谱;在智能检索层面,结合索引技术,优化检索路径,提高检索结果返回响应。

④ 郭彦:《内外并举全面深入推进诉源治理》,载《法制日报》2017 年 1 月 14 日,第 7 版。

⑤ 四川省成都市中级人民法院课题组:《探索诉源治理新路径 构建社会治理新格局——"诉源治理"与多元化纠纷解决机制研讨会综述》,载《人民法院报》2019 年 11 月 7 日,第 8 版。

网络借贷纠纷进行诉源治理,一方面是因为该模式可在源头上预防或减少纠纷的产生,如通过对网络借贷合同进行网络赋强公证,可以对合同记载的借款事实和双方的约定、承诺进行证明并赋予其强制执行效力,在债务人违约后债权人就可以按照双方的约定和债务人的承诺向法院申请强制执行,从而对债务人产生指引、规范作用,促使其积极、主动地履行还本付息的义务,避免逾期现象的出现,进而在源头上预防和减少矛盾的产生,将纠纷化解于未然。另一方面,网络赋强公证可对纠纷进行诉前分流。在债务人违约后,债权人可以不经过诉讼审判程序直接以公证债权文书和执行证书为依据向法院申请对债务人进行强制执行,这就相当于依靠网络赋强公证这种诉讼辅助手段构建矛盾诉前过滤机制,将网络借贷纠纷这样事实清楚、法律关系简单明确的案件在诉讼审判前进行分流,发挥法院以外主体的功能,采取诉讼审判以外的矛盾解决替代方式,更加高效地为当事人解决纠纷,维护其合法权益。总而言之,网络赋强公证可以有效推进诉源治理,把纠纷消解在源头和诉前,进而减少诉讼案件增量,降低纠纷解决的成本,缓解法院案多人少的压力,优化司法资源的配置,促进社会的和谐稳定。

(二) 切实节约维权成本

如上所述,债权人运用传统诉讼方式解决网络借贷纠纷会耗费较大成本,甚至会出现成本收益不相匹配的不利局面,而网络赋强公证在化解网络借贷纠纷时可切实为债权人节约维权成本。其一,运用网络赋强公证维权可以使债权人减少费用的支出,根据《诉讼费用交纳办法》第10条第(一)项、第20条和第38条的相关规定,申请人向人民法院申请执行依法赋予强制执行效力的债权文书时,申请费不由申请人预交且在执行后由被执行人负担。[①] 这改变了传统诉讼流程中由原告债权人预先垫付案件受理费的情形,既可以解决传统诉讼流程中案件受理费退缴困难、由债权人承担受理费追缴不能风险的痛点,又可以节省债权人的维权费用。其二,通过网络赋强公证解决网络借贷纠纷的程序较为简便,在网络赋强公证中债权人无须经过传统的起诉、立案受理、审理、判决、执行等烦琐诉讼程序取得执行依据,免去了诉讼程序之累,能够使债权人快速地实现债权,有效克服传统诉讼程序时间较长的弊端。因网络赋强公证是全流程线上操作,可以使债权人更加便利、快捷、高效地实现债权,比如在线公证体系联结在线执行体系,由法院通过网络执行查控系统智能查询被执行人名下所有的财产账户信息,对其财产进行冻结、扣押、划拨,改变了以前只能通过线下查询、执行的局面,切实提高了法院执行效率。总而言之,运用网络赋强公证化解网络借贷纠纷可以切实降低债权人解决纠纷的金

---

① 参见《诉讼费用交纳办法》第10条第(一)项、第20条、第38条。

钱成本和时间成本,提高纠纷解决的效率,有效保障债权人的合法权益。

(三)缓解司法诉讼压力

随着我国经济的发展、人们生活水平的不断提高、社会的不断转型,民事纠纷日益增多,依照国家统计局相关数据显示,2014—2018年法院审理民商事案件的数量上升趋势明显(见表1),仲裁、公证等非诉解决纠纷的数量虽然也在增长,但2014—2018年间法院一审审理结案的案件数量不仅基数大而且增幅明显,成为社会纠纷解决方式的"中流砥柱",这也是近年来我国法院诉讼压力大的重要原因之一。但相较于公证、人民调解工作,其对社会纠纷分流化解的作用并不高。同时,我国法官员额制的改革使能够审判案件的法官人数大幅减少,相关数据显示,在进行员额制改革之前我国法官的人数为21万,而经过改革后法官人数缩减为12万①,这一改革使"案多人少"的矛盾更加突出,司法审判系统压力也不断增大。而采用网络赋强公证的方式可以起到良好的纠纷分流作用,债务人不履行债务时可绕过诉讼程序直接向法院申请强制执行,进入网络赋强公证的后端执行程序,将网络借贷纠纷这种事实清楚、权利义务关系较为简单、争议不大的案件从司法审判程序中分流出去,有效缓解法官的判案压力,使法官可以把更多的时间、精力放在复杂案件的审判中,以节约司法诉讼资源、促进司法资源的优化配置。

表1　2014—2018年全国民商事纠纷解决情况统计表②　　　单位:件

年　份	2014	2015	2016	2017	2018
人民法院一审民商事案件结案数量	8010342	9575152	10763889	11651363	12434826
国内合同(协议)类公证文书数量	2186587	1952028	1908301	1464393	1153828
人民调解工作数量	9330000	9331000	9019000	8741000	9532000

以上只是简要地阐述了网络赋强公证在化解网络借贷纠纷中的显著优势,并不能完全概括该种模式的全部优势,譬如,还可以提供安全便捷的金融服务,显著降低社会交易成本,助推社会信用体系建设,促进公证行业变革等。但可以明确的是,这将直接降低当事人的维权成本,且公证机构的提前介入不仅能够对债务人产生一定震慑和督促效果,而且是丰富多元化纠纷解决方式,完善诉源治理机制,坚持把非诉讼纠纷解决机制前置,推动从源头上减少诉讼增量的重要体现。

---

① 朱雅萌:《我国法官员额制改革问题研究》,载《法制博览》2020年第21期。
② 参见《中国统计年鉴》,载中华人民共和国国家统计局官方网站[DB/OL],http://www.stats.gov.cn/tjsj/ndsj/。

三、网络赋强公证化解网络借贷纠纷的流程构造

作为一种依托技术变革的新型纠纷解决模式,其变革需要以制度设计作为支撑,该模式涉及的多方主体,如借款用户、债权人、公证机构、法官需要在流程重塑的框架下不断地磨合,才能使该模式的流程再造更趋于成熟、完善、实用,这就需要对该模式的各流程与环节进行设计研究,以达到纠纷化解、失信惩戒的目的。具体而言,其流程构造主要分为以下几个阶段,见图1。

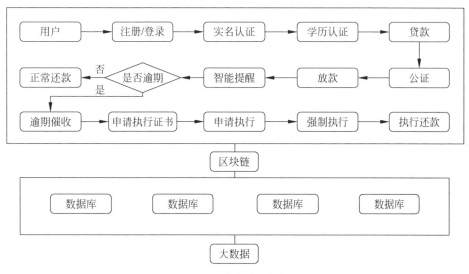

图1 业务流程图

(一)网络借贷嵌入在线公证

网络借贷是一种典型的互联网金融模式,借贷双方通过网络借贷平台实现无抵押无担保的信用贷款。在该环节中,借款人先通过一系列实名认证注册成功后,借贷双方在平台签署电子借款协议、线上办理公证手续,之后公证处将为借贷双方签发带有数字证书的电子公证债权文书,在线赋予电子借款合同债权文书公证强制执行效力。这其中所涉及的系统板块主要为贷款管理系统、公证管理系统、贷后管理系统。

1.贷款管理系统。贷款管理系统可基于人工智能技术,在无人为干预的前提下,实现贷款的线上自动审核、验证、身份核实与放款,让整个贷款流程实现全面无纸化放贷操作。贷款不仅能通过人脸识别、声纹识别、指纹识别以及证件联网核查"四合一"技术简化客户身份认证流程,并且能在人工智能和机器学习的支持下,智能决定是否对贷款人授予贷款,并将客户需求与合适的产品相匹配,智能生成贷款还款期和利率。

2. 公证管理系统。公证管理系统对电子借贷合同进行在线公证,并赋予强制执行效力,当债务人逾期未还款且经智能提醒后依然未还款时,由公证机构出具执行证书,批量推送至法院立案执行。公证环节嵌入贷款业务流程后,从前端贷款客户筛选、身份验证到中间签署电子借款合同、电子数据存证再到后期贷后催告核实、不良贷款实现债权等,公证处全程介入。

3. 贷后管理系统。贷后管理系统主要是以人工智能技术为主,辅以大数据分析来优化整个催收流程提高企业催收效率。系统通过大数据分析对债务人的特征与还款能力进行分析与评估后,将自动针对每位债务人形成催收策略与催收时间节点,待到时间节点,系统将自动为每位债务人生成有针对性的催收内容,并通过短信、邮件与电话等方式,对债务人进行还款提醒,见图2。

图2 贷后管理系统

(二)在线公证联结在线执行

从上述流程看,当借款人通过一系列实名认证注册成功后,借贷双方在平台签署电子借款协议、线上办理公证手续,之后公证处将为借贷双方签发带有数字证书的电子公证债权文书,在线赋予电子借款合同债权文书公证强制执行效力。

当借款人超出借款期限欠债违约时,债权人可向公证处申请出具执行书,智能公证系统自动审核后,再借助公证处与法院建立的网上立案通道,实现快速批量的执行立案。其流程操作大致要经过三个环节:首先是在系统内提交出具执行证书的申请,运用区块链、大数据库自动检索功能,分析核查债务人实际履行情况后,自动生成电子执行证书,同时一键调取、生成批量化文书材料,便于提交法院强制执行申请。其后进入在线立案环节,运用"OCR文字识别"技术,识别验证当事人真实身份信息、证件等内容,结合案件材料,根据债务人在法院立案后是否履行债务来进一步明确是否有必要进入强制执行流程,因为实践中也不乏因债权人提交法院申请执行而债务人自觉履行还款的情况。

2014—2018年五年间,赋予强制执行效力的公证业务数量占全国公证业务办证总数比重分别为8.17%、8.40%、8.25%、7.70%、8.83%[①],大体呈现上升的趋势,为法院缓解诉讼压力、从源头化解社会纠纷发挥着重要的作用。在智慧司法背景之下,依托现代科技使公证衔接司法,不仅能够释放公证机构的工作压力,更便利后续法院执行工作的开展,实现在线公证和在线执行的有机联结。

(三)在线执行倒逼守约践诺

具体到执行环节,打造智慧执行司法系统是关键,这其中最主要的是集中信息数据的加工处理以及执行措施的"对症下药",其功能设计上必须符合法院的执行程序要求,同时实现良好的用户体验和采用简便易懂的操作程序,因此,需要依托互联网技术、大数据、人工智能技术发展智慧司法执行系统,在设计理念上要把控"技术"和"管理"的界限,在流程设计上兼顾信息共享性、执行措施的有效性。一方面,需摆正科技技术不能全然代替脑力劳动的态度。现代科技能够极大程度地解放人类简单重复的体力劳动,但并不完全取代人类复杂的脑力劳动,尤其是涉及需要发挥法官、执行人员主观能动性的领域,这些领域需要综合办案人员多年的实践经验和知识储备,用机械化、固定化的数据资源形式来代替这些脑力工作是不现实的。另一方面,流程设置上至少应当包含:一是自动实现对被执行人注册的银行机构发出协助查询、查封或冻结信息,通过信息反馈情况向法院申请执行可供执行的财产;二是对于经强制执行后仍未能回收的债权,通过将债务人纳入智能失信执行黑名单模块,与各金融机构、征信机构、交通运输部门、餐饮部门、旅游部门等国家大数据共享平台推送失信被执行人相关信息,实行失信联合惩戒机制。事实上,债权人诉诸法院的最终目的是想借助国家司法的强制力维护自身合法的财产利益,法院通过司法介入的方式实现借贷双方权利义务关系的平衡,利用执行措施督促债务人积极履行还款义务。针对网络借贷这类因信贷消费产生纠纷的批量金融案件,在线执行不失为倒逼债务人守信践诺的有效方式。北京中信公证处公布的数据显示,网络赋强公证运行不久后,通过其区块链公证系统顺利出具执行证书100多件。经第一轮债务核实催告后,债务人认识到所面临的法律后果,自主偿还

---

① 2014—2019年历年《中国统计年鉴》,载中华人民共和国国家统计局网[DB/OL],http://www.stats.gov.cn/tjsj/ndsj/2019/indexch.htm。

率为30%左右,第二轮公证处出具执行证书并成功立案后,自主偿还率已达50%,第三轮列入失信惩戒名单后,偿还率增至近90%。[①] 这一数据可以反映,大多数债务人在进行限制高消费这一执行程序中,能够积极筹钱履行还款义务。

以上较为粗略地介绍了该模式的各流程与环节设计,从实践中看,新生事物在带来各种便利服务的同时往往面临诸多困境,要想实现网络赋强公证带来的实际效果,还须协同各方力量共同克服面临的现实困境。

四、网络赋强公证化解网络借贷纠纷的制度堵点

网络赋强公证对于国内社会而言,仍是一个相当新的议题,甚至还要面临各式各样的质疑和诘难,尤其在公证行业面临变革、执行难、信息数据过度被保护的形势下,网络赋强公证运作过程必然会困难重重。从目前的实际情况来看,推进网络赋强化解网络借贷纠纷之路,可能面临以下几个方面的现实困境。

(一)网络赋强公证规则不够明确

赋强公证业务是我国公证机构的主营业务之一,分为线下赋强公证和网络赋强公证,目前赋强公证的相关规则主要适用于线下赋强公证及其公证债权文书的执行需要。与此不同的是,网络赋强公证在运作流程、适用环节等方面与线下赋强公证区别较大,现有公证规则不够明确,已经无法适应网络赋强公证执行需要。

其一,现行规则中并未明确网络赋强公证的实施方式。目前网络赋强公证平台的实际操作方式主要有两种,一种是借助人工智能技术实现的全智能化问答方式,过程中并不需要公证员进行面审,自动形成电子公证书;另一种是借助远程传输技术与公证员实现线上交流进而生成公证书。这两种操作都削弱甚至取代了公证员在公证程序中对法律行为进行公证的作用,前者智能问答的方式并不能解答所有需要被解答的问题,在系统内预设答案不全面时,其真实的意思表示会因理解错误出现偏差;后者在很大程度上依赖传输技术的稳定性和安全性,且视频和声音的清晰度、美化程度等也会影响公证员对真实身份的判断。

其二,网络赋强公证适用的法律程序并未明确。从《公证法》第四章可以看出,公证机构对是否予以公证拥有独立判断权,如对公证机构不予办理公证的法定情形予以列举,审查公证事项合法性和真实性的法定期间,公证费用的收取与减免。但网络赋强公证与线下公证在程序操作上截然不同,如公证机构是否予以公证拥有15日的审查期,网络赋强公证可能会缩短这一期间,最大限度地节约时间、空间成本,以最低的经济成本降低法律风险,现行公证程序是否依然能够兼顾公平和效

[①] 闫雅强、施扬、解庆利:《北京市中信公证处区块链公证的实践和思考》,载《中国公证》2019年第7期。

率,还需要进一步探讨。

其三,电子公证书的法律效力。电子数据存在着易复制、易篡改的特性,因此,对于电子公证书的合法效力在实践中也存在一定质疑。网络赋强公证贯穿于网络借贷和网络执行全程,但部分地方法院对于此类证书的真实性和有效性存疑而不予认定,这也是阻碍网络赋强公证发展的原因之一。

(二)网络赋强公证管辖规则滞后

网络赋强公证的兴起及其带来的巨大制度效益,也日益凸显了现行法律规定的管辖规则方面的滞后与不足。根据现行法律及司法解释,公证债权文书执行案件由被执行人住所地或被执行人财产所在地进行管辖,这一立法本意是便于管辖法院直接对被执行人的财产实施财产保全程序,避免其进行财产隐匿,干扰执行程序的进行。但随着人们生活方式和生活习惯的改变,人口流动量大,加之财产储存方式、储存容器的改变,这一管辖规则已经难以适应科技金融的发展和社会变化,呈现出滞后性。一方面,目前人口流动量大及人户分离的情况已经十分普遍,被执行人住所地较难认定。2010—2014年间人户分离人口和流动人口都呈现逐年上升的趋势,尽管2015—2018年间数量有所下降,但下降数量并不明显,且仍有两亿多人口处于人户分离和人口流动的状态(见表2)①。在这一实际情况下,被执行人住所地与被执行人经常居住地相差甚大,导致管辖法院难以确定,以致陷入执行难的窘境。另一方面,财产储存方式、储存容器的变化迅速对被执行人财产所在地认定带来困难。现代社会人们的货币使用方式已经产生根本性改变,尤其是随着网络银行、移动支付平台以及各种社交媒体平台的发展,伴随支付功能的优化和电子货币使用频率的提升,传统的有形财产已经被电子数据逐渐取代,认定财产所在地的管辖法院存在一定的困难。除此之外,不同于传统的线下赋强公证,网络赋强公证从办理到执行以全程在线为原则,即签订借贷协议,办理赋强公证,出具执行证书,申请执行立案,对被执行财产实施查询、冻结、划拨,将被执行人列入失信惩戒名单,完成执行结案等环节均在线上完成,且网络赋强公证通常以批量化的形式办理,发生纠纷之后,被执行人往往分散在全国各地,而申请执行人通常是单一的金融机构或者小额贷款公司。此时,若再按照现有执行管辖规则施行,既不经济也不现实。因此,目前执行管辖规则显然已经无法适应网络赋强公证的执行需要,也难以适应网络借贷纠纷线上解决机制的发展需要,创造更为灵活、多元的管辖规则是应对网络赋强公证快速发展的应然之举。

---

① 参见 2014—2019 年历年《中国统计年鉴》,载中华人民共和国国家统计局网[DB/OL], http://www.stats.gov.cn/tjsj/ndsj/2019/indexch.htm。

表2　2010—2018年流动人口和人户分离人口数据表

年份	人户分离人口（亿人）	流动人口（亿人）
2010	2.61	2.21
2011	2.71	2.30
2012	2.79	2.36
2013	2.89	2.45
2014	2.98	2.53
2015	2.94	2.47
2016	2.92	2.45
2017	2.91	2.44
2018	2.86	2.41

（三）信息数据资源共享不畅

信息自由共享理念的确立，是当代计算机软件开发技术发展的结果，互联网的普及又极大地深化和扩散了这一共享理念，或者说，这一理念是随着计算机和互联网等现代通信技术的应用和普及，逐步在生产力、生产关系、经济基础、上层建筑、文化理念等层面萌发、壮大和产生影响的过程。[1] 大数据技术的典型特征是数据的整合、联结以及数据传递，但到目前为止，很多新开发的智能平台之间尚且不能实现数据共享，更遑论各部门之间、各法院之间能够消除信息壁垒。

一是，网络赋强公证的显著优势虽已被市场所认可，但遗憾的是，目前国内公证行业信息化水平在整体上还不能完全适应网络赋强公证发展的需要，许多公证机构的信息化建设还停留在非常初级的阶段，这显然不利于网络赋强公证的发展和普及。二是各部门之间的不兼容和数据共享困难。尽管现在各地在区块链公证技术、在线贷款技术、互联网执行技术方面都已有较大的发展和进步，但目前市面上形成的智能产品仅能解决其中的部分问题，积极倡导的一站式服务平台能够解决的仅是某个专业领域内的一站式服务，如银行等金融机构实现与公证机构之间的合作交流在网络贷款和在线公证这两个环节中能够实现数据资源共享，但后续执行环节就可能存在部分法院对线上数据信息、案件事实的不认同。三是数据资源的拥有者不愿分享，或者不愿无偿分享。对一些数据资源的获取、整理、分析需要耗费人力和财力，通过购买获得数据资源的主体，因在数据获得过程中投入了经济成本，因此不愿意共享数据。比如，目前商贸部门通过购买方式获取海关相关数据资源，当其他部门提出共享这部分数据时，一般会被明确予以拒绝。[2] 此外，数据资源共享后的畏责心理、数据资源版权问题等都是造成各部门信息共享困难的原因。

---

[1] 王战、成素梅：《信息文明时代的社会转型》，上海人民出版社2019年版，第181页。
[2] 姚颉靖、张志军：《法院智慧执行的制约及其纾解路径》，载《上海交通大学学报（哲学社会科学版）》2020年第2期。

五、网络赋强公证化解网络借贷纠纷的完善路径

目前,网络赋强公证机制日益成熟,且在实践中产生了较好的司法效果。如北京中信公证处与中国建设银行总行签订了网络赋强公证合作协议,将公证环节配置在中国建设银行互联网普惠金融项目"小微快贷"业务流程中,经借款人同意后实现线上公证。此举在防控金融风险、保障借贷安全、促进普惠金融发展方面取得了积极成效。又如,北京市石景山区人民法院曾一次性收到网络借贷平台"人人贷"提起的10余万件的互联网借款纠纷,给法院带来了极大的压力。为此,北京市石景山区人民法院与北京市中信公证处进行了首批网络赋强公证的执行试点,首批试行的104件公证债权文书执行案件,执行结案率达到100%。① 这一做法使得债权人实现债权的经济成本从近万元降至3元,维权时间成本从数月降至10天左右,实现了法律效果、经济效果和社会效果的有力提升。目前,国内公证处正在积极探索将网络赋强公证广泛运用于普惠金融中的银行小额信用贷款、信用卡业务、网络小贷业务、互联网金融平台业务等各类金融领域,前景十分广阔。但不可否认的是,受以上因素的制约,网络赋强公证在实践过程中遇到了上述阻碍。为破解发展瓶颈,关键需要从以下几个方面着手。

(一)完善网络赋强公证规则

针对网络赋强公证出现的实务问题,亟须从立法上对公证规则予以完善。一是尽快明确网络赋强公证应该采取何种方式进行,确保既能够发挥线上公证的优势,又能够实现公证内容的真实和有效性。立法明确采用电子远程传输的方式进行公证更为适宜,在线上交流时,公证员需要综合平台注册信息、电子照片、相关证件等信息判断真实身份,结合身份识别、电子签名、人脸识别等技术降低身份真实性和意思表示自由的法律风险。二是进一步完善针对网络赋强公证的适用程序,包括网络赋强公证的业务范围、审查时限、不予办理网络赋强公证的法定事由以及公证费用收取等问题。三是通过立法明确电子公证书的法律效力,实践中对电子公证书的真实性的质疑,可以通过区块链技术和电子签章技术予以弥补和完善。电子签章技术通过电子公证书以及承办公证员的电子签名章与公证机构的电子签章,可有效阻断对公证书及所证明文件进行替换或内容篡改。且电子公证书上附加的条形码、二维码等防伪标记也能提供查询便利。②

---

① 《北京市中信公证处携手法院共建"金融纠纷线上一体化平台"获北京高院2019年司法改革最佳示范案例》,载搜狐网,https://www.sohu.com/a/362789346_700536。
② 林成丽:《开展海外网络公证事务可行性探讨》,载《中国公证》2018年第4期。

（二）改变公证执行管辖规则

目前对于网络赋强公证执行管辖问题，学术界主要持以下四种观点：一是由公证机构所在地管辖[①]。这是因为作出赋强公证债权文书的公证机构在出具执行证书时对债务人的情况有一定了解，方便与法院在执行程序中进行信息交流。二是根据最高人民法院《关于高级人民法院统一管理执行工作若干问题的规定》，允许高级人民法院以指定管辖的方式，指定由辖区内的特定法院负责执行[②]，这一方式利于各地高级人民法院结合具体情况统一部署，调配本区域范围内的人力、物力和财力，组织集中执行和专项执行活动，实施有针对性的执行措施。三是针对互联网金融案件实行互联网案件集中管辖。四是由申请人所在地法院执行[③]，这一考量主要是针对债务人失联情形提出的观点，如果是财产型给付尚且适用，但若是以物抵债或以其他方式实现债权都会带来不便。

根据最高人民法院《关于在司法解释中全面贯彻社会主义核心价值观的工作规划（2018—2023）》的要求，司法解释要贯彻社会主义核心价值观，从网络赋强公证的价值作用及有关债权文书执行管辖的规定看，结合网络赋强公证的案件数量、执行标的、执行方式等特征，建议由最高人民法院通过批复或者司法解释的方式完善此类案件的执行管辖规则。本文认为，可由公证机构所在地管辖或根据最高人民法院《关于高级人民法院统一管理执行工作若干规定》允许高级人民法院指定管辖，或由互联网金融案件实行互联网案件集中管辖，这三种方案都有一定的借鉴意义，相较于目前的公证管辖规则而言，可大大提高法院执行效率，有效解决被执行人或被执行财产所在地分散、执行成本高等问题，从而倒逼债务人履约践诺，更好地推进社会信用体系建设。

（三）促进部门之间信息联通

构建网络贷款、在线公证、在线执行"三位一体"的智能化平台，其中最重要的功能就是便于打破信息壁垒，实现数据资源的交流共享，换言之，信息的获取、分析与共享是这一平台搭建的基础，对特定信息的精准把握在很大程度上能够打破执行难的桎梏。因此，信息联通不畅的问题必须予以解决。笔者建议，一方面可在系统内部参与主体之间实现最基础的信息数据共享，利用区块链的匿名通信技术，保障进入平台中的每一位用户的隐私信息不被泄漏，真正做到安全共享，这是利用区块链等新型技术能够实现且必须实现的。另一方面，可通过互利共赢的合作方式

[①②] 廖永安：《完善网络赋强公证的执行管辖是推动互联网金融纠纷解决的关键一招》，载《人民法院报》2019年7月18日，第5版。

[③] 叶荣奇：《关于如何发挥赋强公证在银行不良处置方面最大效用的探析》，载《杭州金融研修学院学报》2020年第7期。

实现与数据服务机构的信息共享,从借贷行为发生到进入强制执行阶段,会涉及不同的信息提供主体,而信息提供者有时候也需要获取其他信息,如个人征信服务平台需要获取金融机构或互联网借贷平台的相关资源信息,通过对数据信息的分析整理,对个人征信情况进行统一摸排,使个人征信报告又转移给金融机构或网络借贷平台等主体,形成法律范围内所允许的各部门主体之间信息共享的局面,为彼此工作带来便利;除此之外,还可以通过大数据模拟、信息化建模、可视化呈现等方式勾勒出当事人的社会关系图谱、资金流转网络、财产变动方向,以确定当事人是否具有履行债务能力,从而节约相关司法成本,提升执行效率[1]。

六、结语

新型技术的快速发展和广泛应用,为网络借贷纠纷解决打开了一个全新的通道,无论是"互联网+"、大数据、云计算,抑或是人工智能,一旦与纠纷解决深度相融合,我们都有必要从理论贴合实践的角度重新审视当下的纠纷解决方式并对其进行重构。借助科技手段探索网络借贷纠纷解决新模式,突破传统诉讼机制解决纠纷的思维定式,弱化其中的不利影响,以网络赋强公证流程再造探索多元化纠纷解决模式,这不仅是价值理念的碰撞、融合、升华,同时也是不断为社会矛盾纠纷的预防梳理和化解提供新模式新思路,引领金融信贷领域、公证领域、司法领域的变革、创新、发展的重要体现。未来已来,希冀本文能为新时代最具革命性、颠覆性的智慧司法建设提供可参考的意见。

---

[1] 姚颉靖、张志军:《法院智慧执行的制约及其纾解路径》,载《上海交通大学学报(哲学社会科学版)》2020年第2期。

公证三人谈：在线公证的回顾与展望*

对话人：苏国强，中国公证协会常务理事、福建省厦门市鹭江公证处主任；王明亮，北京市公证协会副会长、北京市中信公证处主任；徐小蔚，浙江省公证协会副会长、浙江省杭州市杭州互联网公证处主任

主持人：段明，湘潭大学法学院副教授

近日，中共中央、国务院印发了《数字中国建设整体布局规划》（以下简称《规划》）。《规划》强调了加快数字中国建设对于全面建设社会主义现代化国家、全面推进中华民族伟大复兴的重要意义和影响，并指出建设数字中国是数字时代推进中国式现代化的重要引擎，是构筑国家竞争新优势的有力支撑。同时，《规划》提出要"研究制定数字领域立法规划，及时按程序调整不适应数字化发展的法律制度""加快制定修订各行业数字化转型、产业交叉融合发展等应用标准""促进数字公共服务普惠化"。公证作为一项重要的公共服务在数字中国建设中责任重大。在党和国家提出要"加快数字中国建设"的时代背景下，公证行业有必要重新审视以在线公证为代表的数字化服务模式。同时，2021年全国人民代表大会常务委员会公证法执法检查组建议将《公证法》修改列入第十四届全国人大常委会立法规划。那么《公证法》在修订的过程中如何更好地适应数字时代的需求也将成为亟待明确的问题。为此，我们邀请了公证界在在线公证领域有着丰富实践经验的三位嘉宾——苏国强先生、王明亮先生以及徐小蔚先生，就我国在线公证的发展历史和未来走向各抒己见，以便帮助大家更好地了解在线公证的发展历程，共同推进公证行业的数字化转型。

下面是对话第一个环节的主题。

---

* 本文为2023年3月20日的在线对话。

一、我国在线公证的发展历史以及取得的成绩

段明：当下在线公证对于不少民众来说已经是非常熟悉的事物了，特别是新冠疫情期间，不少民众更是亲身体验过在线公证。回顾历史，在线公证在我国经历了一段较长的发展过程。那么在线公证在我国兴起的历史背景和直接原因是什么？我们请苏国强先生来谈一下这个问题。

苏国强：谢谢。我作为第一个发言人，受王明亮主任和徐小蔚主任的委托，在此代表我们三人作以下声明：此次对话过程中发表的所有观点都是我们三人基于长期的公证实践而积累的感悟和体会，并不代表任何权威部门，因此发言内容仅供大家参考。

现在回到第一个问题，在线公证的兴起是多方面因素作用下的必然趋势，我认为其兴起的历史背景和直接原因主要与经济发展环境、法律法规环境相关联，可以概括为以下三个方面。

背景一：互联网全面渗透，社会对在线公证的需求日益迫切。

1994年中国正式接入国际互联网，开启中国互联网元年。自此，中国互联网迅猛发展，从门户网站到社交电商，从电脑端到移动端，从生活服务到政务服务，互联网已经渗透到社会经济生活的各个方面，"在线活动"不再是"潮流"，广大普通民众习惯了在线购物、在线上课、在线理财、在线工作等日常生活，自然也会产生"在线公证"等在线服务需求，希望可以享受"一站式服务"乃至"足不出户、公证到家"的便捷服务，尤其是疫情特殊时期下，社会更需要"非接触"式公证法律服务。

此外，互联网带来便利的同时，也催生了虚拟世界的各类问题和风险，社会急需适应互联网模式的在线公证等新型法律服务，以更好地保护公众在电子商务、互联网金融、网络知识产权、网络虚拟财产等网络领域开展的民事活动中的合法权益。[①]

背景二：国家政策支持，引领和指导在线公证快速发展。

"公证是公证机构根据自然人、法人或者其他组织的申请，依照法定程序对民事法律行为、有法律意义的事实和文书的真实性、合法性予以证明的活动"，是社会诚信的一道有力防线。公证的性质，注定了其面对新事物的保守性。因此，虽然公证行业从来不乏敢于先试先行的智者和勇者，但谈到整个行业在线公证的兴起，必然离不开国家政策的支持和引导，离不开主管单位的指导和鼓励。

2005年1月，国务院办公厅在《关于加快电子商务发展的若干意见》中首次提

---

① 参见汤庆发：《开拓新型公证业务的必要性与紧迫性》，载《中国公证》2018年第6期。

出要"推动网络仲裁、网络公证等法律服务与保障体系建设"。近年来,党中央、国务院更是高度重视"数字中国"建设,包括构建现代化法律服务网络。2019年1月,习近平总书记在中央政法工作会议上,明确要求"加快整合律师、公证、司法鉴定、仲裁、司法所、人民调解等法律服务资源","尽快建成覆盖全业务、全时空的法律服务网络",为包括公证在内的法律服务工作的开展指明了方向。随后司法部先后发布多个红头文件,就如何"深入推进'互联网＋公证'服务""推进公证信息化应用和信息共享""加强信息化建设"等进行部署,为更好地推进互联网公证提供了政策依据和行动指南。

背景三：公证行业面临改革,可持续发展需要往线上转型。

在互联网信息化时代潮流的大背景下,在线公证既是"应运而生",也是"别无选择"。互联网信息技术的变革,对不少传统行业形成"跨界抢劫",比如数码相机之于胶片、智能手机之于数码相机,比如"信息的便捷在线流通和查验"之于公证证明业务(2004年,教育部将学信网作为中国高等教育学历证书查询指定的唯一网站;2011年起,京沪陕三地的婚姻登记信息率先实现共享……)种种便民惠民的利好消息,客观上却对公证业务形成了冲击,引发了公证行业关于"公证证明论"的反思。继承、保全、遗嘱、金融等业务的去公证化,更令公证行业深受"技术取代公证"的疑惑和困扰。

有"危"就有"机"。寒冬过后,春天终将来临。面对存续难题,无论主动或被动,公证行业势必开始转型升级。从"最多跑一次"到"跨省通办""一网通办",在线公证服务越来越便捷;从"坐堂办证"到"全时空、全流程覆盖",互联网金融、知识产权保护等互联网公证业务推陈出新。公证行业乘着互联网的东风,不断深化供给侧结构性改革,持续推动行业高质量发展。

总的来说,在线公证的兴起是时代发展大势所趋。党的二十大报告指出"要以中国式现代化全面推进中华民族伟大复兴",明确"高质量发展是全面建设社会主义现代化国家的首要任务"。构建全国统一大市场是实现高质量发展的重要举措,公证行业应当仁不让地积极响应和贯彻落实二十大精神。要融入中国式现代化高质量发展的进程,就必须继续大力发展在线公证,做好公证行业信息化建设,从统一、规范、标准的角度整合全国各地公证资源,打造行业整体的公证综合法律服务平台,否则行业将难以跟上国家整体的高质量发展步伐。

全国统一大市场,肯定是线上线下相结合的,通过信息化手段从线上实现全国统一,通过各地实体从线下保障大市场的服务落地。公证行业也要发挥公证价值,参与构建全国统一大市场,相应地要满足其"全国统一"及"线上线下一体化建设"的要求。然而全国公证行业发展不平衡,各地公证处服务能力、公证员综合素质以及信息化水平存在较大差距。因此,我们亟须通过信息化建设,通过搭建全国统一的在线公证服务平台等,加快缩小地域差距,提升公证行业的整体服务水平,从而快速整合公证行业为全国统一大市场的建设提供基础性法律服务的能力,助力中国式现代化高质量发展。

从全国统一大市场的需求侧来讲,还要求各服务提供者打造统一的服务标准。纵观在全国统一市场方面做得较好的行业,比如银行、电商、物流等,都有行业自身的统一标准。统一标准,不仅有利于严格规范行业自身,保障服务质量,还便于客户理解、接受以及更好拓展市场。公证行业不但需要有一套全国统一的指导规范,还需要进一步统一行业服务标准,以更好落实"跨省通办""一网通办"政策,发挥信息化数据交互和监管优势,避免市场混乱,破除区域壁垒,真正服务全国统一大市场的建设,融入中国式现代化高质量发展。

王明亮:是的,如果说前一个阶段是在线公证的探索阶段,是以传统模式也就是线下办证为主的话,现阶段正在向线上公证为主的模式转变,并且有着发展趋势上的必要性和时间上的急迫性。

一方面是适应新时代背景下高质量发展的需要。科技发展无疑给社会进步带来新的生机、新的活力。互联网技术、移动技术不仅对传统的生活方式造成了颠覆式的冲击,也给传统的公证方式带来了极大的挑战,采用什么样的方式能够使现代技术手段在公证领域发挥更大的作用,更高效、便捷且以更低的经济成本满足社会公证需求,是我们公证行业从业者一直思考的问题。从实际来看,有些线上发生的如"电子合同签署""电子数据存证"等互联网场景就决定了必须使用线上的方式进行证明、核实、保全;另外,对于传统的线下公证事项,人们也希望采取以线上辅助的方式进行公证,从而享受更高效、便捷的公证服务。以互联网、区块链、电子签章等技术为基础建立的线上办理平台,有助于更好地发挥公证制度优势,实现自身发展和整个时代进步的合拍,能够满足与公证相关的行业、机构的需要,从而更好地与其他社会治理制度相配合,为我国经济的高质量发展打下良好基础。

另一方面是对"公证为民"原则的有效落实。2020年10月《公证程序规则》进行了修改,在其中的第二条加入了"便民"二字。依法治国要求我们从人民出发,服务于社会及民生,而"便民"则是对这一精神的重要体现。在线公证必要性和紧迫性的内因就是人民有需要。随着现代科学技术的发展,互联网技术和移动互联技术被越来越广泛地运用于人们的日常生活之中,我国移动互联的技术和硬件布置已经远超欧美等老牌发达国家,实现了"弯道超车",人们的日常生活和工作已经广泛线上化,在日常生活和工作之外,人们也希望能够将互联网技术和移动技术手段运用于自身需要的公共法律服务中。线上公证可以突破时间、空间的界限,让办理当事人"动动手指,足不出户"便可完成业务办理。从时间上,不需要为了办理公证业务占用自己的一整块工作和休息时间,仅需空闲时在网上进行申请、提交材料,便可完成。从空间上,在材料提交、流转、审核等方面也都可以通过互联网进行,不受地域限制,省去了当事人舟车奔波所耗费的成本,线上公证必然会成为人民群众比较欢迎的新公证方式。

段明:苏国强先生从"民众需求、政策引领、行业改革"三个方面总结了在线公证在我国兴起的历史背景。王明亮先生阐述了公证模式从线下向线上转变的必要性和紧迫性。那在线公证近30年的发展历程大致可以分为几个历史阶段,划分每个阶段的标志性事件是什么?公证实践在每个历史阶段进行了哪些探索与尝试,取得了什么成就?下面继续有请苏国强先生来谈这些问题。

苏国强:个人认为在线公证的发展大致可以分为三个历史阶段。概括地讲,2000—2012年是零星试水,进行有益探索的阶段;2013—2016年是在线公证的概念普及,并初步实践的阶段;2017年至今则是上下共建,基础不断夯实的阶段。①

阶段一:2000—2012年,有益探索。

在这一阶段,"公证行业着眼于公证信息化的前期建设,从开发使用公证业务和管理软件,到搭建行业网站和信息网络系统,在初步实现办公自动化、电子化和管理网络化等方面展开了一些有益探索,为此后的探索实践打下了坚实基础"。概括而言,这个阶段聚焦以信息化服务于行业本身的办证和管理,但与当事人的交互仍主要是线下进行,在线的作用更多是展示信息而非提供公证服务。

第一,探索研究行业办公和管理信息化。2000年9月,司法部指导成立由南京市第三公证处牵头的"网络公证研究课题组"。同年12月,全国首届网络公证研讨会在南京召开。据介绍,课题组已在公证介入网络的可能性、公证证明权对网络经济发展的促进作用和建立网络公证平台等方面取得了阶段性成果。②遗憾的是,鉴于当时技术发展程度和投入产出比等问题,后来未见到持续深入的研究落地。2003年,中国公证协会发布《2003年至2005年公证行业信息化建设发展规划》,明确将行业信息化建设提上日程,并初步实现公证行业办公电子化和管理网络化。2007年,中国公证协会配合司法部开展信息化平台建设,推动公证行业的三级节点建设的试点工作,尝试公证专用软件与其他公共资源网站的合作,启动制定《公证行业数据库标准》,为行业用户提供有价值的服务,开启了行业业务软件的

---

① 参见孙力、邵国荣、章锡丰:《公证信息化建设发展回眸》,载《中国公证》2021年第8期。
② 参见姚杰:《我国将统一建立"网络公证平台"》,载《信息网络安全》2002年第4期。

标准化和规范化新篇章。

第二,探索推出行业信息化建设初期成果。在司法部和中国公证协会的系列指引下,行业有识之士勇当先锋,取得了一些亮眼的成果。2002年6月,中国公证协会正式开通官方网站"中国公证网",是司法部直属单位中较早建立的门户网站,正式拉开中国公证行业网络信息化建设的序幕。同年9月,首届"全国公证行业专用软件成果展示会"在北京举办,为中国司法行政系统首开先河,包括公证业务办证软件、管理软件、公证机构办公自动化软件和公证书速译系统软件在内的30余套软件参加展示。

第三,探索尝试在线提供公证服务,进一步突破传统公证服务观念。2010年,"在线提供公证服务"也取得了里程碑式的试验成果:徐汇公证处在上海市首推"电子邮件保管箱服务",当事人免费申请开通电子邮件即时保管箱,在日常使用邮箱收发电子邮件的同时,会有同样一封邮件归档备份至"邮件保管箱"中。这种证据保全公证提供的不再是"事后"的残迹保全,而是全程在线参与的客观保全。2012年,上海市东方公证处更进一步推出"公证证据宝",这是国内首家由公证处自主开发、自主管理的证据保全平台,支持申请人在任意地方远程登录公证处官网进行操作,在线轻松完成电子数据证据固定的整个过程。

阶段二:2013—2016年,初步实践。

这一阶段是公证行业正式开始初步探索实践公证信息化建设的阶段。在该阶段,公证行业从公证信息化建设理论和实践两个层面出发,开展了一系列专题研究,组织了多次行业研讨活动,并调动各方资源共同努力,探讨、初拟了部分技术标准规范,推出了相关产品工具,为之后深入推进公证信息化建设积累了宝贵经验。互联网思维开始在行业内普及,在线公证服务不再是个别先进地区的特色,发展在线公证开始成为公证行业共识。

第一,联合高校、科技公司尝试产学研一体化,为在线公证的兴起奠定理论基础。2014年起,公证行业积极联合高校、科技公司做产学研一体化试点,先后成立"'互联网+'时代下的公证信息化建设""电子公证数据中心建设规范"等课题组,提出并论证了公证信息化建设的四个原则,即合法性原则、直接性原则、可检验性原则、安全性原则。研究并设计了公证信息资源交换的标准体系,探讨并拟定了公证档案数字化的技术规范。另外,为了全面深入推动公证行业信息化建设,围绕"公证信息化的发展模式""'互联网+公证'金融服务""知识产权公证平台框架""互联网金融公证风险的把控"等问题进行了重点研究并形成相应成果。

第二,系统化开展行业信息化标准规范的研究,为在线公证的规范发展树立边界意识。2013年,司法部制定并推行首个公证行业信息化标准《全国公证综合管理信息系统技术规范》(SF 07001—2013)。随后,中国公证协会组织专业人员,系统化地针对不同具体公证信息化领域急需的技术标准进行细分探讨和研究，从电子公证、公证数据中心建设、公证档案数字化、电子数据存储与保管、公证信息安全与信息共享等方面标准规范的研究拟定展开相关工作，为行业技术标准的基本定型和规范体系的基本形成打下了坚实基础。在缺乏在线公证相关的办证规范性文件要求的情况下，初步为在线公证的规范发展树立起边界意识。

第三，广泛试水在线公证服务平台建设，激励各地尝试向信息化转型。2014年1月，中国公证协会开发的"全国公证遗嘱备案查询平台"正式投入使用，收录了自1980年以来全国各地公证机构办理的所有公证遗嘱，并支持全国跨地区查询。截至当年8月底，收录遗嘱超过107万件，迅速成为世界最大的公证遗嘱信息库。2015年，时任总理李克强首次在政府工作报告中提出"互联网＋"的概念，随后国务院印发《关于积极推进"互联网＋"行动的指导意见》。更多有前瞻性的公证机构开始尝试推动互联网介入公证业务，在这轮"互联网＋"的浪潮中纷纷试水。例如，深圳公证处的公证在线受理、微信城市服务，上海东方公证处的微信申办服务，江苏省13个地市18家公证处的公证网络受理统一平台，厦门市鹭江公证处的"足不出户、公证到家"的"公证云"服务，还有部分公证机构介入商业的电子数据保管、电子合同签约等。①

第四，行业上下共同努力巩固信息化建设成果，形成大力发展在线公证的共识。2016年6月，首届"全国公证信息化的协同创新"论坛在厦门大学举行，来自20个省（市）的司法厅（局）领导、公证协会负责人、35家公证机构负责人或代表、39家企业负责人或代表以及多家媒体参会。论坛以"公证信息化的战略框架构建"为主题，诸多公证、学者、技术专家深入探讨"互联网＋公证协同创新"，就这一阶段行业的理论和实践成果进行了一次全面学习交流。2016年9月18日，司法部发布《关于进一步加强公证便民利民工作的意见》，首次明确提出要"推进公证信息化服务"，要求"建设公证业务网络服务平台，提高公证受理、登记、审批、出证等环节信息化水平"，"对于具备网上申办条件的公证事项，要实行网上申请、网上受理、网上反馈"。文件的发布有力推动了在线公证进入下一个发展阶段，并鼓励各地公证信息化建设百花齐放。

阶段三：2017年至今，夯实基础。

这一阶段，公证行业信息化建设不断深化发展，夯基垒台、立柱架梁，"四梁八柱"基本形成，总体框架基本确立。在前期有益探索及初步实践的基础上，坚持以大数据应用为核心，以完善行业管理和推进业务创新为重点，以强化信息安全为保

---

① 参见《2015年公证行业十大事件及专家点评》，载微信公众号"公证文选"，https://mp.weixin.qq.com/s/XTHShntndXlB2BtMThm2Qg，最后访问日期2023年3月17日。

障,在强化统筹指导、加强规范建设、深化技术应用、拓展新型业务等方面推进,进一步夯实了公证行业信息化建设的基础,加快推进公证行业信息化建设的进程。

第一,强化统筹指导,在线公证频繁进入大局视野。2017年2月,中国公证协会第八次代表大会在北京召开。会议修订了《中国公证协会章程》,其中一项内容就是将"组织开展公证行业信息化建设"明确为中国公证协会的职责,这标志着公证行业信息化建设将由各地探索发展转向行业引导发展。①

司法部和中国公证协会坚持统筹规划、统一标准、以点带面、因地制宜、放眼未来的原则,开展行业性统筹指导工作。多次召开或举办信息化建设的行业性会议及论坛,适时调整行业信息化建设年度工作要点,有序推进公证信息化工作不断发展。结合党中央关于"放管服"改革及司法部关于"减证便民"的部署要求,下发相关文件方案,指导公证行业通过加强信息化建设,为打造市场化、法治化、国际化的营商环境,进一步激发市场主体活力,便利人民群众生活,促进服务经济社会高质量发展提供优质服务。

第二,突出数据思维,注重公证行业数据应用共享。在大数据、人工智能、区块链等新技术手段的出现和冲击下,公证行业愈加认识到"应用是多变的,硬件是会过时的,唯有数据是永恒的"。2017年、2018年先后启动全国公证行业信息化建设一期项目、二期项目,搭建起公证信息化建设基础平台的整体框架,建成公证行业"五库四系统",此外,随着全国公证在线申办平台上线、中国知识产权公证服务平台上线、公证业务备案查询平台升级等,为公证行业与相关部门的数据互联互通奠定了基础。以2017年上线的全国公证行政管理和行业管理系统为抓手,公证行业自2018年起初步实现与民政部、公安部、不动产登记部门的数据对接共享,打通了部门之间的信息壁垒,显著提升公证行业的在线管理、在线业务和在线服务能力,推动公证与不同行业实现融合创新发展。

第三,强化规范指引,完善流程规则和统一标准。2020年,为贯彻落实中央会议精神,进一步推动公证工作便民利民,司法部修改《公证程序规则》,其中新增第70条第二款"公证机构采取在线方式办理公证业务,适用本规则。司法部另有规定的,从其规定"。在规章层面正式确认在线办理公证的合法合规性。在此之前,司法部已于2019年5月发布《全国公证综合管理信息系统技术规范》《公证数据中心建设和管理规范》《公证数据要求与规范》《公证信息资源共享平台技术规范》《公证信息安全技术规范》《公证档案数字化规范》《公证书制作规范》等7项标准规范,为行业信息化建设作出明确要求和指引。这一阶段,公证信息化建设的理论成果

---

① 参见张雪松:《八届中国公证协会公证行业信息化建设工作情况回顾》,载《中国公证》2021年第8期。

不胜枚举,中国公证协会也持续深入组织业内专家、高校学者对电子公证理论体系进行研究探讨,切实发挥理论研究对实践工作的指导作用。

第四,创新应用频出,科技推动新型公证业务拓展。行业上层在不断搭建和夯实"四梁八柱",全国各地也在应用层面百花争艳。在线申办平台、电子证据保管平台、"公证签"系统、公证摇号系统、远程视频公证,以及公证电子档案、电子公证书等创新应用或产品相继涌现,办理公证从"最多跑一次"到"一次不用跑",真正实现公证服务从线下向线上转变,实现"让数据多跑路,让群众少跑腿",也为之后司法部推进学历公证、学位公证、驾驶证公证实现"跨省通办"打下基础。"互联网＋公证"服务的改革浪潮更加汹涌,拓展出知识产权全链条保护、不动产登记全程网办、线上线下一体化赋强公证等新型公证业务,传统单点证明的公证业务进一步向信息化和综合法律服务转型。正因为有前期打下的良好基础,2020年新冠疫情发生后,各地公证机构得以迅速推出一系列"零接触＋零跑腿"公证产品及服务,甚至可以通过远程视频服务海外同胞,助力疫情防控时期的企业复工复产,切实做到优化公证服务,更好地利企便民。

王明亮:作为基层公证机构公证人员,我们感受到的在线公证的变化和发展是一个由简单到复杂,由表面的工具属性到深层的理念认识的变化,其大致可以分成三个阶段。

第一,互联网技术的工具化应用阶段。在线公证的第一阶段是网络技术在公证行业的简单运用。这一阶段的主要表现是公证办证系统的普及和配套电子化设备的引入。公证最早完全是手工操作,每个公证处都有厚厚的公证登记簿,我们在尘封的公证档案中经常看到手写的公证词、询问笔录,等等。随着互联网技术的普及,各地公证机构陆续研发自己的办证系统,实现了部分办证程序由线下到线上的转移。在这一阶段中,就北京市中信公证处来说,办证系统在规范办证程序、提高办证效率和保证公证质量等方面发挥了很大的作用。

第二,远程办证阶段。在线公证的第二阶段,从实务来讲可以简单地概括成"远程办证"阶段。主要表现为移动互联、区块链、电子签章等技术的成熟,并且在各级政府部门实现"一网通办"的号召下,在线公证系统、电子数据保管箱、公证云、智能办证机、取证机器人、智慧公证小程序、公证App等逐渐落地。这些办证手段打破了时间和空间的界限,从部分线上办理向全部线上办理发展,支持公证咨询、申请、身份验证、材料上传、审查、缴费、送达、查询等所有环节全流程线上办理。这一阶段建立在我国互联网、人工智能、5G等科技迅猛发展的基础上,人们已经形成了互联网偏好,虽然对于公证行业来说这一变化是革命性的,但是对于公证申请人来说可能不这么变就不太方便和不合理,在这一过程中我们也经常会面对当事人

"可以线上办理吗？""为什么不能呢？"这样的疑问。

第三，数字平台建设阶段。在线公证的第三阶段是数字平台的建设，这一阶段网络科技和其他技术手段对于公证服务来说，不仅仅是技术和工具，而是上升到了思维和理念革新的阶段，表现出科技发展的目的和公证服务的目的之间的统一性，打造多主体合作共赢的生态圈。比如说，曾有全国人大代表提出建立全国公证抵押登记平台的建议，还有公证机构联合养老服务机构、金融机构、社会捐助机构等建立的公证养老服务平台等。这一阶段需要在行政部门的指导下，发挥公证服务、沟通的职能，秉持开放、共享的理念，与多个行业和部门联合集中打造数字公证服务平台，在保证信息安全的前提下，为全社会提供更大范围、更加便捷的综合性法律服务。

徐小蔚：我补充一下。从我们互联网公证处的实践体会角度，如果置身于更长的维度中，我们认为可以区分两个大的阶段。第一阶段是"公证＋互联网"，也就是前面苏主任和王主任已经总结的，互联网作为技术工具或平台入口的阶段，公证借助技术提升工作效率和服务质量，改善服务体验。第二阶段是"互联网＋公证"，两者之间虽然像是文字游戏，但有着本质区别。这个阶段是随着互联网生活空间逐步形成的，不仅是公证行业也是全社会要面对的一场变革，正如王主任说的，网络科技对于公证服务已经不仅是技术和工具，公证行业要解决的是如何有效融入互联网生活和互联网空间并继续发挥积极作用的问题。

段明：谈话的第一部分回顾了在线公证近30年的发展历史。接下来，回到当下，我们来进入对话的第二个环节，即在线公证目前在发展过程中遇到的瓶颈和亟待解决的难题。

二、当前在线公证遭遇的瓶颈与难题

段明：众所周知，最高人民法院于2018年制定的《关于互联网法院审理案件若干问题的规定》明确互联网法院可以采取在线方式审理案件。尤其是新冠疫情发生后，人民群众对于在线诉讼、仲裁以及公证的需求急剧增加，为进一步推进和规范在线诉讼活动，最高人民法院于2021年制定了《人民法院在线诉讼规则》，各地仲裁委员会也纷纷制定了网络仲裁规则。相比于在线诉讼、在线仲裁，在线公证有何特点？

王明亮：在线公证和在线诉讼、在线仲裁等同属于法律保障和法律服务领域，诉讼和仲裁的争议对象一部分是传统的线下纠纷，另一部分是有网络直接或间接介入的纠纷,如网络域名纠纷、电子商务纠纷、网络侵权纠纷、金融消费纠纷等,这类纠纷普遍的特点是价值低、争议小、数量大,如果为了较小的标的额选择费用高、周期长的线下法律保障程序,不免有些得不偿失。

诉讼和仲裁要提供纠纷解决的供给,就是要定纷止争、解决纠纷,并且调解、裁判的结果有终局效力。而公证的效力为证明效力、法律要件效力和强制执行效力,强制执行也是由法院的执行部门实施,相比较公证不具有终局性。如果从整个链条的角度分析,公证位于法律服务体系的前端,功能定位是对纠纷的预防,而诉讼和仲裁是纠纷的解决,当然公证实务中也有一些纠纷得到了解决,但是公证主要的定位是对于纠纷的预防功能。以常见的借贷合同为例,借贷双方达成合意后签订了合同,合同中一般都会有违约的解决或处理方案,但是如果仅是当事双方签订合同,违约出现后一般要通过诉讼进行解决,所需要的时间较长,容易出现守约方的损失不能及时得到补偿的情形。赋强公证的作用是不仅让双方明确违约后果,并能够实现违约后的直接执行,需要的时间短,能够及时止损并得到相应的补偿,从实际来看,这种违约后处理方案的确定性和快速性,大大降低了违约率,也就从前端减少了纠纷的发生。

在线公证在运行机理和表现形式上与在线诉讼、在线仲裁是相似的,但是实践中出现了这样的情况,就是当事人对在线诉讼和在线仲裁往往疑虑重重,但是对在线公证的需求反而非常强烈,原因之一可能就在于诉讼和仲裁的终局性,担心出现不利于自己的判决而不能更改,而公证作为达成目的的条件,因为距离结果的出现还有一段时间,就想快速、便捷地实现。既然当事人缺乏对在线这种方式的认知和信任,对新鲜事物的接受需要时间和过程,我们可以以在线公证为切入点,通过在线公证的办理提高人民群众对在线方式的认知,增加信任感,从而有利于在线诉讼和在线仲裁的开展。

另外,分析在线诉讼、在线仲裁和在线公证各自的特点,最重要的还是要回归到人上来,"人"是最终实现在线公证、在线诉讼、在线仲裁等的途径和内在的动力,也是最终的目的。科技手段、配套的硬件设备都是由人控制并且为人服务的,公证和诉讼、仲裁从服务和保障的对象来说都是人民群众,公证行业一直以来的衡量标准就是"公证为民",在线公证的出发点和落脚点就是要让人民满意,提供更准确、更快速、方便的公证服务。三种方式相比较最大的不同就是公证员、法官、仲裁员在司法体系中的分工不同。随着技术的发展,工作形式的变化,对于公证员来说难度提高了,传统的线下方式能够有经验可以借鉴,线上的方式属于新鲜事物,很多方面需要创造、创新,挑战的难度不小,公证行业的从业人数较少,更希望得到社会各界的支持和理解。

段明：当然，新冠疫情期间，全国公证行业也通过在线形式为民众提供了许多在线公证服务。就实践情况来看，在线公证相较于线下公证在服务质量方面出现问题的概率是否更大？是否存在更多的法律风险？

王明亮：这个问题属于公证质量的一个方面，简单地说公证质量可以分为内部质量和外部质量，这两个方面相互区别又互相联系。内部质量和公证机构的管理机制、管理水平、人员的专业能力、人文素质水平相关，内部质量提高会促进外部质量的发展，在线公证使得公证人员规范了办证程序，提高了办证效率，也使得公证程序具有了可回溯性，有助于及时纠正不当公证行为，保证公证质量。

公证服务质量属于公证的外部质量，侧重于公证申请人和相关人员对公证过程的主观感觉和认识，评价的形成相对主观。从实践来看，在线公证比传统公证出问题的概率要大大降低，人民群众对于公证的满意度大大提高。我们以公证书为载体，从公证服务的有效性、时效性和公证费用三个角度进行说明。

第一，公证服务的有效性。公证服务最后是以公证书为载体呈现的，公证申请人需要利用公证书实现自己的目的，所以衡量公证服务质量的一个重要标尺就是公证书的有效性，以及一旦公证过程出现瑕疵或者错误，能够怎样进行救济，虽然这种情况发生的概率很小，但是对公证机构来讲需要高度重视，并做好充分的准备。北京市中信公证处自2019年开始使用区块链公证书。我们在纸质公证书上附有一个二维码，当事人既可以通过扫码查看，又可以通过在线方式进行核验，这种方式能够解决用证部门对公证书的真伪有疑问的问题。一般来说，由于公证服务具有无形性、过程性等特点，公证当事人在公证书确有错误、公证机构存在过错等情况下，可以通过向公证协会投诉、向人民法院提起民事诉讼和公证机构复查等途径在法律上获得适当救济。在这些常规救济途径的基础上，线上公证还能够在公证过程中在网页的醒目位置设置告知、投诉、建议窗口，及时收集和处理相关意见、建议，确保公证服务的质量和有效性。

第二，公证服务的及时性。作为一种法律服务，公证服务质量还有一个必不可少的标准，就是时效性，也就是能不能在准确、规范的基础上更快速、更便捷地完成从公证申请到作出公证书。越来越多的人民群众在公证办理过程中提出"能不能更快一点"，而以前公证行业不断优化公证流程就是为了解决公证的严谨性和时效性的平衡问题。在线公证的出现使得有些证明材料的提供和证明核实不受时间和地点的限制，传统的公证办理只有公证人员收到纸质材料才能进行下一步，这就受限于时间和地点，只有在双方都有时间的情况下去到同一个地点才行，现在可以通过线上的方式进行，不受时空限制，程序设计上也能更为便利灵活，外界对于公证的服务质量也就更加满意。

第三,公证服务的成本性。相较于现阶段我们为尽量让当事人少跑路而提出"最多跑一次"口号,如果能适度地增加在线公证的适用范围,就可以让当事人在电脑端或者手机端办理公证业务,这样就更大地降低了当事人的时间成本。另外,在线公证也能适当地降低公证服务的经济成本。公证费用的收取应当与当地经济发展水平、公证事项的复杂程度、公证人员付出的劳动等因素相适应。对于不同类型的公证收取的公证费用,管理部门一直有明确的收费标准,而线上的方式为公证机构节省了人力和物力成本,加之公证机构的公益性,这就决定了公证申请人的经济成本也会随之降低。

苏国强:我对此问题做一些补充。目前在线公证的实践已较为普及,但相关的法律法规尚不健全。在此情形下,个人认为相较于线下公证,在线公证确实存在更多的法律风险,主要是"在线"所自然滋生的新风险,比如技术实现方式可靠性、技术标准合规性、在线程序合法性、数据安全性,等等。但公证服务质量并不会直接因此受影响。相反,通过数据的在线调用、自动校验、文书自动生成和纠错、风险预警提示等技术手段,能有效减少低级失误、降低信息不畅导致的失察,帮助公证人员在提升业务效率的同时保障办证质量。

徐小蔚:王主任前面提到,网络交易的特点是高频、小额、碎片化,伴生的是侵权纠纷、违约纠纷呈几何级增长。实践证明,先发展后治理的代价巨大,但如果用传统的思维模式和规则程序实现线上交易活动的治理显然也行不通。比如在线金融,如果没有配套的有效治理模式,高企的违约率会增加借贷成本,最终转嫁到债务人身上,进而成为恶性循环。公证的赋强业务从本质效用而言,应当属于债务纠纷处置的一种有效机制,但如果沿用传统线下的受理、审查、出证以及档案管理规范模式,无论从效率还是成本角度都无法满足在线交易的现实需求。

段明:据了解,全国性的在线公证规则的起草工作早已于2021年就已开始,但是正式的规范迟迟未能制定出来。那么在线公证在规则制定方面究竟遇到了什么问题?除此之外,在线公证的发展在人才队伍建设、技术支持、平台建设、信息获取和验证、行业与行政监管等方面还存在着哪些具体问题和困难?

王明亮:在线公证的发展确实面临很多的问题,有的问题比较急迫,是公证行业和服务对象都希望尽早解决的;有的问题则属于系统性问题,不是仅凭公证机构或者公证行业自身就能够解决的,还需要相关部门的配合和支持。我简单谈几点,不当之处请批评、补充。

第一,对公证线上化转型缺乏统一认识。目前,公证行业内部基于各自的发展阶段和发展水平不同,对于公证线上化转型的迫切性、必要性的认识还不统一。从业人员和政策制定者因为不同立场、不同需求有着不同的价值平衡,在发展和稳定、公平和效率、固守传统还是大胆创新等方面的认识存在着较大差异。持保守观点的人认为,公证业务开展应具备仪式感,应坚持传统的公证员和当事人当面交流的原则,需要在现实场所营造的严肃、庄严和仪式化流程中进行,否则就失去了公证的本质。持创新观点的人认为,数字化已渗透到各行各业,在特定的网上交易场景下,公证员能够通过视频、电子签名等先进的技术手段对当事人的意思表示作出准确判断,能够保证公证事项的真实合法。这两种观点是办证理念和思维方式的差异,双方各持己见,价值立场固化,难以聚焦于某一具体问题开展有效的讨论。此外,还有一部分人虽然认识到在线公证的紧迫性和重要性,但仅仅停留在工具层面,对于传统业务的线上化是支持的,但对公证业务在数字化经济领域具有尝试性、突破性的拓展却持怀疑甚至恐惧态度。

在线公证意味着一种全新公证方式的诞生,表面上看是把以前的公证程序从纸面迁移到了屏幕,实际上这种变化是革命性的。新的时代背景不仅催生出新的公证方式,原有的一些理论依据也要随之变化和调整,一些关键的问题难以解决就在于有些观点一直固守原来的理论,比如"现场""到场",等等。每一种公证服务方式都有其时代背景和相应的理论依据,在时代背景变化的情况下,需要探索与之相适应的公证原理和方式。实际上,如果将当前一网通办、海外远程视频公证的办理等实践情况结合传统线下公证的支撑理论进行再认识和合理解释,不仅不会出现在线公证理论与传统公证理论的割裂,还可以为在线公证的"法理合理性"提供理论依据,进而实现二者的互融互通。

第二,政策指导和标准制定相对滞后。公证行业长期存在实践走在前面,而相应程序规则、规范性文件相对比较滞后的问题,一线公证机构尝试调整业务模式以更好地提供服务,但是缺乏充足的法律、政策等支撑。2021年6月,最高人民法院发布《人民法院在线诉讼规则》,大大提升了网络空间司法治理水平,有力推动了数字经济、数字产业创新发展。目前在线的规范性建设还主要依托"数字政府"一体化在线政务服务平台建设,对一些法律关系简单、审查难度不大的公证事项实行跨省通办、一网通办,尚没有形成完善的程序规范。近几年,全国和地方均出台了一些在线办理公证的试点通知,但还没有及时总结经验进一步推广,没有形成可普遍适用的规则。这就导致各地操作不一、标准不一的现象普遍存在,这种政策不统一的情况不利于形成良性的业务竞争环境,也不利于行业的长远健康发展。

第三,各地在线公证业务发展不平衡。目前,全国公证行业发展不平衡的情况十分突出。各地公证机构在发展的积极性和拓展业务的行动上呈现两极分化现象,存在较大的地区差异。各地的公证机构由于体制机制、发展理念、政策环境和所在地区实际状况等因素的影响,在人员结构、业务规模、业务类型等方面存在很大差别,信息化建设方面尤为明显。有的公证机构理念更新快、创新意识强、发展动力足,有的公证机构较为保守,安于现状。一些省份对于公证的发展较为重视,相关的指导性、支持性政策出台快,而有些省份则要求严格,限制条件多,保障支持少。有的城市线上公证已成规模化开展,有的地方仍然禁止开展或者设置了严苛的条件。总体来看,在线公证如何发展还缺乏明确的方向和清晰的路径,导致各地的政策环境差异较大,加之事业体制和合作体制管理模式、责任体系等方面的根本不同,呈现出目前业内关于在线公证的观点五花八门、发展程度参差不齐的情况。

第四,数据整合信息共享的程度不高。尼葛洛庞帝在《数字化生存》中作出的一个总结是"move bits, not atoms"(多移动比特,少搬运原子)。信息查验是公证过程的重要程序,在线公证的实现需要搭建数字化平台,相关信息在平台上实现数字化共享。近年来公证查验信息的通道相比于以前明显增加,但是有些需要核实的信息仍然壁垒森严,信息孤岛问题依然存在。国家层面的核验平台仅能核实学历、学位和驾照等信息,部分地方核验平台可核实婚姻、人口等信息,但还是有大量信息的核实工作仍然需要公证人员到相关部门以人工查询方式进行,增加了人力、物力成本,降低了待公证事项的办理效率。

苏国强:我想对在线公证当前遭遇到的困难做一些补充。公证行业信息化建设始终是相对稳妥的,采用的多是相对成熟的技术,因此,技术支持方面本身的难度不高,平台建设的难点不在于技术。在线公证面临的主要难点在于两点。

第一,如何找到"放管服"的平衡点?公证服务质量是根本。如何在有效保障整体质量的前提下,给予一定容错空间,充分放手让行业敢于积极创新?找准了这个平衡点,相信在线公证在规则制定、行业与行政监管方面的问题可以迎刃而解。

第二,如何更好地培育"公证+科技"复合型人才?懂公证的很多,懂技术的更多,但既懂公证又懂业务,从而可以把二者很好结合起来的复合型人才不多。公证行业应该培育自己的"公证+科技"复合型人才队伍,如此才能有效地避免被技术牵着走,而是更多将技术作为实现手段,以"公证服务社会"的角度为主来考虑公证行业的信息化建设。

在线公证规则的制定方面,中国公证协会于2021年年底正式启动了"在线公证指导意见"制定工作,现已完成草稿并多次征求意见和修订,但仍未能定稿。最主要的问题就是,虽然大家已经普遍接受和认可了在线公证,但对于"在线公证"仍没有统一的明确定义,导致了各自的关注点不同,对于具体规则的看法也不同,难以统一意见。

办证系统、管理系统也是一种"在线"。可以说,现在的每一笔公证业务都带有了"线上"因素,大都实现了线上线下相结合。那么,落实到规则层面,在线公证业务管控与线下公证业务管控有何不同?在线公证规则适用于哪些类型的业务?实践当中,公证人员依据什么来判断某项具体业务能否适用在线公证?

另外,在线公证需要大量使用技术,从证前的平台建设,到证中的身份验证,到证后的档案存储等,都涉及对技术的使用量,涉及成本问题。要求越严格,技术方面的投入就越高。怎样平衡质量、效率与成本,也是在规则制定之初就要考虑的问题。

建议先探讨明晰"在线公证"和"线下公证"的核心区别,辨析在线公证因广泛应用技术手段、缺乏"实地面见"而滋生的特殊风险,在尊重和包容各地既有丰富的在线公证实践经验的前提下,从质量保障方面入手,抓大放小。

段明:三位嘉宾在第二环节就当下在线公证在发展过程中遇到的困境和难题发表了观点。下面进入谈话的第三个环节,对话的主题如下。

三、未来在线公证的发展方向与具体举措

段明:为了对数字中国的建设添砖加瓦,全面实现公证行业的数字化转型,未来在线公证应朝着什么方向发展,还需要采取哪些实施举措?下面有请徐小蔚先生就该问题谈一下自己的看法。

徐小蔚:在线公证,从字面意思虽然只是"在线+公证",但已经体现了"科技+法律"的创新要素组合。既然公证走上了与互联网科技结合的创新之路,公证行业已经不能固守原先的传统理论和道路,必须接受创新发展的规律。

"在线"代表信息科技,先说说信息的基本发展历史。在人类进入互联网时代之前,信息传递经历了烽火的光电传递、信件电报的文字传递、电话的语音传递,直到今天通过互联网实现了随时随地的全要素信息传递。所以,要说在线公证的未来或方向,我们应该从信息学的角度分析一下公证证明的本质。

传统意义上的公证证明活动大体上可以分为三个阶段,即信息的采集、处理、传递。首先,在传统公证证明活动中,我们会要求当事人提供相应的证明材料,或主动帮助当事人调查取证,这是信息的采集活动,多年来主要以纸质形式体现。随着互联网技术和数字经济的发展,当事人原先赖以证明自己身份、财产、能力的基础性信息,各种社会活动中财产流转和交易的记录、凭证,已经无须以纸质形式存在。比如身份证、医保卡、驾驶证,甚至房产登记信息,都可以电子形式存在,我们每天通过平台完成的交易、结算信息都不再需要纸质合同,更不需要前几年还普遍

存在的购物小票来承载。

公证行业在充分享受数字化信息归集、共享给工作带来便利的同时,也要警惕大数据基础之上的智能计算可能带来的替代影响。传统意义上,公证证明活动的第二阶段是信息处理,公证员收到当事人提交的证明材料,通过询问等方式进行核实并按程序作出判断,就是对信息的处理。原先依赖经验完成的证件核验、身份比对等工作,目前已多数交给系统完成,人工核验反而成为补充。在系统的可靠性面前,人的经验价值似乎在下降,而且计算系统的智能程度、人性化程度正在超越传统的服务体验。正如手机导航,当系统接收到你输入目的地、出行方式(交通工具)的选择信息后(或者额外添加的个性化出行要求等信息),通过计算会给你推送不同的导航路线,同时用户可以选择速度优先,还是费用优先或距离优先,系统甚至会根据实时的道路拥堵情况给出当前的建议和未来的出行建议,并结合天气情况给出温馨提醒。计算机的计算能力已经超越人类,依托于云计算的平台系统具备了学习能力,计算的范围和能力已经超乎人们的想象。这段时间火爆出圈的ChatGPT,不仅引发热议,更有人担心是否会对人类构成威胁。

回到命题,"未来的在线公证应朝着什么方向发展?"如果我们无法实现掌控而是听命于技术的演化和市场的选择,则可能没有资格讨论"应朝什么方向发展"。未来的在线公证会朝着什么方向发展?很难有人作出准确的判断。就像智能手机出现的时候,我们根本无法想象其不断叠加承载的强大功能对社会生活带来的颠覆性改变,即使是当下,我们还是无法预料智能手机未来会达到什么程度的应用量级以及可能拓展的应用领域。技术的进步始终和社会的发展相辅相成,谁也无法明确究竟是技术推动社会发展还是社会影响技术的进步。同样,在不久的将来,也许"在线公证"的概念都会重新被定义。

"在线公证"当前可以理解为"在线做公证",未来则可能是"做在线公证"。

首先说说"在线做公证"。我们目前通过各种入口、平台、程序处理的公证咨询、公证受理,在线审查、在线审批、在线传输公证文书,都属于在线做公证。这几年各地因为疫情而开展的远程视频公证就是典型,以在线方式做公证,不管是全部流程还是部分过程,都是将在线作为一种工具。

标准化业务多数可以通过在线办理。所谓标准化业务主要包含几个要素:一是公证审查的内容结构相对固定,如以委托公证为典型的文书签署,主要审查行为人身份、意思表示、文书签署;以证照为典型的文本相符公证,主要在于确认申请人身份,审查证照是否属实。二是审查要素中的公证当事人身份可以而且目前强制要求通过系统确认并比对;公证员确认当事人意思表示可以通过多种方式进行,既可通过线下物理环境实施,也可以通过实时同步在线,甚至异步在线实施;文书的签署,可以纸质签署,也可以使用电子签名;证照审查,公证员肉眼校验可由在线证照库查询比对替代,而且可靠性比公证员凭经验肉眼校验更高。

因此,结合当前的技术条件,通过要素分析,标准化公证业务已经完全具备在线完成的条件。而在线入口的多元化环境,早已经解决了当事人申请的发起问题,完全可以替代线下服务窗口功能。当部分公证机构采用在线方式受理标准化业务后,由于效率的提升,不同执业区域机构之间的边界会变得模糊,势必逼迫更多的机构加入在线模式。同时,更值得公证行业警惕的是,随着越来越多标准化业务的在线处理,更多工作将依托于系统数据或系统智能,公证员的干预判断因素会不断削减,公证的价值体现也会不断减弱。

上述因素积累到一定程度,标准化业务就会面临萎缩。公证行业在充分享受技术的便利而提升效率并降低风险的同时,全社会也在拥抱技术。如果技术足够可靠(而同时公证人工干预价值不断下降),采信公证文书的很多行业或机构,也会直接利用技术完成信息的采集、处理、判断。即使是现有的交易习惯或程序规定设定了公证文书提交,也并不是一成不变的,作为非标业务的继承公证从不动产登记程序中取消就是一个实例。

当然,前面说的是标准化公证业务可能面临的趋势,并不包括非标准化业务。标准化和非标准化并没有明确的界限,有些结构典型的标准化业务,如设定复杂条件的委托公证会因其个案背景而需要作为非标业务进行处理,而有些看似结构复杂的比如银行类赋予强制执行效力债权文书公证,因金融机构的强监管属性和合同文本、交易结构、流程的标准化程度高,在办理赋强公证的时候完全可以归属于标准化业务处理。

随着各种综合平台和 App 等程序的普及应用,非标业务的在线化趋势也已经非常明显。虽然并非全部程序均在线完成,但从咨询到申请、受理、审查直到审批、出证、发送的全过程,有不少环节可以通过在线完成。从技术普及程度和社会接纳角度,也有必要通过在线完成部分环节的部署,改变原先在服务窗口坐堂办证的模式,使得公证可以通过技术更贴近市场和当事人。尤其是在政府都已经普遍向服务型转变,提倡让数据多跑腿,法院系统也普遍设立诉讼服务中心并加大在线技术引入力度的时代背景下,公证无法独善其身。

虽然对于多数企业或自然人而言,公证需求并非高频事项,多数人一生都没有机会与公证机构直接产生交集,并不产生平台经济的流量效应。但在互联网经济领域,高频或高价值的商品或服务交易流量已趋见顶,技术和资本已经放低身段锚定青菜萝卜的社区团购,也会向低频的应用场景转移。

再说说"做在线公证"。无可否认,互联网生活空间正在逐步形成,并与物理的线下生活空间并行发展,甚至已经逐渐取代一些线下生活场景,其改变程度如此深刻,但对人们生活的渗透是如此自然,以至于我们如果不回头进行对比几乎无法感觉。回想一下,我们已经多久没去大型超市推着购物车采购生活物品了?

既然互联网生活空间已经形成,人们在其中也会产生各种矛盾纠纷,那么互联网空间同样需要依法治理。目前已经有部分公证机构看到了这一发展趋势,已经开始尝试介入互联网社会空间的治理并开展相应的在线公证服务,至于能做到什么地步,完全取决于互联网社会空间的发展程度。正如知识产权领域的保全证据,原先线下实体店铺购物取证需求正在被线上购物保全所替代,甚至已经部分发展到从知识产权确权、侵权监测、维权取证以及许可、交易的全链路在线生态服务。

当然,社会生活并不能完全被互联网所替代,公证的线下场景也不会消亡。尤其是非标业务,公证的价值始终会存在,但行业需要做好应对变化的准备。如果不做出相应的改变和准备,被时代抛弃的时候,也不会有人跟你说再见。

徐小蔚:面对互联网技术和经济的发展以及对公证的影响,我觉得公证行业首先需要反思。一个人不学会反思就不会长大,一个行业不学会反思就不会进步。这些年行业内经常有人抱怨,做了多少年的房产继承公证和赠与公证,突然被《不动产登记暂行条例》给无情地抛弃了,遗嘱公证的优先效力也不见了。

首先,信息科技浪潮面前,行业和从业人员要重新认识公证的本质价值并调整价值实现的方式。社会的发展具有一定的规律性,而规律往往要从历史中找寻。我认为,从历史的角度看,公证真正的价值应该是填补社会治理的空白。以新中国成立以来中国公证的发展历史看,在不同社会发展时期,社会治理都会存在空白地带,而公证在不同阶段都积极发挥了填补治理空白的作用。当随着立法等治理措施的完善,公证会逐渐退出并寻找下一个需要填补的领域,这一点从公证在不同时期业务重点的变化是不难看出来的。同样,当信息孤岛不复存在的时候,我们就不能再沉浸于信息封闭时代公证带来的盛宴,也不能一味抱怨公证在某些领域被抛弃。信息能够准确及时有效地进行交换传递的时候,我们不能只享受技术便利而忘记警醒反思。

同时,我们也要敏锐地发现,随着技术的发展和社会进步,总会衍生出新的交易模式;伴随着新生事物的出现,也总会出现治理的空白或者是治理的难题。P2P一度代表着互联网金融的创新并得到追捧,但由于缺乏有效的监管,最后一地鸡毛。治理体系和治理能力现代化是完善和发展中国特色社会主义制度的必然要求,是实现社会主义现代化的应有之义。

我们不能仅仅把"在线"作为一种工具或改变服务的方式,而没有真正认识到互联网经济的本质和互联网发展的规律,与时俱进地去发现新的治理空白。如果不去发现新的领域或场景中公证的价值,就很难跟上时代的脚步,最终或与社会的发展渐行渐远。

长期以来,我们将公证书作为交付的成果。公证价值尤其是存量传统业务的实现,需要我们调整实现的方式。虽然公证机构包括服务、沟通、公证、监督四大作用,但我们多数公证活动仍停留在"公证"和"监督"上,忽视了"服务"和"沟通",以致被诟病"以证换证""坐堂办证"。

在重新认识公证价值和实现方式的基础上,需要从业人员做的是完善知识体系,提升服务能力。公证员从事的工作,首先需要法学专业理论知识,知识越渊博,解决复杂疑难案件的能力越强,领域创新和模式创新的支撑力度也越大。能力不足将难以应对解决关系复杂的案件。如果因为传统公证业务领域是民事,忽视了刑法、行政法、劳动法等其他部门法律,就很难在刑事、行政复议、诉讼、劳动争议和商业秘密等领域开创性地发挥公证的价值。

同时,公证员也要注重其他领域和学科的知识学习。对周边领域不了解,首先会造成在为各行各业提供公证服务的时候无法与当事人顺畅地交流和沟通,难以建立充分的信任基础;其次,对相关行业不了解,就很难知道当事人的痛点、难点,不容易达到高质量的服务效果。在公证转型创新的过程中,不掌握互联网信息技术的特点和发展规律,谈何实现"公证+互联网";对金融创新程度和监管政策不了解,金融领域囫囵吞枣式的赋强业务风险就会加大。在信息时代要发挥"人"的作用,公证员甚至有必要学习掌握经济学和心理学,在面对竞争的时候从经济学角度帮助当事人分析实现目的各种途径的成本比较,在为当事人提供解决方案的时候发挥公证员的共情能力,了解当事人最真实的想法,实现以人民为中心的服务宗旨。

苏国强:我认为未来在线公证应以全面实现"公证行业的数字化和智能化"为总目标,具体应朝着以下三个方向发展。

第一,建立"公证行业档案数据中心",加快实现公证行业数字化。公证行业数字化是"智能化"的基础,可简要分为业务的数据化和数据的业务化。业务的数据化,一是以建成"公证行业档案数据中心"为里程碑,保障行业数据的准确性、完整性,加强业务数据的统合与沉淀,包括当事人家谱、族谱、财产流转图谱等;二是大力推行全流程无纸化公证服务和管理,强化公证电子档案、电子公证书的应用。数据的业务化,以深化行业内外数据互联互通为重点,加强数据的安全流转和应用,并通过全国范围的数据整合,分析挖掘公证服务的盲点、痛点、堵点,提前预警以提升业务信息化监管水平,为群众提供更便捷、更全面的创新公证服务。

第二,建立"公证行业智能知识库",稳步开启公证行业智能化。公证行业智能化旨在充分应用人工智能、自动服务公证行业。首先,要打造公证行业智能知识库,在"数字化"的基础上,充分利用公证业务数据的关联性、系统性,建设具有实用价值的公证业务数据关联库,打造公证行业知识图谱,即"人工智能的大脑神经元"。其次,丰富智能应用,提高应用准确度,比如文书自动翻译、模板共享生成、自动纠错、智能公证咨询等,研发辅助公证员办证的模拟公证系统,深度学习的同时更好地服务群众。

第三,建立"公证文书查验交换平台",加快融入依法治国强基工程。推动公证行业信息化建设融入依法治国强基工程,重在拓宽公证行业数据的应用面,加强与职能部门信息化联动,甚至借助技术手段无缝嵌入上下游政府机构处置流程,充分发挥公证行业数据海量、全面、可信的优势,更好地服务法治国家、法治政府、法治社会一体化建设。为此,关键在于打造公证文书查验交换平台,以保障公证行业可信数据的安全、便捷的社会化应用。

无论未来发展方向如何,在推进在线公证发展的具体举措方面,我认为应始终坚持行业"上下一盘棋"来统筹规划,推动"自上而下的统一"与"自下而上的融合"齐头并进。协会必须把握方向,实现基础工具、技术标准、安全规范、操作规程、业务规则等"自上而下的统一",同时尊重各地发展水平、业务特点、风俗习惯等个性化特征,鼓励各地在统一标准和规范的前提下,充分发挥创造创新价值,积极响应群众服务需求,解决社会现实的痛点、难点、堵点,不断推出新的应用工具,实现"自下而上的融合"。

王明亮:现在能够用在线的方式办理的公证种类还比较少,对于一些支撑性的理论还存有争议,争议中蕴含着发展,任何事物的发展都需要一个过程,未来在线公证一定远超现阶段的种类和数量水平,将来的公证模式一定是充分运用信息技术手段,线上线下交互顺畅、有机融合的公证办证模式。我个人觉得需要从下面四个方面来发展和改变。

第一,统一公证线上化转型发展理念。实现公证的线上化转型的首要任务是统一理念,明确目标。公证数字化不是蚕食、侵占传统的公证业务,也不是要摒弃传统的公证模式,而是以当事人的需求为导向,在新兴的业态和领域体现公证的价值,发挥公证的作用。我们需要用数字化的思维、理念、认知去关心数字经济时代人民群众的需求,不能固守传统僵化的办证模式,不能简单地把信息技术作为一个工具看待,要用创新的思维和理念分析数字经济时代事务的发展逻辑,作出科学的应对。当务之急是,依托具有权威性和中立性的研究机构,在全行业组织行业价值观大讨论活动,分层次研究讨论问题,形成数字时代公证业务创新发展的可行性方案。

第二,顶层制度设计与基层实践探索协调互动。国家层面可以对在线公证作出科学的规划、引领和指导,在明确目标、指明路径、把握节奏方面出台明确的依据。"行是知之始,知是行之成",可以给基层公证机构更多实践探索的空间,只有将在线公证落实到具体的公证业务中,才能发现公证在线上化过程中的优势和劣势,实务部门才能为顶层设计提供更多的数据和模型。决策和实践的双向努力,可以快速形成与时俱进的理论、科学合理的决策,为我国新时代的经济发展提供有效的公证法律服务供给。

第三,搭建开放共享的资源信息平台。在线公证的实现还需要打通信息孤岛,建立开放、合作、共享的数字平台,与公安、民政、外事、不动产等部门实现数据联通。目前,公证行业在与相关部门搭建信息平台的过程中,还存在基础建设薄弱、数据信息不完善、技术手段落后等问题,在信息共享实现方式上还存在衔接不畅、方法不多、手段单一的情况。我们可以借助国家一体化在线政务服务平台建设的契机,在更高的层面搭建信息互通互享的平台,提高对数字信息的产生、流转、变更、存储等过程的收集和整理意识。

第四,培养在线公证人才。在线公证的发展最为关键的因素是"人",不论技术怎么发展,起主导作用的始终是人。从在线公证实际出发,以服务群众为导向,培养适合公证行业和各个公证机构自身需要的公证管理和公证业务人才。加强业务培训,给予公证人员更宽松的创新环境、更高的交流平台和更丰富的实践机会,顺应数字化时代开放、共享的发展理念,使公证人员主动推动本机构和整个行业高质量发展。

段明:三位专家的发言非常精彩,既带领我们简要回顾了中国在线公证的发展历史,也全面分析了当前在线公证所面临的发展难题,还就在线公证的未来进行了展望。无论我们承认与否,数字时代已然到来,随着数字经济、数字政务、数字文化的快速发展,由此而形成的数字社会空间的治理需求也急剧增长,公证行业当下以及未来一段时间内的重点工作之一就是顺势而上,成功实现公证行业的数字化转型,不断满足人民群众日益增长的在线公证服务需求,为民众提供更加高效、便捷的公证服务,为数字社会的治理发挥积极作用。我和三位专家一致相信:在线公证当下面临的困境与问题都是一时的,只要行业内部不断凝聚共识,各位公证人共同献策献力,定能实现这一目标,从而为数字中国建设贡献公证行业的应有力量!

再次感谢三位嘉宾的精彩发言!

中篇　中国公证十大典型案例评析

十大典型案例入选名单

作为一项典型的预防性法律制度,公证在降低社会交易成本、节约司法资源、化解社会矛盾、改进基层治理等方面发挥着重要作用。为充分发挥公证典型案例的示范效应,优化公证服务质量,提升公证行业公信力,推动公证事业高质量发展,经司法部批准,司法部公证理论研究与人才培训(湘潭大学)基地举办了"2021年度中国公证十大典型案例"评选活动。

评选公告自发布以来,受到了全国各地公证机构的广泛关注,共计收到全国24个省份报送的121件案例。在司法部公共法律服务管理局的指导下,基地邀请公证领域知名专家进行了初评和终评,最终确定"公证扮演'信用中介'全程助力二手房自主交易"等10个案例为"2021年度中国公证十大典型案例"(见表1),"居住权合同公证保障老年人晚年安居"等10个案例获得"2021年度中国公证十大典型案例"提名(见表2)。

表1 2021年度中国公证十大典型案例

序号	案例名称	申报单位
1	公证扮演"信用中介"全程助力二手房自主交易	浙江省杭州市国立公证处
2	搭建"关证一链通"信息平台 助力优化苏州自贸片区营商环境	江苏省苏州市中新公证处
3	数字引领公证继承 实现老百姓"伤心事暖心办"	浙江省海宁市公证处
4	公证参与遗产管理人推选及资格确认典型案例	四川省成都市律政公证处
5	破产企业债权人未受领破产财产分配额提存公证案	湖北省武汉市尚信公证处
6	公证参与行政执法 法治护航营商环境	广东省珠海市横琴公证处
7	以人民为中心 疑难公证巧化解	黑龙江省哈尔滨市香坊公证处
8	离婚协议综合性公证服务案	湖南省株洲市国信公证处
9	引入遗产管理人办理银行保管箱继承公证	北京市正阳公证处
10	被吸收合并的公司所持上市公司股份承继公证案	河北省石家庄市太行公证处

表 2　2021 年度中国公证十大典型案例（提名）

序号	案例名称	申报单位
1	居住权合同公证保障老年人晚年安居	福建省厦门市鹭江公证处
2	组合型家事公证助力社区开启居民养老新模式	江苏省南京市南京公证处
3	劣质农药坑农　证据保全公证护农依法维权	河北省保定市直隶公证处
4	构建战略合作平台提供全方位公证服务	四川省成都市双流公证处
5	服务政府征迁项目　提升公证综合法律服务能力	云南省玉溪市云溪公证处
6	处分被监护人财产公证案	湖南省长沙市长沙公证处
7	公证参与企业破产重整	上海市东方公证处
8	公证提存助力解决法院判决履行难问题	江西省南昌市豫章公证处
9	守护黄河生态文明　公证服务增殖放流证据保全	宁夏回族自治区银川市国立公证处
10	玉门市公证处办理首例资金监管协议及保管提存公证	甘肃省玉门市公证处

十大典型案例与专家评析

此次获选案例涉及公证业务类型与服务模式的创新，对于规范公证程序、拓展公证服务范围以及促进公证行业高质量发展具有重要指导意义。如浙江省杭州市国立公证处、四川省成都市律政公证处和北京市正阳公证处等将公证服务延伸至二手房自主交易和遗产管理人等新兴事物，不断拓宽公证行业的服务范围；江苏省苏州市中新公证处、浙江省海宁市公证处将区块链、大数据等数字技术与公证服务高度融合，极大提升公证服务的能力与效率；湖北省武汉市尚信公证处、广东省珠海市横琴公证处和湖南省株洲市国信公证处通过积极参与行政执法、纠纷化解等活动，有效分担政府与法院等国家机关的工作压力。

为了切实发挥公证典型案例的指导作用，司法部公证理论研究与人才培训（湘潭大学）基地邀请了来自高校、公证协会、公证机构等多个单位或部门的10位专家学者，对上述十大典型案例进行精彩点评，深入阐释案例中所具备的公证法理与实践价值，在突出其典型性与新颖性的基础上，进一步提升这些案例在办证过程中的示范效应。

案例一：公证扮演"信用中介"全程助力二手房自主交易

浙江省杭州市国立公证处

（案例点评人：中国公证协会副会长、云南省昆明市明信公证处主任　段伟）

一、基本案情

2021年10月，杭州市国立公证处与杭州市住建部门签订了《二手房自主交易资金安全保障服务协议》，与浦发银行签订了《存量房交易提存账户资金监管合作协议》，同时依托杭州市不动产登记服务中心驻国立公证处便民服务点的优势，并以提存公证服务为切入点,全方位介入住建、不动产、银行等二手房交易环节,积极扮演二手房自主交易的"信用中介",确保房屋信息明晰可靠,大大降低交易成本。一对夫妻欲购买一套位于杭州市拱墅区的二手房,公证处经过充分的尽职调查,为其解决了房源的安全性问题。同时,公证处通过与浦发银行合作为买家提供一站式贷款服务,解决了政府二手房自主交易平台的资金监管问题。整个过程中,网签过户、提存公证等全部环节在公证处一站式完成,践行了"最多跑一次"的为民服务理念。

二、公证过程及结果

一对浙江大学计算机专业在读博士生小夫妻成为公证介入二手房自主交易新模式体验的第一人。国立公证处经过充分的尽职调查,解决了一套位于杭州市拱墅区体育场路的房子的房源安全问题。公证处与浦发银行合作为买家一站式提供贷款服务,解决了资金监管问题。网签过户提存公证等环节全程在杭州市国立公证处一站式完成,践行了"最多跑一次"的为民服务理念,也解决了交易双方的信任问题,最终该二手房以人民币208万元交易成功。如果通过中介公司成交,中介费通常为交易价格的2%,约4万元,而该二手房自主交易的全部费用仅为人民币2080元,为人民群众提供了更具性价比的二手房交易模式。

三、典型意义

(一)解决政府二手房自主交易平台资金监管的困境

2021年8月,杭州市二手房交易监管服务平台上线了"个人自主挂牌房源"功能,打破了传统依赖中介机构的二手房销售模式,改善了二手房交易过程中买卖双方和中介机构信息不对称的问题。试运行2个月后,跃跃欲试的买家坦言,原有的"房东直售"模式更适合熟人之间的一次性交易,买卖双方的信任问题、按揭过程中的资金安全问题还是无法解决,所以"房东直售"模式看上去很美,实践起来却很难。因此,公证提存提供了一个有效、可靠的第三方资金监管通道,既能更好地推行"房东直售"模式,又能有效兼顾买卖双方的各种资金监管需求。

(二)交易流程更加透明,有利于强化监督

整个二手房交易主要包括以下环节:不动产尽职调查—协助自主挂牌—引入金融机构提前完成预审—指导意向合同签署—提供网签窗口—协助双方签订资金监管协议—核实税费—代缴税款—协助过户登记。杭州市国立公证处全程对整个交易过程保驾护航,使整个二手房自主交易过程更加透明、顺畅。如果交易过程出现纠纷,公证人员可第一时间帮助交易双方固定证据,并且提供调解服务,发挥公

证预防纠纷、减少诉讼的职能优势。

（三）降低二手房自主交易成本，保障交易信息安全

提存公证收费标准为交易价格的 $1‰\sim1.5‰$，远远低于中介的市场价，可以切实减轻当事人的负担。举例说明，市场价 300 万元的二手房交易，提存公证费用共计人民币 4750 元。同时，不动产公证调查报告中仅体现公证机构和银行的联系人员和联系电话，避免产权人的隐私泄露，交易双方的材料都保存在公证机构，也能最大程度保护双方的信息安全。

（四）公证数字服务减轻交易成本

公证机构通过数据平台，对交易房产的面积、户型、产权、承租、抵押情况等信息进行联网核查，同时推出"一窗收件"服务，提供委托公证、继承公证、承诺公证等衍生服务，真正实现"让群众少跑路，让数据多跑腿"。

四、专家点评

陌生人之间的房产交易，最难的就是"相互信任"。杭州公证行业突破难点，扮演"信用中介"，全流程助力二手房自主交易的典型案例，让我们看清了"公证搭建陌生人之间的信任桥梁"的实现过程，是公证履行"服务、沟通、证明、监督"职能的典范实践，是转移和化解不动产交易风险的有效手段，为保障房屋交易市场低风险、低交易成本、健康发展，发挥了交易"安全阀"的积极作用。

房屋属于大额资产，交易的每一步骤中都包含了诸多专业知识、多次信息交互和博弈。对于普通市民来说，不仅面临着市场信息的纷繁复杂和不确定性，还要应对诸多专业知识壁垒和信息壁垒。如果没有专业第三方服务，想要仅依靠政府平台实现"自主交易"基本都是"骨感现实"。杭州公证行业准确洞察这一市场需求，通过发挥公证的公信力和职能作用扮演好了"信任中介"的角色。

纵观"杭州模式"，他们主要做好了这些工作：(1) 从卖方房源现勘入手，提供真实、全面、精准的房源尽职调查报告，为房屋自主交易打下第一层信任基础；(2) 确认交易意向，同时联通银行完成买方按揭预审批，为顺利交易筑牢可行性基础；(3) 双方交易意向书，确定提存方案（因此时房屋还没解抵，交易不确定性由公证提存锁定）；(4) 签署正式房屋买卖合同，买方提存首付款至公证处，并同时正式向银行申请贷款；(5) 买方贷款申请通过，也提存至公证处，有了资金提存保障，卖方迅速解押，交易快速完成。公证搭建信任桥梁并不是一蹴而就的，而是在每一个环节以审慎的细节处理，层层夯实、步步推进。这种服务的展开，不仅需要公证员把握职能定位，更需要公证员以知识、经验和综合服务实力来统筹构建。

众所周知，"公示公信原则"是物权法中最重要的原则之一。目前不动产统一

登记已经通过技术和行政强制力,构建了从事实、数据、流程到信息获取及公示的完整体系,很多公证人认为因技术完善,公证在不动产交易领域已经失去价值和位置,其实这种认知较为偏颇——既没有深入交易实务,又没有充分认识公证职能和定位。登记创造的是公示体系的基础,交易中信息差、不信任和博弈并不因为公示而得以消除。如何减少信息差,如何降低信任成本,才是交易公信体系的根本。掌握这一价值方向,发挥公证的职能作用和公证人的经验智慧,公证业务在营商环境优化和商业结构优化当中就还有非常大的空间可以去拓展。

案例二：搭建"关证一链通"信息平台　助力优化苏州自贸片区营商环境

江苏省苏州市中新公证处

（案例点评人：中国公证协会副会长、北京市长安公证处主任　周志扬）

一、基本案情

在苏州自贸片区内，如何销毁处置加工贸易企业无法内销或退运的不良品、残次品等保税货物一直是困扰企业、销毁处置单位和海关三方的难题。对于这类货物，企业如果选择退运，则周期长、成本高，还面临无处可接收的困境；如果选择自行销毁，不仅增加销毁处置成本，还因无法自证销毁事实、销毁后是否有残值等难题而不能享受退税政策。经过多次调研和实地查勘，江苏省苏州市中新公证处搭建了可信、可追溯的"关证一链通"监管平台，通过执法记录仪将全流程的视频以区块链存证方式上传保存，同时实现企业、海关、公证机构之间在线数据连通，有效解决了企业难题。

二、公证过程及结果

在拟订整体方案前，中新公证处和苏州工业园区海关进行了沟通并多次实地走访企业和销毁处置单位。企业方表示，在处置过程中，无论是存储在保税区还是从保税区取出，企业都需要承担相应税费，可以说是耗时、耗力、耗成本，如能用海关认可的模式在本地进行销毁处置，就能疏通症结，帮助企业减免税费。中新公证处提出可通过"区块链＋公证"模式，设计一套完整监督程序形成闭环来辅助海关确认申报货物已销毁的事实。

苏州工业园区海关有海关监管链，企业申请、海关审批已经实现线上操作。苏州公证协会也已建成"苏州公证链"，公证申请、文书推送也可以实现全线上操作。如果能够设法让这两个平台互联互通，让公证处的监督销毁过程实现全流程记录并得到海关的认可应该能解决上述难题。接着，中新公证处在苏州市司法局的指导和支持下多次与苏州工业园区海关就具体细节展开可行性论证，各方一致决定搭建"关证一链通"平台，实现中新公证处设计的一套货物清点、封存、运输、销毁的全流程证据保全方案，通过利用区块链技术，将相关音视频、报关单、货物清单等材料信息存储在"苏州公证链"，为企业销毁货物过程出具公证证明文书。经过前期硬件采购、技术平台对接和公证流程优化后，"关证一链通"平台正式运行并开始试点。中新公证处通过该平台能看到企业申请、海关审批的全部资料,按照企业申请中确定的流程由公证处对销毁处置的全流程进行记录保全,所有视频数据每三分钟为一个切片,通过区块链技术实时将哈希值保存到苏州公证链,视频原数据保存到海关服务器存档备查。最后,中新公证处将出具的完整记载整个清点、封存、运输、销毁流程的保全证据公证书上传到该平台供海关审核,为企业此类销毁处置画上一个圆满的句号。

该项目是公证机构在海关业务领域的全国首创,也是苏州自贸片区深化高端制造全产业链保税模式改革试点的又一重要创新举措,获评苏州自贸片区2021年度制度创新十大案例。截至目前,中新公证处已为某光电公司提供公证服务七次,累计清点货品177528件,为企业节约运营成本170多万元。中新公证处通过搭建"关证一链通"平台,实现"单据在线上跑、数据指纹在链上存、公证书在线上出"的一站式服务模式,为"阳光文明"执法提供了证明和法治保障,同时实现了"减税惠企";通过创新服务方式、多部门沟通、全方位证明、全流程监督,为苏州自贸片区营商环境的优化发挥了公证机构应有的职能作用。

企业得到了实实在在的退税优惠。企业方多次表示,苏州自贸片区不仅为企业提供一流环境和一流服务,还通过各方协调努力,为企业降低运营成本提供了真金白银的优惠,更加坚定了企业扎根自贸区、扩大产能的信心。2021年年初,某公司的母公司决定在苏州增资18亿美元用于升级产线和扩大产能。

三、典型意义

2021年8月13日举行的江苏自贸区苏州片区贸易便利化创新推进会上,由海关、司法行政部门和苏州自贸片区联合打造的"关证一链通"保税货物公证辅助销毁处置项目战略合作正式达成。此次战略合作协议的签署宣告了这一全国首创举措将常规化开展业务。在苏州工业园区自贸片区,有大量加工贸易企业,在司法局和海关的鼎力相助下,公证处对销毁处置过程进行的实时记录保全公证切实解决了企业难题。该模式常态化运作后,对降低企业的运营成本将发挥很大作用,还将进一步在减轻企业负担、优化营商环境方面发挥更大作用。同时,企业能切实感受到制度创新的红利,并进一步坚定深耕苏州自贸片区的决心。

四、专家点评

法治是最好的营商环境,更是企业行稳致远的坚实保障。为贯彻落实国务院推广的自由贸易试验区改革试点经验工作举措,苏州市中新公证处通过"区块链+公证"的模式,设计出一套完整的监督程序形成闭环来辅助海关确认申报货物已销毁的事实,解决了困扰企业、销毁处置单位和海关三方的难题。

中新公证处的"关证一链通"信息平台，是贯彻落实公证领域"放管服"改革的要求，不断持续优化公证服务的典型案例和优秀代表。该案例充分发挥了公证职能优势，在服务大局、保障发展、助企纾困等方面出实招、新招、妙招，拓展了公证服务领域，推动了公证服务水平再上新台阶。

党的二十大报告指出，创新是第一动力。我国社会已经进入大数据时代、移动终端时代、平台建设时代，如果我们仍固守原来的制度和理念，那么公证行业的发展也会陷入困境。创新始终是公证事业持续长远发展的力量源泉，中新公证处能将创新工作与当地实际结合、与所在区域的具体困难结合、与自贸区的特点相结合，主动出击，敢于探索，实属不易。

"区块链＋公证"模式实现了区块链前沿高新技术与公证法律信用功能累积叠加，以切实的硬举措提升了法治营商环境的软实力，为公证行业带来了更多创新发展的可能性，也为公共法律服务真正从法治层面延伸到经济社会发展各方面提供了新思路。公证书搭上"区块链"和"网络数据"的光速列车，为阳光文明执法提供证明和法治保障，同时也实现了减税惠企。近年来，区块链技术与公证融合的探索步伐从未停止，且成效显著，其突破了传统公证模式的局限性，既提升了效率，又捍卫了公证的公信力。

信息时代对于公证行业而言，是一场不得不认真面对的挑战。顺应新时代，公证工作要有新状态、新提升、新起色，也必须强化公证行业的创新驱动力。公证行业应该抓住机遇，顺势而为，推动"区块链＋公证"应用向多方位多领域扩展，以公证服务技术革新，驱动公证事业驶入发展"快车道"，为群众提供更加便捷、高效的公证法律服务，为推进社会治理体系和治理能力现代化赋能添力。

案例三：数字引领公证继承　实现老百姓"伤心事暖心办"

浙江省海宁市公证处

（案例点评人：北京市公证协会副会长、北京市中信公证处主任　王明亮）

一、基本案情

姬女士的丈夫于2021年在海宁市意外去世。由于她本人长年生活在河南，无暇来海宁办理遗产继承手续。在了解姬女士的遗产继承公证需求后，公证员通过电话向其采集了逝者的生前身份、亲属关系、遗产、工作情况信息，制作了逝者档案，并指导姬女士在"遗产继承一件事"数字应用平台发起遗产查询授权。公证处通过平台将查询函发送至各部门，经反馈后发现其丈夫的财产除已知的公积金外，另有一笔基金。因符合小额遗产继承公证的条件，公证员为姬女士办理了公证手续。公证处将电子继承公证书发送给相关单位后，相关单位直接把公积金等财产划入姬女士的指定账户。整个公证过程中，姬女士除了提供必要的身份证明外，无须提交其他证明材料，实现了"数据多跑腿、群众少跑路"。

二、公证过程及结果

"遗产继承一件事"数字应用的建设，以"信息跑路"代替"群众跑腿"，让群众遗产继承每一项、每一步都发生了质的变化。

（1）所需证明材料"零提供"。彻底改变以往家属自行提供所需证明材料的传统，一张身份证即可办理遗产继承公证。姬女士办理继承公证所需的证明材料，由公证处通过"遗产继承一件事"数字应用平台等在线上向公安、民政、档案等多部门获取所需死亡证明、亲属关系证明、婚姻状况等材料，同时配套线下实地核查和异地公证处协助核查。

（2）财产明细获取"零遗漏"。彻底改变以往家属在公证处开具大量查询函，多次前往众多涉财产部门获取遗产情况以及因没有精力查询而导致遗产遗漏的情况。通过数字应用平台推出遗产信息授权代查询服务，经家属遗产查询授权，公证处将向全市75家涉财部门发送财产查询函。经平台查询，姬女士的丈夫除已知遗产外还有一笔基金。

（3）继承公证办理"零时空"。彻底改变以往必须到公证处面对面办理的模式，对符合条件的小额继承公证案件以及其他可进行在线公证事项的办理，真正实现公证办理"一次不用跑"。针对姬女士人在河南的客观情况，公证处使用远程视频公证的方式为姬女士办理遗产继承手续,实现了遗产继承全程网办。

(4) 遗产领取"零跑腿"。彻底改变以往公证文书需要现场亲自领取的方式,通过邮寄或电子送达给当事人,有效减少来回跑路次数。同时也彻底改变了以往遗产的领取方式。如姬女士办结完公证后,基金继承公证书通过邮寄送达的方式被寄至她河南家中,她可凭公证书领取丈夫生前所留财产。而公积金继承公证书则直接电子送达海宁市公积金管理中心,由中心依据公证书直接将其丈夫的公积金余额转入姬女士账户,无须额外办理领取手续。

三、典型意义

遗产继承公证看似非常简单,但最能折射出海宁"遗产继承一件事"数字应用建设框架下公证服务的变革之路。它以数字化改革为牵引,聚焦遗产继承过程中服务侧群众遗产知情难、查询难、办理难、矛盾纠纷多,以及政府侧信息共享难、业务协同难、金融销户难、法律风险高等难题,打造数字化联办、全流程闭环、政府购买服务的系统化模式,实现群众烦心事"省心办",多件事"一站办",伤心事"暖心办",其典型意义主要体现在以下四个方面。

(1) 全要素数据贯通,精准查询逝者遗产。针对家属遗产知情不全、遗产分散、查询证明手续烦、跑腿多等问题,建立以公证函询为核心的查询机制,同时贯通全市多家涉财单位数据信息,并形成 7 套电子证照表,能有效帮助家属查询逝者生前所留遗产,避免"跑断腿,还遗漏"的问题。

(2) 成立公民遗产服务中心,填补遗产处置机构和程序的实践空白。经海宁市编办批准,公证处增挂公民遗产服务中心牌子,具备法律主体资格,解决群众遗产继承领域大量服务"无门可寻"的难题。

(3) "全周期"场景打造,打通遗产处置核心闭环。针对遗产继承中纠纷程序繁、纠纷多的问题,建立一站式闭环化遗产服务集成处置机制。公证处通过逝者信息档案及遗产查询情况,即可快速开展公证办理,超 90% 以上的继承公证案件实现半个工作日内办结,超过 96% 的继承纠纷可在公民遗产服务中心当场调解解决。

(4) 遗产处置有政策支持,减轻群众多方负担。逝者遗产的领取方面,按照"网上流转、即时审核、限时办结"的标准,公积金、社保、医保等部门根据继承公证书,将余额直接打入继承人指定账户;不动产方面,率先提出将不动产继承公证费用纳入政府购买服务目录,群众不动产继承公证费用实行全部减免,不动产证由公证处代办;银行存款方面,建设银行等 15 家银行将公证提取的额度从 1 万元提高至 5 万元,进一步减轻当事人负担。目前,正在进一步完善对被继承人的活期存款由服务中心代领和统一支付给继承人的程序。

四、专家点评

本案例是公证运用信息科学技术，提高为民服务能力，解决群众普遍关切的服务难题的优秀典型，无论对公证服务能力提升、服务效果评价、制度价值彰显，还是对继承公证业务模式创新乃至公证业务未来发展都具有很强的示范引领作用。

一是体现了公证以人民为中心的服务理念。继承公证是财产代际传承的重要方式之一，现实中群众对办理更加方便、快捷、高效、低成本的继承公证的需求越来越大。本案例通过数字化平台运用实现了继承公证证明材料"零提供"、财产明细获取"零遗漏"、公证办理"零时空"、遗产领取"零跑腿"，公证办理"一次都不用跑"，切实解决了群众难题，而且具有可复制性、可推广性，能够大大满足社会需求，真正体现了公证服务"以人民为中心"的原则。

二是体现了公证程序的本质是为实现公证目的服务。公证程序的本质是保障公证结果的真实性、合法性。本案例通过建立平台，以数字化信息共享和线下核实相结合，打破了传统的被动接受审查材料、当事人到场的公证办理程序，有效解决了财产查询难、提供证明材料难、程序烦琐等问题，同样达到了公证目的，而且取得了良好的法律效果和社会效果，这为我们更好地理解公证程序价值和意义提供了启发。

三是体现了现代信息科学技术是公证提升服务能力的有效手段。随着移动互联网等信息技术的发展，现代科技已深度融入人们的生活，与群众生产生活密切相关的公证法律服务自然也不能置身事外。现代科技的运用不仅能够大大提高公证的服务能力和服务效率，拓展服务范围，而且能够促进公证业务模式的创新发展，通过技术赋能使公证更好地实现其价值。

综上所述，本案例虽然仅涉及继承公证办理，但在现代信息科学技术不断发展的趋势下，对于我们应如何更好地认识公证及其程序的价值作用，如何更好地实现公证为民服务的理念，如何更好地利用现代信息科学技术及如何积极进行公证实践探索和业务模式创新等方面具有重要启示意义。

案例四：公证参与遗产管理人推选及资格确认典型案例

四川省成都市律政公证处

（案例点评人：武汉大学法学院教授、博士生导师　刘学在）

一、基本案情

小张高中时赴国外留学，其母李女士陪读多年，其父张先生在国内经营多家企业。2021年9月，其父突发脑溢血病危，尽管小张和母亲立即回国，但仍未能见到张先生最后一面。两人在处理张先生遗留的财产时只发现一张银行卡，其他财产情况不明，遂前往四川省成都市律政公证处寻求帮助。对此，公证处建议通过继承人推选遗产管理人的方式，由遗产管理人根据法定职责清理遗产。公证处帮助相关法定继承人订立了《遗产管理人推选协议》，并出具了遗产管理人资格公证书，以协助遗产管理人参与张先生开办公司的相关会议以及办理股权变更、股东资格继承等事宜。最终，在经过四个月的遗产清理工作后，公证处顺利地为张先生的遗产办理了继承公证。

二、公证过程及结果

四川省成都市律政公证处公证员与当事人小张进行了沟通，确认了其核心需求主要有三点：一是查询张先生生前各类金融资产状况及交易明细；二是查询张先生股权情况；三是根据查询结果，判断财产是否存在被第三人转移的情况，如果存在，则启动追索程序。同时，公证员向金融机构了解到以下事实：一是如果以继承人身份向金融机构查询相关信息，查询内容仅限于账户信息和资产余额，不包括资金往来明细；二是除公检法因办案需要外，律师也可以凭借法院出具的调查令查询账户明细。

此案的难点在于，根据小张提供的资料和线索，张先生的财产信息可能并未被完全掌握。加之，张先生长期一人居住在国内，不排除有同居女友和非婚生子女，财产也存在被第三人转移的可能性。根据金融机构的现行规定，小张无法以继承人身份查询资产明细，因而难以判断是否有资产被转移的情况，无法确定侵权人，更无法起诉。在无诉讼的情况下，小张即使聘请律师也无法解决其诉求。

在充分了解案情后，公证员帮助小张厘清了思路，建议继承人推选遗产管理人，由遗产管理人根据《民法典》规定的职责清理遗产，掌握完整的遗产信息，然后再办理相关事宜。整个公证过程大致可以分为三个阶段。

第一个阶段，推选遗产管理人首要问题是确定张先生的法定继承人范围。《民法典》第1127条规定，被继承人的第一顺序继承人为其配偶、子女、父母。子女包括婚生子女、非婚生子女、养子女和有扶养关系的继子女。根据小张提供的证明材料，张先生和李女士系原配夫妻，二人婚生子仅有小张一人，张先生的父母已经分别先于其去世。因此重点需要确定张先生生前是否存在非婚生子女。鉴于张先生和李女士长期两地分居，为了避免遗漏法定继承人，公证员对张先生生前的朋友及家人、工作单位进行了走访调查。经过反复询问和实地调查，公证员最终确定张先生的法定继承人只有小张和李女士两人。但是否有其他人将张先生的财产转移，仍须进一步了解。

第二个阶段，协助法定继承人订立《遗产管理人推选协议》，并办理协议公证。张先生生前没有订立遗嘱，属于《民法典》第1145条规定的"继承开始后，遗嘱执行人为遗产管理人；没有遗嘱执行人的，继承人应当及时推选遗产管理人；继承人未推选的，由继承人共同担任遗产管理人"情形，公证员向两位继承人仔细讲解了《民法典》中的遗产管理人制度。经两人协商，最终决定推选李女士为张先生的遗产管理人，并请公证员代为草拟《遗产管理人推选协议》。公证员围绕小张和李女士的三个核心需求，按照《民法典》相关规定，起草了《遗产管理人推选协议》，协议重点强调了"遗产管理起始时间""遗产管理人是否可以授权第三人履行相关职责""遗产管理人职责对应事项""遗产管理人的酬金""遗产管理的监督、责任""遗产管理人资格证书出具"等内容。小张和李女士确认了《遗产管理人推选协议》的内容，并对协议申办了公证。

第三个阶段，为遗产管理人出具遗产管理人资格公证书，协助当事人顺利办理后续事宜。首先，李女士依据经公证的《遗产管理人推选协议》向公证处申请出具遗产管理人资格公证书。公证员根据前期与金融机构的沟通意见，考虑到金融机构的可操作性和可执行性，在公证文书中加入了《遗产管理人推选协议》中约定的具体职责，并出具了遗产管理人资格公证书。李女士凭公证书到相关银行查清了张先生的金融资产及交易明细。其次，李女士以遗产管理人身份参与了张先生生前开办公司的相关会议，并与股东商议了股权变更、股东资格继承等事宜。最后，由于被继承人资产结构复杂，李女士对张先生的遗产清理过程长达4个月，但得益于遗产管理人资格公证书，进展较为顺利。根据对张先生金融资产交易明细的分析，未发现恶意转出情况。随后，李女士将遗产清理结果报告给小张。

2022年4月，小张和李女士再次来到公证处，对张先生名下的金融资产、股权等遗产申请办理继承公证。本案历时半年，最终李女士和小张查清了张先生的遗产，打消了顾虑，顺利办妥了遗产继承及相关事宜，他们对公证员的专业指导表示感谢。

三、典型意义

在公证机构接待的继承咨询中,有许多推选遗产管理人及资格确认的潜在需求。目前,遗产管理人有三种产生方式:因遗嘱指定遗嘱执行人而产生;继承人推选产生;村委会和民政部门担任。在公证活动中,最常见的是前两种情况。本案是《民法典》实施以来,公证参与遗产管理人制度实施落地的典型案例。由于是一项崭新的民事法律制度,公证员在办理遗产管理人资格公证的方式以及公证文书的书写等方面缺乏参考借鉴,该类公证书能否被用证单位采纳也存在不确定性。本案中,公证员用心思考公证文书的书写,积极与用证单位沟通,最终完美结案,对其他公证机构开展该类公证具有积极的指导意义和参考价值。

四、专家点评

《民法典》第 1145 条至 1149 条新增设了遗产管理人制度,对遗产管理人的产生方式(选任或指定)、职责、责任、报酬等规则作出了规定,而遗产管理人的产生或者说确定程序,实乃遗产管理制度有效运行的前提和基础。就遗产管理人的产生方式而言,除了由法院依申请予以指定之方式不易产生争议外,其他诸如由被执行人指定遗嘱执行人而产生、继承人推选、继承人共同担任这几种产生方式,在实践中均容易引发争议,特别是依这几种方式产生的遗产管理人在进行遗产管理活动时,相对人可能对其资格和权限不予认可或者持有怀疑。这样一来,由公证机构参与遗产管理人的产生过程并予以公证,不仅具有现实必要性,也具有可行性。因此,通过对继承人之间达成的遗产管理人推选协议和遗产管理人资格等事项进行公证,可以说是避免遗产管理过程中产生不必要的争议、充分保护各方当事人合法权益的重要制度保障。该典型案例基于遗产继承人的申请,对继承人之间达成的遗产管理人推选协议及遗产管理人资格进行了公证,是《民法典》实施背景下公证参与遗产管理人制度落实的有益尝试和探索。

该典型案例中,公证行为在如下方面具有重要特色:一是遗产管理人推选协议公证与遗产管理人资格公证相结合,便于识别和确信遗产管理人的资格和权限,有利于遗产管理人更好地履行《民法典》和公证书中规定的职责。二是针对社会各界对遗产管理人制度尚较为陌生的现状,在公证书撰写形式上采取要素式方式进行制作,例如在《遗产管理人资格公证书》中加入《遗产管理人推选协议》中约定的具体职责,增强了公证书的可操作性和可执行性。三是公证员在制作上述公证书的过程中,与继承人以及遗产管理活动可能涉及的相关单位进行了充分沟通,积极为遗产管理人提供专业指导,并用心斟酌、撰写公证书的内容,取得了良好的公证效果。该公证案例具有的典型意义在于:第一,此类事项的公证,有利于落实《民法典》确立的遗产管理人制度,防止对遗产管理人资格产生争议。第二,此类事项的公证,从实际效果来看,便于查清被继承人的财产状况,维护各继承人的继承权益,并保护被继承人的债权人的合法权益。第三,该案例对此类事项的公证方式、公证文书的撰写要点等进行了探索,可以为未来我国公证机构办理遗产管理人推选协议公证及遗产管理人资格公证提供有益经验和重要参考。

案例五：破产企业债权人未受领破产财产分配额提存公证案

湖北省武汉市尚信公证处

（案例点评人：北京市破产法学会会长、中国人民大学法学院教授　徐阳光）

一、基本案情

湖北省孝感市某企业在破产清算过程中，因9名员工就工资、社保问题与企业存在争议，拒绝受领法院已作出裁定的破产财产分配额，并多次进行集体上访，导致破产清算程序无法完成，引发严重经济问题与社会问题。在多轮协商未果后，该企业的破产管理人——湖北某律师事务所为依法履职，主动向湖北省武汉市尚信公证处咨询未受领破产财产分配额的提存公证事宜。尚信公证处在与破产管理人商议后，提出了"提存＋调解"工作方案，由公证员与提存受领人进行沟通释法，充分发挥公证中立、公正的优势，最终促成了破产财产分配额的领取和破产程序的终结。

二、公证过程及结果

孝感市某企业的破产管理人向尚信公证处提出公证申请后，公证处指派公证员承办该案件。承办公证员及助理首先前往孝感市破产管理人办公场所为其办理公证手续，对相关材料审查核实无误后，将未受领破产财产分配额提存至公证处的提存专用账户，为破产管理人出具提存证书。

随后，公证处通过书面发函和电话的方式通知提存受领人，并在电话沟通中详细介绍了破产、提存、公证、信访等活动的法律意义和法律后果，引导他们依法维权。对当事人不理解或质疑的内容，公证员一一耐心回应。在公证员悉心引导、劝说下，其中6人同意领取提存款，2人表示要到公证处进一步沟通，还有1人未明确表态。

公证人员在公证处会议室热情接待了提存受领人一行，再次当面告知他们提存的意义，并告知他们破产管理人为促成提存款领取，主动为其支付了公证费用。公证人员为愿意领取提存款的6名提存受领人办理了手续，现场将款项给付到位。对尚未领取提存款的，公证员按他们要求，主动和承办法官进行交流，公证员和法官携手做提存受领人调解工作。公证员最后还表示，如提存受领人决定领取提存款，他们愿前往孝感市上门为其办理。他们的耐心服务得到相关当事人高度认可。

在公证人员悉心劝导下，不久后，尚未领取提存款的3名受领人提出领取提存款。公证员及助理再次赶往孝感市,在破产管理人办公场所办理好手续并及时放款。至此,提存款发放工作全部完成。公证处向破产管理人发函说明情况,破产管理人依据公证文书及材料和其他证据向法院提出申请,法院最终裁定孝感市某企业破产清算程序终结。

三、典型意义

作为全国疫情最重、管控时间最长的省份,湖北的经济社会发展遭受前所未有的严重冲击。尚信公证处办理的这起提存公证,不仅是公证服务领域的拓展与业务的创新,更是公证行业助力疫后重振、优化法治化营商环境的典型案例,具有较强示范意义和推广价值。一是公证服务领域创新。《中华人民共和国企业破产法》(以下简称《企业破产法》)第117条至第119条对破产财产分配额提存的情形作出规定,用以推动破产程序的进行,但长期以来公证行业对于这一"法定"公证业务介入不多。随着企业破产法律实务的不断推进以及破产案件数量的不断增加,破产管理人对于公证提存存在较大需求,公证机构应积极响应,并作为公证参与破产法律服务的切入点。二是彰显执业区域调整成效。司法部办公厅于2021年7月通知要求扩大执业区域。本案中作为提存申请人的破产管理人联系到武汉市规模最大的公证处和具有相关业务办理经验的公证员,直接沟通好服务方案并顺利办理,实现了促进公证资源均衡配置,方便群众选择优质服务的目标。三是公证积极参与调解。按照《企业破产法》的规定,债权人自最后分配公告之日起满二个月仍不领取的,视为放弃受领分配的权利,管理人或者人民法院应当将提存的分配额分配给其他债权人。但在本案中公证处并没有"一提了之",而是充分听取债权人不领取破产财产分配额的原因,从情理和法理两个方面进行沟通,最后促成在提存证书出具后一个月完成提存款领取工作。四是助力优化营商环境。公证参与破产财产分配额提存事务,提升破产程序质效。本案中提存受领人长期不接受破产管理人发出的领取通知,在破产管理人处聚集,到相关部门集体上访,造成恶劣社会影响。公证介入后相关问题得到有效解决,破产程序得以顺利完成,助力了营造法治化营商环境,推动湖北疫后重振。

四、专家点评

习近平总书记在中央全面依法治国工作会议上提出,"要完善预防性法律制度,坚持和发展新时代'枫桥经验',促进社会和谐稳定"。公证制度是重要的预防性法律制度,在服务经济社会发展、预防化解矛盾纠纷、保障当事人合法权益等方面发挥着重要作用。近年来,全国公证机构及从业人员坚持"以人民为中心"的发展思想,不断改进服务方式,提升服务能力,取得了显著成绩。

在"破产企业债权人未受领破产财产分配额提存公证案"中,湖北省武汉市尚信公证处秉持"推进破产程序"与"保护债权人权益"的双重目标,依据《企业破产法》《公证法》《司法部关于进一步拓展创新公证业务领域更好地服务经济社会发展的意见》等法律法规与政策文件,创造性地提出了"提存+调解"的工作方案,将公证提存业务办理与调解的释法析理相结合,使债权人自愿接受破产财产分配额,最终领取提存款,提升了破产案件办理质效,真正实现了让人民群众在司法案件中感受到公平正义。

该案的典型意义在于:第一,体现了公证业务领域的拓展创新。尚信公证处开发了实践中并不为大家熟知的破产财产分配额提存公证业务,有助于破解公证业务不足、公证行业发展乏力等问题,进一步满足了经济社会发展多层次、宽领域、个性化的公证服务需求。第二,体现了公证制度在多元化纠纷解决机制中的重要价值。尚信公证处采用了"提存+调解"工作方案,对防止纠纷进一步激化起到关键作用。公证制度具备防控风险、预防纠纷、降低化解纠纷成本、疏减法院诉源等功能,在多元化纠纷解决机制建设中应受到充分重视。第三,体现了公证服务对社会经济发展的助推作用。尚信公证处积极参与破产清算程序,提升了破产案件办理质效,助力困境企业涅槃重生。公证服务与破产程序的融合,为"办理破产"中的法院协调机构构建提供了新的关注点,也将成为优化营商环境、护航经济高质量发展的有益探索。

目前,司法部正在推进《提存公证规则》的修订工作,进一步促进公证提存业务规范办理。司法行政机关、公证协会、科研院校应努力发掘公证机构和公证员在拓展公证服务领域、创新服务方式方法等方面的经验做法,认真总结推广典型经验,为公证制度的现代化、法治化发展提供智力支持。

案例六：公证参与行政执法　法治护航营商环境

广东省珠海市横琴公证处

（案例点评人：西南政法大学法学院教授、博士生导师　马登科）

一、基本案情

横琴粤澳深度合作区吸引了不少港澳同胞购房置业，但有部分购房者发现所购房屋"货不对板"。经调查发现，合作区商业办公楼盘项目中，部分开发商存在不同程度的虚假宣传以及违法改造等问题，严重损害了合作区的营商环境和法治形象。为有效整治这一乱象，横琴粤澳深度合作区商事服务局主动联系横琴公证处，希望其能够充分发挥公证职能优势，协助整治问题楼盘，维护港澳同胞合法权益，优化营商环境。横琴公证处积极与商事服务局综合执法处深入对接，并制定了"从紧到松，分批保全"的公证方案。最后，公证处高效协助当地执法部门完成违建拆除工作。

二、公证过程及结果

（一）全面摸查情况，分类设计公证方案

公证处经与横琴商事服务局综合执法处多次沟通后得知，由于涉及的问题楼盘占比大、金额高、人员多，而且不少业主是港澳同胞，一旦处理不当，容易引发群体事件和负面舆论，造成恶劣影响。为了有效整治问题楼盘，推动行政执法更加规范和透明，优化法治营商环境，商事服务局与横琴公证处签署《公证参与行政执法事务合作协议》，明确了服务范围、服务要求、双方权利义务、服务费用和合作期限等事宜。

2021年年底，横琴粤澳深度合作区商业办公楼盘项目治理专班成立，全面调查合作区范围内的79个商办楼盘。经该专班查实，合作区内商业办公楼盘项目中开发商存在不同程度的违法情况：一是虚假宣传情形。开发商在宣传广告、VR视频、售楼部的沙盘模型和样板房内，均显示楼宇有隔板、厕所、厨房等配套，并声称为住宅用途，但市民收楼时才发现所购买房产为办公用途。二是违法改造情形。开发商在未取得工程规划许可证的前提下，有在办公用房内加建钢隔层、给排水管和烟管等违法行为。

横琴公证处与商事服务局综合执法处深入对接，针对合作区的问题楼盘项目制定了"从紧到松，分批保全"的公证方案，即先对还未交楼的项目房产进行强拆保

全,再对已交楼但还未入住的项目房产进行强拆保全,并做好保全前期准备工作。其中,首次申请办理公证的是民生电商项目,该项目大部分房屋未实际交楼,钥匙尚在开发商手中。

(二)选派精兵强将,分批实施公证方案

"民生电商项目"是横琴公证处参与整治问题楼盘的第一案。为此,横琴公证处高度重视此案,专门抽调精兵强将对接此次公证事宜,希望通过办理该案能够对其他问题楼盘的治理起到典型示范作用。接到申请人商事服务局对民生电商项目的公证申请后,横琴公证处深入调查了该项目建筑物情况。经查,该项目1号楼共计25层,除第9层和第18层为避难层外,其他每一层有28～32间面积大小不等的房间,总计约有600间房屋,该项目预计2021年年底交楼。为赶在交楼前处理好这起违法建设案件,商事服务局综合执法处申请对这600多间房屋存在违法改建的情况进行强制拆除。鉴于时间紧,任务重,对接公证员与执法人员就保全方案进行了多轮协商,同时考虑到工人强拆违法建设部分的过程耗时较长,于是最终决定:工人强拆每一间房屋内违法建设部分的过程不做保全,仅对执法人员对每一间房屋内违法建设部分进行指认的过程以及房屋强拆前的现状进行保全。待工人强拆完毕后,公证人员和执法人员再逐间对强拆后的房屋现状进行保全,以达到前后对比的效果。该方案被横琴粤澳深度合作区商办楼盘项目治理专班通过后,为提高效率,按照预先拟定分组方案,成立两个保全工作组,一组负责项目2～12层,另一组负责项目13～28层。每组成员均包含公证员、公证员助理、执法人员、专业拍摄人员、维持现场秩序的公安人员、开锁师傅以及若干负责强拆的工人。

(三)落实既定方案,圆满实现公证目标

执法当天,公证员在现场对所有参与人员的身份进行核对,对他们提交的身份证件逐一进行审核和人脸比对,随后配合执法人员开展"扫楼式"的现场执法工作。针对开发商配合打开的房间,执法人员与公证人员进到房间内部后,先由执法人员根据建设备案的图纸与现场房屋的结构情况进行比对,指认房内违法建设部分,拍照及摄像人员同步对执法人员指认违建部分的过程进行拍照和摄像,再由公证人员用文字记录执法人员指认过程。记录完毕后,执法人员、公证人员和拍摄人员退出房间,若干强拆工人持工具进到房间内,对刚刚执法人员指认违建的部分进行强制拆除。针对个别未能由开发商开启房门的房屋,公证人员在场见证开锁师傅的整个开锁过程,然后由公证人员最先进入房间,拍照及摄像人员随后对房屋现状进行全程拍摄记录。随后,执法人员再进入到房间内,进行如上执法工作。

在上述执法过程中及工人强拆的13天时间里,商事服务局综合执法处派人24小时值守项目所有出入口,不允许无关人员进出。经过13天的努力,工人将上述

600间房屋内的违法建设部分强拆完毕,两个保全工作组又耗时一整天完成对上述房屋的违法建设部分强制拆除后的现状保全工作。现场工作完成后,公证人员将现场拍照、摄像资料分别刻录成32张光盘。

三、典型意义

探索推进公证参与行政执法活动,支持公证机构依照法定程序对法律事实和相关文书的真实性、合法性予以证明,能够有效预防行政纠纷,规范行政执法程序。该案的办理过程,对于推进公证参与行政辅助事务,加强法治政府建设以及优化营商环境,均具有重要启示意义。

(一)公证参与行政执法,提升行政执法效能

全面依法治国的理念正在不断深入人心,人民群众依法维权的意识不断增强,作为行使法定证明权的公证机构可以广泛参与到涉及查封扣押财产、强制拆除等直接涉及生命健康、重大财产权益的行政执法活动中,从而有效避免行政纠纷的发生。与此同时,通过充分发挥公证辅助司法和行政执法的优势,切实解决执法不规范、不透明等突出问题,既能提高行政执法的规范化、标准化水平,增强行政执法的效能,又能有效防范和化解重大行政争议,助力行政执法体制机制改革。

(二)公证参与行政执法,不断优化营商环境

公证是一种国际通行的法律制度,在解决涉外争议或者具有涉外因素的争议中,探索运用公证、调解、仲裁等国际通行的矛盾纠纷解决手段,是打造市场化、法治化、国际化营商环境的一项具体举措,也是贯彻落实习总书记法治思想,统筹国内和涉外法治工作,尤其是涉外法律服务工作的一项有益尝试。通过办理该案,充分展示了公证在优化营商环境中的职能优势,减轻了问题楼盘对合作区营商环境的负面影响。同时,也充分维护了港澳同胞的合法权益,解决了他们的"急难愁盼",为港澳同胞创造了良好的投资兴业的营商环境。

(三)公证参与行政执法,提高公证业务水平

推动公证机构参与社会治理和行政执法,对公证人员的业务水平和能力素质提出了更高的要求,既要求公证人员严格按公证法和公证程序规则的规定开展业务,同时要求他们熟悉行政执法的相关规定,实现公证服务与行政执法深度融合,从而破解行政执法难题。由此可见,鼓励公证机构参与行政执法,将有效提高公证人员的业务水平,提升公证制度的公信力。

四、专家点评

法治是最好的营商环境。法治化营商环境应当确保行政执法行为的合法性、

透明性和可预期性。拆除房屋等行政强制措施易引发执法机关与执法相对方之间的矛盾。在行政纠纷中,行政执法机关证据不足、程序违法是显著问题。于证据而言,《中华人民共和国行政诉讼法》要求行政执法主体对做出的具体行政行为承担举证责任,强有力的证据不仅能在诉讼中助力行政执法主体抵御败诉风险,而且能在诉讼程序外提升行政相对方对行政执法行为的接受度。于执法程序而言,行政程序正当原则是行政法基本原则,要求行政主体在执法活动中自我约束,不能背离法律预先设立的行政程序。因此,从源头预防行政执法矛盾纠纷,应重视行政执法过程中的取证工作,同时提高执法行为的规范化、标准化水平,促进行政执法质量和效能提升。

公证制度恰恰具有保全证据、保障行政执法正当性的功能。公证证明有独特效力,该特点使其成为行政主体保全依法行政有关证据的有力工具。广东省珠海市横琴公证处受横琴商事服务局委托,对存在违法建设、应当依法强制拆除的房屋现状进行保全证据公证。公证员严格遵循2019年《广东省司法厅关于开展公证参与行政执法事务的指导意见》的要求,对保全证据的参与人员身份进行核验,对摄像人员所使用的拍摄设备进行清洁性检查,至所涉房屋现场监督摄像工作,并留存共32张光盘。公证处坚持客观中立性,细心、耐心完成核验、监督工作,如实协助固定行政执法行为实施前的客观事实,事先形成公证证据。这一过程不仅确保后续执法工作的程序正当性,降低了行政执法风险,而且有效防范了行政争议和纠纷。只有标准化、高水平的公证证据保全工作,才能有效"防止错证,杜绝假证",从而保护执法对象的合法权益,切实履行公证为民的社会责任。公证处充分发挥专业优势,丰富"公证参与行政执法"新模式,主动对接行政执法工作需求,维护了行政执法行为的权威性,更好适应和满足了法治化营商环境对公证服务的现实需要,促进了社会公平正义和执法公信力。

案例七：以人民为中心　疑难公证巧化解

黑龙江省哈尔滨市香坊公证处

（案例点评人：四川省公证协会副秘书长　李全一）

一、基本案情

2021年10月，贾某因重度烧伤住院治疗，无法到银行办理申领供暖费用补助的相关手续。在补助申领日期即将截止之前，当事人亲属前往黑龙江省哈尔滨市香坊公证处求助。公证处认为前往医院为贾某办理委托公证即可解决问题。但棘手的是贾某面部被严重烧伤，双手手指被截肢，无法进行常规的人脸识别、人证对比等身份核验程序，也无法签字捺印。为顺利解决委托人身份确认和委托书签署问题，公证处在确认贾某具有完全民事行为能力的情况下，通过与贾某本人、亲属交谈以及查看病例等综合手段对其身份进行交叉印证，并以按脚趾纹的方式签署委托书，最终帮助贾某顺利领取到补助费用。鉴于贾某生活困难，公证处免收了贾某的全部公证费用。

二、公证过程及结果

黑龙江省哈尔滨市香坊公证处得知当事人的情况后，立即决定开通绿色通道，特事特办，责成业务委员会研究解决方案。业务委员会迅速召开会议，研究该案件中委托人的身份确认、民事行为能力判定、意思表示的固定、委托书的签署方式等问题。

根据《公证程序规则》的相关规定，在办证过程中要通过身份识别核验设备等方式审查自然人身份；公证文书的签署为要式行为，如签名或者盖章，不能签名、盖章的由本人捺指印。但贾某由于烧伤所致，不能进行人脸识别、人证比对等相关身份识别设备核验，不能签字，也不能按指印，这正是公证员为难的原因。

通过询问当事人家属了解到贾某神志清醒，听力正常，虽说话语速稍慢，但可以交流，贾某应具有完全的民事行为能力，具有申办该委托书的民事权利能力。经业务委员会研究一致认为：人脸识别和按指纹都是为了证明当事人的身份和确认意思表示真实，但办证不能完全规行矩步，要具体情况具体分析，通过其他方式可以证明当事人身份和意思表示真实的，应该为其办理公证，不能因为贾某的特殊情况而使其丧失申办公证的权利。

随即业务委员会制定了公证方案：一是通过与贾某本人、亲属、医护人员、病友交流及查看其病例等综合手段对其身份进行交叉印证。二是贾某腿、脚正常,虽然《公证程序规则》没有按脚趾纹的规定,但根据科学常识,脚趾趾纹也具有唯一性,在这种情况下可以代替手指纹,以按脚趾趾纹的方式签署委托书,确认其授权的意思表示,具有可行性。香坊公证处立即指派工作经验丰富的公证员受理该公证案件,为其提供法律援助。

当日下午,香坊公证处公证人员来到哈尔滨市第五医院。公证员详细地向贾某进行了告知和询问,制作了询问笔录,又与其亲属、病友、医护人员交谈了解情况并查看病历进行交叉印证,验证了贾某身份,采集了贾某十个脚趾趾纹,并在委托书上按下了右脚大拇趾趾印,公证人员对整个办证过程全程录像和拍照。经审查符合出证条件后,加急上报审批,公证人员争分夺秒地为贾某出具了公证书。在办理公证过程中,得知贾某生活困难,正在申领低保,治病还需要大笔医药费,香坊公证处决定,免收贾某全部公证费。

三、典型意义

黑龙江省哈尔滨市香坊公证处始终把人民利益放在第一位,履行公证服务承诺,竭尽全力为群众办实事、做好事、解难事,切实为人民群众排忧解难,在维护法律尊严的同时,又让人性化的公证服务温暖人心,让人民群众在每一次公证法律服务中感受到温暖,以实际行动践行公证为民、服务为民的工作理念,受到人民群众的高度赞扬,多家主流媒体纷纷报道该案件,收到良好的社会效果。

四、专家点评

竭诚为广大老百姓的民商事交往提供普惠、优质、高效、便捷的公证法律服务,切实排解人民群众的急难愁盼,既是公证预防纠纷、化解风险的宗旨职责,又是公证服务民生、和谐社会的使命担当。

本公证案例之所以具有典型意义,就在于其充分体现了公证以人民为中心的价值理念,生动地展示了公证人急当事人之所急,解当事人之所难的拳拳为民的情怀。

客观上讲,仅从以脚趾纹来代替手指纹证明当事人身份真实性而言,本案并非此类疑难公证事项之特例,更算不上具有创新证明形式的先例。因当事人身体残疾等特殊情况,以掌纹、趾纹,甚至是唇纹来证明当事人身份真实性的公证事项,在中国公证史上都曾实践过。但本案的特殊性在于,当事人因意外事故毁容,人证比对困难,且办证时间局促。公证处和公证员穷尽一切手段,深入医院在病榻前为当事人解忧排难,顺利实现当事人的办证目的的辛勤努力殊值点赞。更难能可贵的是,公证处以公益公证的方式,为当事人提供免费公证服务。综合上述巧妙化解当事人人证识别难题,以趾纹代替指纹证明身份,及时为当事人出具公证,免费为当事人办理公证等诸项便民、利民措施来审视,本案就具有了鲜明的典型意义,也就具有了独特的借鉴推广价值。

习近平总书记指出:"要坚持以人民为中心,把促进发展、保障民生,置于突出位置,实施政策、采取措施、开展行动都要把是否有利于民生福祉放在第一位。"司法部新修订的《公证程序规则》,第一次将"便民"作为一项公证的基本原则,与客观、公正一起,构筑起我国公证实务操作程序中必须秉持的证明准则体系,这是从立法上进一步确立了公证以人民为中心的服务宗旨。

近年来,公证行业开展的"放管服"改革,大力推行"减证便民"措施,倡导开展线上公证服务,实行证明材料清单制、政务信息共享和告知承诺制,推进公证公益法律服务和"为民办实事"活动,让当事人"最多跑一次",甚至"一次都不跑",都是践行以人民为中心理念的具体实践,取得丰硕成果,极大地提升了我国公证行业的公信力。从这个意义上讲,黑龙江省哈尔滨市香坊公证处办理的这件趾纹委托公证,无疑是这一大背景的一个典型缩影和真实写照。

案例八：离婚协议综合性公证服务案

湖南省株洲市国信公证处

（案例点评人：中国法学会民事诉讼法学研究会副会长、
中南财经政法大学法学院教授 蔡虹）

一、基本案情

湖南省株洲市国信公证处积极参与司法辅助事务，在株洲市天元区人民法院设立了公证调解室。当事人黄某（男）与李某（女）婚后因感情基础不牢等原因，经常争吵，并长期分居。黄某于2021年2月向天元区人民法院起诉离婚，并要求分割共有财产。案件分流到公证调解室后，由于双方离婚心意已决，并在财产分割方面分歧较大，公证员为此设计了一整套综合性公证服务方案：通过办理离婚协议公证成功化解了双方的离婚纠纷；通过提存公证预防了日后可能产生的补偿款给付纠纷；通过委托公证预防了日后可能产生的李某不配合房屋过户的纠纷。

二、公证过程及结果

公证员通过调解前与双方当事人分别进行的沟通以及调解时的现场询问了解到以下情况：黄某与李某恋爱时间较短，相互了解不够，感情不深；双方未生育子女；婚前男方给付女方家里一笔彩礼钱，在双方购买房屋时，女方家长拿出该彩礼钱为其支付首付，以双方名义按揭购买了房屋一套；以女方名义贷款10万元用于房屋装修，尚有贷款余额3万元；男方婚前有汽车一辆，婚后以男方名义贷款购买汽车一辆并登记在女方名下，尚有贷款余额2万余元；女方信用卡尚有欠款1.8万余元。

在了解这些情况后，公证员首先是争取调解双方和好。然而，公证员虽反复耐心地做调和工作，但双方离婚心意已决，且主要分歧在于财产分割，特别是房屋归属问题。女方认为房产是由女方家长出资支付首付的，所以应当是女方个人财产，而男方认为首付是男方的彩礼钱，而且是婚后购买的应当是双方共有财产。鉴于此情况，公证员改变调解方向，由调解和好转为调解离婚，关于财产和债务问题，公证员向双方释明了《民法典》以及《最高人民法院关于适用〈中华人民共和国民法典〉婚姻家庭编的解释（一）》有关财产分割和债务承担的相关规定，避免了双方对法律的错误理解。同时，公证员劝说双方，夫妻一场是一种缘分，现在夫妻缘分已尽，也要好聚好散，不必反目成仇。

在公证员的解释和劝说下，双方就离婚和财产分割的事宜进行了坦诚协商，达成了房屋归男方所有，由男方给予女方一定的经济补偿的意向。针对女方对离婚后补偿款不能及时到位的担忧以及男方对支付完补偿款后女方不配合办理离婚手续的担忧，公证员提出了提存公证的解决方案，即由男方先将补偿款提存于公证机构，待双方办理完离婚手续后，由公证机构将补偿款支付给女方，从而解除双方的担忧。针对男方担心女方离婚后不配合男方办理房屋过户手续的担忧，公证员提出了委托公证的解决方案，由女方委托男方指定的受托人，日后代理女方配合男方办理房屋过户手续，避免了女方日后不愿或不便配合过户的麻烦。通过公证员的耐心调解和一系列公证解决方案，双方的担忧迎刃而解，公证员现场为当事人代书了含有提存条款的离婚协议，主要内容如下。

（1）双方自愿离婚。

（2）双方婚后按揭购买的房屋离婚后归男方所有，有关购买该房屋的按揭贷款由男方偿还，属于其个人债务，男方补偿女方人民币15万元，有关该房屋的装修贷款（女方名义贷款）由男方承担，男方支付女方3万元，女方收款后及时还款。离婚后，双方应积极配合对方办理偿还贷款、办理房屋过户以及其他需要对方配合的相关事项。

（3）双方确认女方所欠信用卡借款主要用于双方家庭开支，截止协议签订之日欠款余额为18069元，该笔债务由男方承担，男方支付18000元给女方，女方收款后及时偿还上述信用卡欠款。

（4）男方应将上述补偿款及男方应承担的装修贷和信用卡债务总计198000元整在2021年4月25日之前一次性支付到湖南省株洲市国信公证处的提存账户内，待双方办理完离婚登记手续后，女方凭离婚证向公证处申请领取上述提存款，如双方对提存款支付另有协议，按新的协议执行，如2021年6月30日前双方未办理离婚手续，经男方申请可退还提存款。

（5）各自名下的车辆归各自所有，女方名下现有车辆（车牌号码：湘B*****）的按揭贷款继续由男方承担。双方确认无其他共同债务，各自名义所借的债务，由各自归还。

随后，公证员又替女方代书了委托他人日后代理自己配合男方办理房屋过户手续的委托书，并当天办理了离婚协议公证、提存公证、委托公证。男方向法院撤回了诉讼材料，双方向民政部门申请办理了离婚手续。一个月后，双方从民政部门领取了离婚证，女方凭离婚证向公证机构领取了补偿款，公证机构将女方的委托公证书交给男方，双方对公证服务非常满意。

三、典型意义

本案通过公证专业的居中调解,为双方当事人创造了友好、理性交流沟通的机会,避免了矛盾的激化。通过离婚协议公证成功化解了双方当事人离婚诉讼的矛盾纠纷;通过提存公证预防了日后可能产生的补偿款给付纠纷;通过委托公证预防了日后可能产生的女方不配合房屋过户的纠纷。以上充分体现了公证在预防和化解矛盾纠纷、诉源治理以及促进社会和谐稳定方面的价值和作用。

四、专家点评

这是一起困扰当事人的离婚、分割共有财产诉讼,经法院立案庭分流到湖南省株洲市国信公证处调解室后,公证员首先通过公证机构中立且专业的居中调解,为双方当事人创造友好、理性交流沟通的机会。鉴于双方感情基础不牢,关系破裂,和好无望,公证员及时改变调解方向,由调解和好转为调解离婚,并根据当事人意愿重点解决财产和债务问题。在帮助双方当事人充分协商的基础上,通过离婚协议公证成功化解了双方当事人本欲诉讼解决的离婚纠纷;根据《民法典》等实体法妥善确定财产分割方案,在同意离婚的前提下达成最能满足当事人愿望的财产分割、补偿方案;通过提存公证预防了日后可能产生的补偿款给付纠纷;通过委托公证预防了日后可能产生的女方不配合房屋过户的纠纷。在离婚协议公证、提存公证、委托公证办理之后,男方向法院撤回了诉讼材料,双方向民政部门申请办理了离婚手续。女方凭离婚证向公证机构领取了补偿款,公证机构将女方的委托公证书交给男方,圆满解决了当事人争议和担忧的所有问题,双方对公证服务非常满意,向公证员表达了诚挚的谢意。

本案既充分发挥了公证特有的证明、提存、预防等传统职能,又将公证的职能向承接司法辅助事务、化解矛盾、创新公共法律服务方式并参与诉源治理方向拓展。"多元化纠纷解决机制"是国家司法改革的重要部署,而公证作为社会纠纷治理的"第一道防线",已然成为多元化纠纷解决体系中不可或缺的组成部分。公证机构进驻法院参与纠纷的多元化解,以其自身的优势和特色为当事人提供法律服务,不仅分流诉讼案件,从实质上讲也与法院一同参与了纠纷的社会共治,是一次纠纷的社会共治理念的具体实践。本案的成功解决,显示了公证在参与纠纷共治、资源融通、纠纷化解方面的潜力与生命力。公证与诉讼的有机结合,有利于更好地满足民众在纠纷化解方面的多元法律服务需求,推动了公共法律服务的体系化,促进了公共法律服务供给的便民性和多样性,体现了现代公证在服务人民、促进社会和谐稳定方面的独特魅力。

案例九：引入遗产管理人办理银行保管箱继承公证

北京市正阳公证处

（案例点评人：中国公证协会维权惩戒委员会副主任　刘疆）

一、基本案情

张某突发意外去世，其配偶刘某和儿子张小某向北京市正阳公证处申请继承张某遗留的房产、存款，但无法提供相关财产的权属证明。继承人推测相关财产权属证明存放于张某在银行租用的保管箱中。公证员随后与银行确认了张某租用保管箱的事实，并按照公证程序为继承人办理了用于查询保管箱内物品的《亲属关系公证书》、清点保管箱内物品的《保全证据公证书》，还根据保管箱内的财产权属证明出具了相关不动产及存款的《继承公证书》。为解决申请人取出保管箱中的玉质把件等无法确定权属物品的需求，公证处通过继承人推选方式确定由被继承人之子担任保管箱内物品的遗产管理人，并依据该协议出具了《遗产管理人证书》。在与银行反复沟通后，最终遗产管理人凭借《遗产管理人证书》以及《亲属关系公证书》等公证文书顺利取出了保管箱内全部物品。

二、公证过程及结果

刘某的丈夫张某于2021年突发意外去世，生前未订立任何形式的遗嘱或遗赠抚养协议。刘某与张某系原配夫妻，唯有一子张小某。张某的父母均先于张某死亡。刘某向公证处申请继承张某遗留的房产、存款，但无法提供相关财产的权属证明。刘某称张某在北京市某银行开立了保管箱业务，猜测相关权利凭证、身份证明（独生子女证）等应存放在其中。

依据银行保管箱租赁合同的相关要求，自然人死亡后，其合法继承人申请开箱时，应提供银行要求的相关证明文件"包括但不限于（被继承人死亡证明、身份证件、继承权公证书或法院生效裁决文书等）"。公证员核实相关事实后，为其出具了继承用亲属关系公证书。随后，公证员与申请人一起，在银行工作人员在场的情况下，办理了张某承租的保管箱内物品开箱清点的保全证据公证。

在清点登记过程中，公证员发现除不动产权证、存折、购房合同等权利凭证外，还有若干玉质把件、铜币、手串等物品，以及讲义手稿、信函等文书。清点结束后，银行拒绝了当事人当场将箱内物品取回的要求，表示依据银行内部规定，需要提供保管箱内物品的继承公证书，方可取回。

随后，公证员依据现场保全工作记录及照片，结合房屋管理部门出具的房屋档案及银行存款查询证明等材料，为刘某、张小某出具了相关房产及存款的继承公证书，顺利取出了不动产权证及存折。但当申请人提出将保管箱内其他物品一并取出时，又遭银行拒绝，要求出具相关物品的继承公证书，方可取出。

公证处考虑到保管箱内其他物品系动产，无明确的权利凭证，仅凭其存放于保管箱内的事实，不足以判断其权属，出具继承公证依据不足。同时，考虑到保管箱系租赁物，非被继承人所有，就该保管箱办理继承亦非妥当。为了解决当事人取出剩余物品的实际需要，同时考虑银行保管箱领取的相关规定，公证处决定引入《民法典》继承编中有关遗产管理人制度来解决这一难题。

翌日，刘某、张小某再次来到公证处，在公证员的指导下，共同签订了一份《遗产管理人推选协议书》，协商推选张小某为张某存放于该行某号保管箱内物品的遗产管理人，就该保管箱内物品履行管理职能。公证员向申请人告知了遗产管理人的概念、权利义务及责任范围，反复确认双方意思表示真实，协议内容具体、明确后，见证双方签署了协议书。随后，公证处依据该份协议书为张小某出具了遗产管理人公证书。在实际使用过程中，银行表示没有接受过此类公证书，坚持办理相关物品的继承公证。公证员多次就遗产概念，管理人的身份、权限，保管责任等问题与银行人员反复沟通说明，使其认识到引入遗产管理人有利于解决该保管箱内剩余物品的领取、保管问题，对双方均具有预防纠纷、防范风险的意义。银行人员最终采纳了公证处的建议，并结合之前的亲属关系公证、保全证据公证、相关房产及存款的继承公证以及遗产管理人公证等一系列公证书，为张小某办理了保管箱中剩余物品的取出手续。

三、典型意义

本案探讨如何依据现有的制度条件解决继承中遇到的实际问题，问题集中体现如下。

首先，发现财产的难度增加。很多经济独立、身体健康的老年人对自己财产身前身后的管理和分配的问题没有足够的意识和重视。一旦突发意外离世，他们的财产往往因缺乏生前的明确授权，导致其意思无法确认，进而产生继承风险。

其次，判断财产是否属于遗产的难度增加。当前财产呈现来源多元化、财产性质及保管方式多样化的趋势，客观导致认定遗产的难度增加。本案存放遗物的载体是银行的保管箱，其性质属于租赁物，被继承人对其并不享有所有权，因而，不能直接确定保管箱属于遗产，不宜直接对保管箱办理继承手续。另外，保管箱内的物品性质具有多样性，有些是明确的权属证明，可以作为认定遗产、出具继承公证的权属凭证；有些是物品，没有明确的权利外观，无法直接界定其权属，也难以确定是否属于遗产。因而,不适宜对此类物品以笼统或分别的形式出具继承公证书。

最后,保管机构的相关约定与法律相关规定的解释、协调与适用问题。作为本案遗物载体保管箱的权利人,银行与被继承人针对保管箱的租用、开箱、委托代理等都有详细的合同约定。在办理此类案件时,公证员要注意遵守相关规定,通过分析、判断哪些约定可以作为适用事实的小前提,将其解释并涵入相关继承法律规定的大前提中,进而达到法律的正确适用。正确解释约定、法律规定的过程,也是双方沟通、协调、达成一致意见的过程,保证了公证书的实际应用,从结果上保障了双方的合法权益。

综上,传统继承公证办理过程中,因为新的财产形式、保管形式不断出现,对遗产的认定难度增加。从做好被继承人生前最后一件事,便民利民,提升继承时效性,以及切实提升人民群众满意度、幸福感角度出发,公证员在坚持传统调查核实的基础上,勇敢尝试《民法典》中新设的遗产管理人制度,破解僵局。本案中,适时引入的遗产管理人顺利解决了当事人将物品统一取出的实际需求,又使银行及时摆脱了超期保管的负担,圆满解决了银行机构因取出人身份问题,导致保管物损毁灭失,进而承担责任的担心。遗产管理人的确认过程体现了当事人意思自治。同时,由遗产管理人承担财产管理和分配过程中的责任风险,也符合权责一致、风险自认的社会认知,因而能够在当事人和银行机构二者间达成共识,取得了较好的社会效果。

四、专家点评

公证机构办理继承公证的职责之一,就是确认哪些财产属于被继承人的遗产,继承人对哪些财产享有继承权,"确权"是公证机构出具继承公证书的前提和基础。但是在具体公证实务操作中,经常发生某些案涉财产难以确定权属,不易判断是否属于遗产的情况,例如对被继承人生前在银行保管箱内存放的古玩字画就往往难以确认权属,难以判断是个人财产还是夫妻共同财产,是自有财产还是代他人保管的财产,特别是法律未授予公证机构可以通过公告方式通知潜在权利人主张权利的情形下,如何让公证机构出具的继承公证书有充分的认定遗产权属的依据,就往往变得很棘手。

以往的公证实务操作有两种模式:一种操作方式是完全回避案涉财产的权属认定,而是将《银行保管箱租用合同》项下的权利义务作为遗产,由继承人持"继承《银行保管箱租用合同》项下的权利义务"的公证书自行打开保管箱,取走保管箱内的物品。这种方式虽然在让当事人便捷取得遗产方面有很大优势,且又无明显的法律漏洞,但在遗产的安全性方面存在隐患,容易导致潜在权利人的利益受损。

另一种操作方式是公证机构依据"动产物权以占有为公示方法"的法理,直接认定保管箱内的物品所有权属于遗产。这种操作方式在让当事人便捷取得遗产方面同样具有很大优势,且在保护潜在权利人的利益方面也有优势,但公证机构自身承担了较大的执业风险,特别是对于涉及古玩字画等不易判断价值、不易预估执业风险的动产继承时,公证员往往不愿意采用这种"仅凭占有的事实就推定遗产权属"的略显草率的做法出具公证书。

北京市正阳公证处在《民法典》实施后,灵活适用《民法典》新设立的遗产管理人制度,创设出继承存放在保险箱内动产的第三种操作方式,在公民遗产继承的便捷性和公证机构执业的安全性两方面取得了很好的平衡,是一种很有现实意义的创新。

案例十：被吸收合并的公司所持上市公司股份承继公证案

河北省石家庄市太行公证处

（案例点评人：中国法学会民事诉讼法学研究会副会长，

湘潭大学党委副书记、法学院教授　廖永安）

一、基本案情

石家庄某企业管理公司（以下简称子公司）是石家庄某有限公司（以下简称母公司）独资设立的有限责任公司。母公司与子公司于2021年4月签订了《合并协议》，约定子公司由母公司吸收合并。子公司持有上市公司股份，所持该股份需转移到合并后母公司的名下。中国证券登记结算有限责任公司要求办理该股份的转移登记。母公司为此向河北省石家庄市太行公证处申请办理相关公证。公证员根据《中华人民共和国公司法》（以下简称《公司法》）的规定，并结合案件事实，为当事人起草了一份确认书。该确认书实质是对公司合并资产归属等商事行为进行分析的法律意见书，并由存续公司的法定代表人在确认书上签字盖章。公证处据此出具了股份承继公证书，顺利帮助母公司完成了股份转移登记。

二、公证过程及结果

河北省石家庄市太行公证处此前从未办理过此类涉及上市公司股权承继的公证。《公司法》第174条规定"公司合并时，合并各方的债权、债务，应当由合并后存续的公司或者新设的公司承继"。根据上述规定子公司注销后其所持的上市公司股份作为公司资产由母公司承继，该资产的承继属于独立的法律关系，上市公司的股份承继虽然未在《公证法》第11条的公证事项中列明，但是《公证法》第11条第1款第(11)项规定"自然人、法人或者其他组织自愿申请办理的其他公证事项"，该项属于兜底性规定。基于上述分析，太行公证处将股份承继作为一特定的公证事项受理。公证员根据案件事实所涉实体法律关系、当事人办证目的，为当事人起草了一份确认书，该确认书实质是公证处对于公司合并资产归属等商事行为进行分析的法律意见书，由存续的公司的法定代表人在确认书上签字盖章，系对公证处提出法律意见的认可。公证处依据母公司认可的法律意见，结合案件事实，出具了股份承继公证书。在办理过程中，公证人员到公司登记的档案管理部门查询和复印了子公司申请注销登记的企业工商档案，以了解子公司办理注销登记的情况；到相关证券公司查询了有关客户交易对账单，以核实子公司所持的上市公司的股份情况;到会计师事务所核实其对子公司作出的清产核资审计报告的情况;到母公司和子公司共同的上级主管部门石家庄市高新区科技局核实了解母公司吸收子公司合并是否经过主管部门的批准的情况;公证员审查了报纸上登载的关于两公司吸收合并的公告,以了解合并行为是否按照《公司法》的规定,在法定的期限内进行公告。上述工作系公证员进行的尽职调查工作。另外,太行公证处在公证书中对适用《公证法》第11条第1款第(11)项进行了明示,公证书中载明"本公证员告知,将申请人所申请的公证事项列为'股权承继',符合《公证法》第11条第1款第(11)项规定的'自然人、法人或者其他组织自愿申请办理的其他公证事项'"。

三、典型意义

法律解释是立法者和法律适用者等相关主体对法律规范的解释,目的是将抽象的法律规范适用于具体的案件。从公证程序而言,股权承继公证,并非公证法中明确所列公证事项。公证员根据《公证法》第11条第1款第(11)项的规定,将股权承继列为单独公证事项,就是公证员对于公证法解释的生动实践。从实体法而言,公证员能够将抽象的法律条文,涵摄到具体的案件之中。公证员起草的确认书,彰显了公证员适用法律的水平。

四、专家点评

公司事务公证是公证制度的服务、沟通、证明、监督等功能的有力体现。公司事务公证不仅要求公证员具备更高的专业水平,而且需要公证员具有前瞻性思维与提供定制化法律服务的意识。同时,由于我国并无公司事务公证的强制性规定,故需要公证员积极探索,基于相关规定,灵活运用专业知识,搭建公司事务公证的业务模式。本案基于现有规定与公司需求,以确认书的方式,帮助申请人完成了公司股份转移登记,此案可以为公司股份承继事务公证的探索提供有益经验与借鉴。

第一,正确解释《公证法》,为探索新型公证业务提供法律依据。本案中公证员对《公证法》第11条第1款第(11)项"自然人、法人或者其他组织自愿申请办理的其他公证事项"的规定进行了恰当的解释,突破围绕着现有的传统公证事项来办理公证业务的思维,充分发挥公证员的职权,主动解释适用法律,为股份承继事务公证打下法律基础。

第二,巧妙利用确认书,为申请人的需求提供专业法律意见。作为新型的公证事务,本无固定模式可循。本案中公证员在听取了申请人的具体需求之后,利用自己的专业知识,通过询问、调查、阐明法律效果等方式,将申请人的具体想法转化为一份专业的法律意见书,并以确认书的形式予以固定。然后再由申请公证的公司法定代表人在确认书上签字盖章,以表明申请人的真实意思表示,并认可公证员所提出的法律意见方案。这一做法巧妙地将公证员提供的法律意见方案与当事人的需求进行了有效结合,达到了为公证当事人排忧解难的效果。

第三,积极行使核实权,为最终公证书的法律效力保驾护航。办证过程中公证员到档案管理部门、相关证券公司、会计师事务等部门核实子公司办理注销登记以及合并是否经过主管部门的批准等情况,积极履行审查核实义务,以保障公证文书的有效性。

下篇　域外公证制度的比较与启示

巴西公证制度的数字化进路

周星星[*]

巴西公证制度的稳健发展为巴西公证的数字化趋势奠定了基础。巴西公证深入探索数字公证平台架构,积极开拓数字公证服务的业务范围,注重数字公证中的程序优化问题,在数字化公证进路上迈出了坚定步伐。

一、巴西公证制度的基本特点

巴西作为南美洲最大的国家和世界主要经济体之一,历史上曾被葡萄牙殖民统治近300年,故其公证法律制度深受葡萄牙影响,为典型的拉丁公证模式。最初,巴西公证员的职位由国王任命,权威来源于国王的授予,并且具有可继承性。1988年《巴西联邦共和国宪法》和1994年《巴西公证及登记法》(由1994年11月18日第8935号法令颁布)的颁布,使得巴西公证制度走向现代化,并在巴西法律体系中占据一席之地。之后,巴西公证制度发展稳健,表现出如下基本特点。

(一)公证员资质准入严格

在巴西,公证员是根据宪法授予的公证权而履行国家公共服务职能的公务人员,但其同时又是以私人投资、自收自支、照章纳税为特征的公证事务所投资人。巴西公证员具有公务员和自由职业者的双重属性。公证员不可兼任律师、调解员或者其他公职或私职。目前,巴西公证人职务空缺由组织公开考试或者职位调动考试的方式来填补。在巴西,要想成为一名正式的公证员有着严格的准入标准,不仅需要通过国家统一公证员的考试,而且本人必须为法学本科毕业或有十年的公证从业经验、具有巴西国籍、具备民事行为能力、完成相应的选举义务和兵役义务,

---

[*] 作者简介:周星星,中国人民大学法学院博士研究生,司法部公证理论研究与人才培训基地研究员。

并且还需证明自己有服务该职业的能力。值得一提的是,巴西公证员的考核、执业均无年龄限制。

(二)公证收费设置科学

在巴西,公证员应履行必要及合理的管理、勤勉义务,按照相关价目表规定的金额收取必要及合理的费用。为保证公证服务质量,巴西在2000年12月29日专门制定、颁布了《巴西公证费用条例》(第10169号法令颁布)。

《巴西公证费用条例》设定了公证收费的合理规则。具体而言,在确定收费价格的过程中,国家及联邦地区的法律应考虑公证及登记服务的公众性及社会性,并应参照以下规定来确定:若公证及登记服务中涉及相同的法律行为,应根据这些行为的性质对其进行分类并分别确定相应的收费价格;若公证及登记服务中涉及不同的法律行为,不同的法律行为间应按以下标准进行分类:(一)若是服务对象不涉及财产性的内容,其收费应根据每个地区的社会及经济状况来进行定价;(二)若是服务对象涉及财产性的内容,其收费在法定的最高及最低价格区间确定的同时,还要考虑所要公证及登记的文件本身的价值。

(三)公证业务稳定

在巴西,公证处隶属于法院之下,其种类和执业内容由法院根据当地人口情况进行设立和分配。一般而言,各公证处根据法院的分配可为社会公众提供出生婚姻死亡登记公证、一般证件的证明公证、买卖登记公证、投诉告诉公证、译文相符类公证、公司性质的文件公证等方面的服务。需要特别说明的是,巴西公证不仅深入人心,而且法律明确规定诸多社会事务均须以公证为生效要件,且加之公证员资格获得的严格、区域管辖制度的明确,使得巴西公证事务所的业务量有相应保证。

(四)公证作用多元

巴西公证最根本的作用是充当当事人意愿的真正解释者,引导当事人根据现行法律,利用最适当的文书实现其目标。当然,巴西公证的作用并不局限于此,其在缓解司法部门固有的"拥挤"、加速和节约诉讼程序、促进司法公正与效率相统一等方面也被寄予厚望。对此,2015年《巴西民事诉讼法典》改变了1973年《民事诉讼法典》对公证记录的非典型证据手段的定位,赋予公证记录典型证据手段的属性,使得其与司法程序中的证据具有同等价值。巴西公证对于纠纷预防也具有重要意义,如公证人提供起草合同、授权书、契约等公证服务的同时可以澄清和消除当事人的实体疑问,将纠纷扼杀于萌芽之中。

二、巴西公证制度的数字化趋向

前述所言,巴西公证表现出严格的资质准入、科学的收费制度、稳定的业务情况、多元的作用功能等基本特点,使得巴西公证一直朝着稳健之路发展。这种稳健的发展态势为巴西公证适应数字化潮流奠定了坚实基础。

虽然巴西属南美洲发展中国家,国民收入普遍不高,但其尤为重视政府和司法部门计算机的普及、利用以及信息间的共享,极力迎合数字化公证趋势。在巴西,技术创新深深影响了公证员的公证服务。巴西在将信息技术工具应用于公证之前,对已知和预期的风险进行了评估,竭力达到数字公证的必要最低安全水平。在此基础上,巴西积极探索数字化公证平台架构,发展了新的公证纪要编制技术机制、公证员系统、公证员链等数据存储程序和应用程序,为数字化公证的发展奠定了坚实基础。

如巴西创建了以 E-notariado 为核心的电子公证员系统,集合了云备份、公证客户的生物识别注册、公证行为的数字签名以及公证区块链和电子房地产注册公证链等数据存储程序和应用程序,构筑了较为完整的数字公证网络,极大提高了公证服务的效率和质量。除了上述公证数字系统和程序外,巴西公证人还有存储客户的签名和照片、存储更多机密文件的内部应用程序。巴西对数字化公证系统的体系化探索,加速了其公证制度的数字化趋向。

三、巴西公证制度的数字化进路及表现

巴西公证制度在迎合数字化趋向的基础上,积极探索进路,使得其数字化进程朝着纵深方向发展。

(一)平台架构更加完善

巴西公证在探索数字化平台的同时,加快公证员身份管理的数据化,使得平台架构更加完善。早在 2007 年 1 月,巴西全国公证员协会就开始向全国约 2 万名会员推广使用数字签名卡,其不仅可作为身份证,更能强化数据在公证人和客户之间安全地传输,同时也使得公证员对文件的电子认证等过程更加有效。到 2022 年 7 月 8 日,巴西立法机构颁布第 14398 号法律,明确为公证员和登记员创建身份文件。身份证明文件将主要由全国公证员和登记员联合会直接签发,在全国领土内有效。巴西公证员身份证明文件的创建是巴西公证数字化平台完善的基础,有利于公证员身份数据库的形成,延伸了数字公证的服务功能。

(二)业务扩展更加多元

除了进行数字公证平台的完善外,巴西公证也积极开拓数字公证服务的业务范围。在 2020 年 6 月,巴西公证处开通了在线授权服务,力图解决疫情和社会隔离措施对离婚和房地产买卖等多种公证程序正常进行造成的阻碍。以在线离婚服务为例,仅开通当月,巴西公证处登记的离婚案例就达到当年顶峰。巴西公证处的

这种在线尝试,极大地推动了巴西公证依托数字手段促进传统业务转型、推动新型公证业务拓展的数字化进程。

另外,巴西数字化公证还承担一定的社会福利保障方面的服务。2021年10月,巴西试点允许公民向公证处申请社会保障福利的项目,公证处通过连接国家社会保障研究所(INSS)系统,实现了办证申请和社会福利申请的一体化平台办理,丰富了公证法律服务的内容,为申办当事人带来优越、便利的公证服务。可以预想到的是,巴西公证势必利用信息技术的便利延伸公证服务的范围,提升公证的服务能力。此外,巴西社会对数字公证在纸质文本的数字化方面发挥的作用具有较强期待,希望公证处能为数字化副本的真实性提供公证服务。未来,这即将成为巴西数字化公证的新服务。

(三)程序设计更加优化

首先,程序启动阶段的优化。巴西数字化公证加大对劳工规范的注重和回应,优化公证提供的公共服务,增添数字化公证的程序正当性,降低了数字公证本身的风险性,推动了数字化公证的发展和繁荣。为此,自2020年始,巴西国会加强对远程办公的劳工规范改革,对远程或者在线公证所面临的基础设施建设和设备维护、服务模式和行为规范明确以及公证员和公证申请人的权利保障等问题都进行了积极关注。

其次,程序续行阶段的优化。《巴西民事诉讼法典》允许了包括公证在内的程序行为以数字形式通过电子手段进行验证。自2007年开始,房地产公证机构已开始提供房地产登记数字证明,其仅需要不到两个小时即完成电子公证书制作,并通过邮件发送,授权当事人下载,具有与传统公证证书相同的法律效力。但需要特别注意的是,如将数字公证证书进行打印,将不再有效。

最后,程序终结阶段的优化。巴西数字公证积极探索公证人在数据泄露和第三方入侵电子公证系统时的民事责任判断问题。虽然公证员是国家从事公共服务工作的"长臂",但公证员又具有私人性质,故其在工作中违规对公证申请人造成损害时,应该承担民事责任。根据巴西相关的数据法规和2016年第13286号法令,公证员在数据泄露和第三方入侵电子公证系统时所承担的是过错责任,即只有证明公证员有恶意行为,并且没有采取适当的数据保护措施时,方承担相应的民事责任。至于适当数据保护措施的判断标准,可参见全国司法委员会于2018年7月31日发布并生效的第74号规定,其为巴西公证机构活动的连续性提供了数据的安全性、完整性和可用性的最低信息技术标准。此外,受损害的公证申请人对公证员提出损害索赔的时效期为3年。

巴西数字公证中对第三方损害的这种过错责任,旨在推促公证员进行电子公证活动的同时,遵循数字公证的适当安全措施,以确保公众信任数字或者电子公证行为,不损害或削弱公证法律和行为的可靠性。当然巴西学术界和实务界不乏有人质疑,过错责任加大了普通公民证明侵权的难度,违背了分配正义原则,而且使公证申请人更难寻求赔偿,甚至演变为公证员逃避责任的工具。

南非公证制度的改革与发展

常　芸　廖文宇[*]

1795年以前,南非公证制度主要受罗马-荷兰法影响,1910年后又受到普通法的影响。2014年以来,南非公证制度发生了重大改革。此次改革以公证职业保障为核心,重视种族平等,强调行业自治,并形成了以法律职业法典、部门法以及司法判例为主要内容的公证行为规范体系。当前南非公证人备受尊崇,公证服务可信赖度高,公证服务范围日益广泛,对经济社会发展有很大促进作用。

一、南非公证制度的历史沿革

南非公证制度可追溯到殖民时期。在荷兰殖民阶段(1652—1795年),南非施行带有明显罗马-荷兰法特征的《公证员守则》。在英国占领巴达维亚共和国时期,南非公证制度又留下了普通法的烙印,但彼时颁布的《巴达维亚法规》仍延续了罗马-荷兰法如公证人准入等部分的规定。1814年维也纳会议后,英国正式获得开普敦殖民统治权,此时英国对南非司法系统的改革尚处起步阶段。直到1827年至1832年期间,英国通过在南非先后颁布两部《司法宪章》,引入了大量英国司法制度。尽管《司法宪章》中明文指出将在南非保留罗马-荷兰法的传统,但依然对其司法行政进行了重大改革。1902年南非全域几乎都成为英属殖民地,自此南非公证制度便主要受到英国普通法的影响。之后种族隔离政策的推行,使南非在1964年制定实施的《律师、公证人和产权人准入法》带有浓重的种族歧视色彩。

南非司法部与法律界于2001年就《法律实务法》草案进行了旨在改变法律职业治理结构的立法讨论。时任司法部长佩努埃尔·马杜纳成立了一个工作组来起

---

[*] 作者简介:常芸、廖文宇,司法部公证理论研究与人才培训基地研究员。

草该法案,但这一立法工作因各种阻碍被停滞。直到 2008 年,南非律师协会与时任司法部长恩维尔·苏尔蒂重新启动该法案的起草工作,并于 2010 年起集中推进立法工作。历经多轮民主论证,南非最终在 2014 年 9 月出台了新的《法律实务法》。新法延续了南非罗马-荷兰法、英国普通法的公证制度传统,同时着重强调公证人的中立性、专业性以及责任和品格要求。

二、公证人的从业条件、法律责任与行业自律

(一)公证人从业条件

南非公证人的从业条件深受公证人与律师间的关系影响。1793 年《公证员守则》和《巴达维亚法规》相继规定公证人不能成为律师,律师也不能申请成为公证人,但因该限制在各地的执行力度不一,在开普敦部分区域仍有一些律师成功申请为公证人。直到英国占领南非大部地区的第二年(1903 年),南非公证人就只能从执业律师中任命。南非 2014 年《法律实务法》延续了英国这一规定,在法案的名词解释部分,明确了公证人是根据该法注册为公证人的执业律师;在法案正文中还进一步规定,专业律师应当完成公证人从业考试,并经南非高等法院审核授权方可作为公证人执业。在实践层面,公证服务不仅已成为象征律师专业程度的业务之一,还是各大律所业务宣传的主要方向。目前,南非已经出现专门从事公证服务的律师事务所。

(二)公证人的法律责任

受罗马-荷兰法影响,南非公证人需要对其公证事项的真实性、准确性负责。其一,根据 2014 年《法律实务法》规定,公证人必须勤勉履责,保持较其他法律职业更高标准的职业品格,且应当对公证事项的准确性负责。其二,作为实行判例法的南非,在其司法实践中,也出现了很多公证人对此承担个人责任的案例。

(三)公证人的行业自律

在 2014 年《法律实务法》的立法过程中,南非当局着重讨论了法律职业的独立性保障。法案实施后,南非公证人作为法律职业之一实行行业自治,并形成了相对独立的职业管理体系。在行业管理组织上,南非依据《法律实务法》成立了法律行业理事会,并规定理事会的主要职责是促进公证等法律服务的负责、高效和独立。在行业纪律监管上,法律行业理事会内专设了调查惩戒委员会,负责对公证人的执业行为和职业道德进行严格且细致的监督。此外,南非司法部额外批准成立了法律服务监察室,从宏观上监督公证人的执业行为、专业操守,同时赋予监察室独立地位,规定其仅受宪法法律约束,任何单位和个人不得加以干涉。

三、公证服务的适用范围与法律效力

（一）公证服务范围

公证服务的基本内容包括文件起草、交易确认、司法文书公证、副本公证及公证债券起草等。其中起草的文件类型包括法定声明、宣誓书、授权书、遗嘱和遗产文件、同居协议等。交易确认的对象包括房地产交易、契约、授权书和信托等。司法文书公证，是指对民众在参与民事或刑事司法程序中需要提交的相关证明文件的公证，包括宣誓书、证词和审讯记录等。此类文件在送达法官之前，须由公证人当面验证签名者的身份和意愿。副本公证是指确认原始文件复制品的真实性、完整性和准确性的公证服务。常见的副本公证对象包括无法由南非公共记录办公室认证的大学学位证书、护照等。

除基本公证服务之外，南非还出现了适应现代商业发展需求的特色公证服务，例如特殊公证债券等。公证债券本是指经公证人证明的动产抵押凭证，是一种担保形式。南非特殊公证债券（SNB），是在公证的基础上以登记取代交付，从法律上承认了未取得占有的质押。贷款人仅需在债券中详细描述明确的动产，由公证人公证或直接由公证人起草债券，并进行相应契约登记，即构成与质押效力相同的实质性担保。南非特殊公证债券最先出现在纳塔尔省，历经多年改革后已在全国施行。1932年第18号《公证债券（纳塔尔）法》规定，可为未占有但在保函中以易于识别方式列明的特定动产的公证债券设定与质押相同的优先权。1991年南非法律委员会发表公证债券立法报告，表示公证债券应当满足现代商业发展需求，而债务人保留占有但债权人仍享有与质押权同等权利的担保形式是大势所趋。1993年南非通过第57号《动产担保法》将纳塔尔省这一规定扩大到南非其他地区。

在南非，特殊公证债券因其灵活性和长达30年的索赔权时效，而被各类融资项目所青睐。例如，为满足农村和偏远地区的电力需求，南非在2021年7月进行了可再生能源独立电力生产商采购计划（REIPPP），并将公证债券作为该项目融资的担保形式。REIPPP投标窗口发布了一项2600兆瓦新发电容量采购案，其中1600兆瓦风能、1000兆瓦光伏太阳能，项目的开发、运营和维护都需要高额的投资。项目完成前，南非运用SNB规则以项目的主要动产（例如，风力涡轮机和太阳能电池板）提供担保，产生了项目所需资金。在项目完成并启动商业运营后，运营者继续借助南非SNB规则将变电站、风力发电机、变压器亭、气象桅杆和传输电缆等动产进行契约注册，进行再度融资。综上，南非特殊公证债券不仅能助力解决项目前端资金困难问题，更能盘活整个现金融资池，为项目开发、运营及后期维护提供全程支持。

（二）公证的法律效力

南非法律因为在专业性、品格和责任等方面对公证人的要求明显高于一般法律职业,所以对公证人出具的公证文书赋予了较强的证据效力。在成文规定上,南非公证人有权对签名者的身份、意愿和签署文件的真实性进行验证,经公证后的文件被认为是完整、合法的。在司法实践中,公证文书被法院推定为真实、合法,公证文件的证据效力也较一般文件效力更高,如法院在对德兰士瓦土地银行诉契约登记处一案中的判决书中写道"……公证人严格遵守了法定程序,法院推定公证书中的每一项陈述都是真实的……"。此外,南非1993年《动产担保法》将公证人作为特殊公证债券的核心执行者以及特殊公证债券在金融界受到的认可,也是对公证人职业公信力的现实性肯定。

公证人：印度尼西亚最合格的法律人

夏先华*

在印度尼西亚，公证人作为向社会提供专业法律服务的公职人员，是所有法律人梦寐以求的法律职业之一。目前，印度尼西亚的执业公证人多达1.7万人。2004年，印度尼西亚制定了《公证机构法》，对公证人的任免、权力责任、办公场所、休假、酬金、监督等内容作出了详细的规定。2014年《公证机构法修正案》对前法进行了大幅度的修改。此外，法律与人权事务部出台的相关部门规章、公证人协会出台的公证人职业道德规范，以及民法典、公司法等实体法律也有不少关于公证的规定。

由于印度尼西亚的公证法律制度相对完备，公证法学教育也十分发达，公证人的专业素养与社会地位比较高，他们在国家建设与社会治理进程中扮演着极为重要的角色，因此，公证人被誉为印度尼西亚最合格的法律人。

一、公证人的法系定位

由于历史的殖民关系，印度尼西亚的法制体系深受荷兰法的影响。印度尼西亚最早的公证法为1860年《公证机构规则》，该法为荷兰殖民时期的立法，在接下来的百年里为印度尼西亚公证制度运行提供规范依据，也成为了后续公证立法的重要参考。可见，从法源关系来看，印度尼西亚的公证制度应属于拉丁公证制度体系。

另外，在公证职能方面，印度尼西亚公证人不仅需要对公民的各种民事法律行为、协议以及决定进行证明，还需要起草和准备各种协议和法律文书，核实文书内

---

* 作者简介：夏先华，湘潭大学法学院讲师，司法部公证理论研究与人才培训基地研究员。

容的真实性,并履行法律所规定的注册、登记等其他职能。这些职能无疑与拉丁公证体系中公证人的职能高度契合。不过,印度尼西亚作为宗教国家,伊斯兰法等宗教法也是其重要的法律渊源,并对公证制度产生一定程度的影响。

二、公证人的任职条件与程序

鉴于印度尼西亚公证职位的重要性,公证人的任职条件比较严格,准入程序也十分复杂。根据《公证机构法》第 3 条的规定,公证人任职需满足如下条件:(1)印度尼西亚公民;(2)忠诚于至高无上的神;(3)年满 27 周岁;(4)身心健全;(5)获得法学学士学位与公证硕士学位;(6)经公证机构推荐或自主在公证机构实习、担任公证人雇员连续满 12 个月;(7)没有担任公务员、政府官员、律师或法律禁止兼任的其他职位。《公证机构法修正案》对公证人的任职条件进行了调整,将公证实习或被公证人受雇任职的时间延长至 24 个月,新增了从未受过法院判决 5 年以上监禁处罚的特殊要件。可见,印度尼西亚对于公证人任职的专业与实践能力要求越来越高。

印度尼西亚政府极为重视公证教育,在许多大学的法学院开设了一系列公证专业课程,学生完成相应的公证课程学分便可获得公证硕士学位。目前,印度尼西亚共有 39 所公立与私立大学开展了公证教育。而根据公证法的规定,公证候选人必须通过一系列的法律教育与公证资格考试,获得法学学士与公证硕士学位。如此,便实现了公证教育与公证人任职之间的衔接,使得高校成为公证人才培养的主阵地,并强化了高校教育的专业性与针对性。

另外,为了延缓公证的就业需求,法律与人权事务部出台的 2019 年第 19 号规章以及公证人协会的相关规范,为公证人的任职设置了较为漫长且复杂的程序。公证专业的硕士生要想成为一名公证人,必须完成如下系列流程:通过临时会员选拔考试、在公证人协会中央委员会登记注册临时会员、在公证机构实习或任职 24 个月、参加四次由公证人协会区域管理部门组织的联合实习、在公证人协会培训会中修满 18 学分、通过公证人职业伦理规范考试、参加由法律与人权事务部组织的公证执业培训、进行公证人任职宣誓。印度尼西亚政府通过设置严格的任职条件,并组织对候选公证人进行培训、辅导、监督,来确保其所任命的公证人是值得信赖的。

三、公证人的权责与义务

为确保公证人合理规范地行使法定职权,公证法以及相关法律规范对公证人的权力、权利、义务与责任作出了详细的规定。根据《公证机构法》第 15 条的规定,印度尼西亚公证人职权分为三个方面。

一是对民事法律行为、协议与决定进行公证,出具并保存公证文书的一般性公证权力。这一权力的行使以法律法规未授权其他政府机构或公职人员为前提,且待公证的行为、协议或决定需符合法律的规定以及当事人的意愿。

二是第 15 条第 2 款所规定与出具公证文书相关的特别权力,具体包括在特定登记册上注册登记私人文书、批准签署并公证登记的具体日期、为真实的私人文书制作副本、核实文书副本的真实性、为出具公证书设定宽限期、出具与土地事务相关的公证书、对投标记录出具公证书。

三是法律法规明确授予的其他权力。

另外,公证人在连续任职满两年后,依法享有休假权。公证人有权获得所提供法律服务的酬金,酬金的数额应当根据公证文书的经济价值和社会价值来具体确定。

与所享有的权力与权利相对应,公证人在履职过程中也须承担一定的义务与责任,具体表现如下:(1)在履职中保持诚信、尽职、严谨、独立、公正,在法律范围内维护各方当事人的利益;(2)若无正当理由,不得拒绝提供法律所规定的公证法律服务;(3)除法律另有规定外,对履行职务时所获取的文书信息与陈述内容保密;(4)文书记录、档案保管、副本制作、文书装订等具体公证业务方面的义务,以及指导实习公证人的义务。

《公证机构法修正案》第 17 条明确禁止公证人有下列行为:在办公区域之外履行职责;无正当理由离开工作岗位,连续超过 7 个工作日;同时兼任公务员、政府官员、律师、企业经理或雇员等职位。公证人违反上述义务或禁令的,将受到书面警告、停职、辞退、解雇等处罚,利益受损的当事人还可向公证人主张损害赔偿。公证法还明确规定了公证人的执业回避义务,公证人不得为自己、配偶或近亲属(直系血亲或三代以内的旁系血亲)出具公证文书。

四、公证人的执业监管

公证人职权的行使应当受到相应的监督与管理,以避免权力被滥用,危及公证行业的公信力。在《公证机构法》出台之前,印度尼西亚公证人执业的监管、检查与实施惩戒等职权均由当时的司法机关来行使。《公证机构法》将这一监督权力授予法律与人权事务部部长,要求其组织成立监督委员会,并以专章的形式规定了相应的监管职权。监督委员会具体由 3 名政府人员、3 名公证人与 3 名专家学者组成,监管的内容涉及公证人的行为与职业表现。监督委员会由区(市)监督委员会、省级监督委员会、中央监督委员会组成,各级监督委员会的职权主要是对违法或不当履职的公证人案件进行调查并作出处理决定,以及批准公证人的休假申请。对于违法公证人所采取的警告、停职以及解雇等惩戒措施,因其惩戒力度的不同而分别由不同级别的监督委员会或部长审批决定。

《公证机构法修正案》对公证监督作了部分调整。第66条设立了新的监督机构即公证人名誉委员会,承担了原本属于监督委员会的公证指导职能。名誉委员会具体由3名公证人、2名政府人员与2名专家学者组成,其中公证人所占的比重较大。名誉委员会享有一项重要职权,即对于公证人履职的诉讼案件或其他与公证人相关的案件,侦查人员、检察官或法官如果需要传唤公证人出席听证会或查阅公证档案文书,则应当由公证人名誉委员会审查批准。

此外,名誉委员会还代表公证人协会指导、监督公证人遵守职业道德规范,并对违反的公证人采取警告、提醒注意、暂时取消会员资格、取消会员资格、剥夺会员资格等一系列制裁措施。

墨西哥公证制度的地位与特色

周星星[*]

墨西哥公证制度是较为成熟的拉丁公证制度，具有重要的历史和现实地位。墨西哥公证制度以公证体制灵活化、公证人管理严格化、公证服务的国际化和公证程序的在线化为鲜明特色，在国际公证领域占有一席之地。

一、墨西哥公证制度的简况

墨西哥公证制度的发展源远流长。墨西哥曾于1521年沦为西班牙殖民地，1525年西班牙殖民者在墨西哥成立了第一个公证机构，并开始推行拉丁公证制度。在1821年获得独立后，墨西哥继承了西班牙法律与西班牙针对西印度群岛的特别法律(derecho indiano)，相关公证人规则也得以存续和发展。在1910年爆发墨西哥革命并确立现行政治体制后，墨西哥于1932年制定了《地区和联邦领土公证人职业法》。之后，关于联邦区公证人的法律随着公证实践得到了不断修改和完善。

2000年3月28日，墨西哥在《联邦区官方公报》发布《联邦区公证法》，以"公证职能和联邦区公证人职业""公证执业""问责、监管与惩治""支持公证职能的机构"为四编，共267个条文，附加13条"过渡性条款"，废除和取代了1980年1月8日发布的《联邦区公证法》及相应修正案。之后，2000年《联邦区公证法》经历了多次修改、补充和完善，适应并保障了墨西哥公证的改革和实践。

二、墨西哥公证制度的地位

从中世纪到现代，公证制度在墨西哥便一直被认为是必不可少的。作为公证

---

[*] 作者简介：周星星，中国人民大学法学院博士研究生，司法部公证理论研究与人才培训基地研究员。

制度主体的公证人,是国家赋予公共权威和公众信仰的法律专业人员,受到人们的极大信任,是"公共信仰的保管人"。公证人这个职务,甚至被认为比法官更能帮助社会在法律范围内生活。

一方面,公证人通过提供公共服务,如监督其所认证文件的合法性,扮演"看门人"角色,实践事前执行法律的策略,克服通过事后处罚执行法律存在的缺陷。更重要的是,公证人的参与,减少了当事人对司法诉讼的需求,极大节约了司法成本。另一方面,公证人通过提供私人服务,如在特定的民事或商业交易中担任法律顾问,协助当事人实现交易目标,降低交易成本。可以说,墨西哥公证人是与经济活动有关的法律事务的关键人物,其利用国家赋予的公共权威及自身的专业知识和专业能力,为当事人指向的法律行为和事实提供确定性和安全性保障。当然,墨西哥公证人提供的具体公证服务不是一成不变的,往往随着时间的推移而演变。例如,在19世纪的墨西哥尤卡坦半岛,公证人可以提供更为特殊的私人服务,扮演银行角色,以非正规金融中介机构的身份负责分配信息和调动信贷。在墨西哥,公证人代行着本由其他权力主体行使的权力。正是因为墨西哥公证人提供公证服务或者行使权力的这种独特性,使得公证人受到政府的严格管制。例如,公证职位的数量由法律确定;公证人的资格由国家严格控制和授予;公证人不得在其被指定的地区以外执行任何官方职能等。

此外,自1948年以来,墨西哥公证人一直是国际拉丁公证联盟(2005年更名为"国际公证联盟")的成员。成立于1955年10月的墨西哥国家公证员协会,代表32个墨西哥联邦实体的公证员在国际拉丁公证联盟中扮演积极角色。

三、墨西哥公证制度的特色

整体观之,墨西哥公证制度与以罗马法作为法律结构基础的欧陆国家、拉丁语国家的公证制度相同。虽然没有罗马之于公证的起源作用以及意大利与法国之于公证的发展与繁荣作用,但墨西哥公证以其颇具特色的制度建设对现代公证的发展作出了独特贡献。

(一)公证体制灵活化

公证体制的选择是公证制度发展的基础,决定了公证制度能否迸发出应有的生机与活力。虽然墨西哥公证人被国家授予公共权威,但他又非政府任何分支的一部分,不受财政支持,不接受政府给予的工资。作为一个法律专业人员,他可以自由地组织和管理他的办公室,并对其公证员的执业行为承担全部责任和风险,而国家对他的行为不承担责任。有的学者将其定性为"半民营化"。一方面,公证人以政府外的法律结构和服务形成对政府正式机构的补充,对墨西哥的市场经济的发展产生重要影响;另一方面,公证人的主要目标不像私营部门那样获得最大化回报,而是服务于公众。实质上,墨西哥公证人更像一个自由职业者,角色独立,在联邦区辖区内选定的经营场内独立履行公证职责。墨西哥公证体制的这种灵活化,不仅能很好地保护公共利益,而且也极大地激发了公证人保护委托人私人利益的工作热情,促进了公证业务的稳步发展,有力地服务了经济社会发展。

(二)公证人管理严格化

在墨西哥,公证人代表了法律职业生涯的高峰,为个人带来了更高的社会认可和可观的经济利益。加之,墨西哥公证人提供公证服务具有的独特性,决定了国家对公证人管理的严格化倾向。

一是公证人资格准入的高标准。首先,墨西哥设立专门的公证学专业,有志成为公证人的人必须通过对公证学专业的学习,获得相应的专业知识储备,进而提高通过公证从业资格考试的希望。其次,墨西哥设置了严密的候补公证人资格、正式公证人竞聘考试程序和规则。再次,候补公证人考试的考生除须满足因出生具备墨西哥国籍且年满25岁但不超过60岁、享有一切公民权利、享有良好声誉但非神职人员等条件外,还必须为具备法学专业素养的执业律师,并且能证明有12个月的正式且连续的公证实习经历。最后,候补公证人资格考试和正式公证人竞聘考试在公开、公平的条件下进行,考试内容兼有理论和实务。同时,考评委员会成员包括了在公证行业中享有盛誉的专家或者公证人。此外,墨西哥公证人资格考试呈常态化,如理论考试每周至少进行两次,但也存在限制。例如,对于候补公证人考试,如考试评委会评定"多数不通过"或"一致不通过",考生需分别自成绩公布后的六个月或者一年后方可重新报考;对于公证人岗位竞争考试,如理论和实务考试的平均分在65分以下,考生自落榜之日起间隔一年方能重新参加。总的来说,专门的公证知识的学习和培训,较高的报考资格标准,再加上公开、公平、常态、严密的考试程序和规则,改善了公证行业从业人员素质和社会服务水平,保障了公证从业环境,促进了墨西哥公证行业的良性发展。

二是问责程序的具体明确。首先,2000年《联邦区公证法》明确规定主管当局通过督察员对公证进行查访监督,公证人协会对此予以配合。其次,2000年《联邦区公证法》又根据公证人履职违规性质的不同,分别规定了不同性质的责任承担方式。此外,不同性质的责任承担方式又对应实施相应的制裁措施。例如,公证履职违反《联邦区公证法》的公证人将承担行政纪律责任,被主管当局实施以书面警告、罚款、临时吊销营业执照、永久撤销执业资格等制裁。最后,墨西哥公证制度还明确了制裁的实施程序。根据2000年《联邦区公证法》第230条至234条的规定,行政主管当局在受理申诉人就公证员履职违规行为的申诉后,可先责令被申诉的公证员启动专项检查,之后尽量促请双方当事人在调解会中达成和解,调解不成的作出审理裁决。

(三) 公证服务的国际化

墨西哥公证服务国际化趋势显著。一是公证在国际经济合作中扮演不可或缺的角色。特别是在《北美自由贸易协定》下,墨西哥的公证服务对保证所涉交易指向的法律行为的确定性和安全性以及交易本身的效率性都具有不可替代的作用。但须特别说明的是,由于墨西哥宪法的保留规定和《联邦区公证法》将公证员资格限定为"因出生具备墨西哥国籍",所以墨西哥没有使1994年北美自由贸易协定谈判中的公证员服务自由化。二是墨西哥公证人的义务已扩大到协助国家和有关国际组织打击洗钱犯罪。然而,尽管公证人已被置于战斗中的战略点,但国家尚未为公证人提供有效开展工作的必要要素,包括技术和人力基础设施、明确和一致的法规,以及当局为公证人履行反洗钱义务制定的固定行为指导规则等。

(四) 公证程序的在线化

现代,墨西哥公证行业正在经历一个巨大的演变过程,其目标在于通过利用新兴技术实现效率与法律安全、确定之间的平衡。公证程序的在线化成为不可逆转的新趋势。为此,墨西哥公证机构正尝试将新技术与公证人职能及其服务效率相结合,如探索和发展网络公证人、电子公证系统,为用户提供更加高质、高效和安全的公证服务。但可以看到的是,墨西哥公证程序的在线化尚处于起步阶段,侧重在线公证程序服务平台的搭建,对在线公证程序规则的思考和构建还有待进一步探索。

俄罗斯公证体制向公证人本位转型之历程

薛 凡[*]

一、国家化、行政化、认证化的"国家证明权"

俄罗斯继受的是苏联模式公证制度的遗产,因此,苏联模式公证制度也成为俄罗斯公证改革的对象。了解俄罗斯公证改革的基本脉络,首先需要了解苏联公证制度的由来和主要特点。

1917年的"十月革命",摧毁了沙皇政府的一切国家机器,按苏联学者的说法,"为地主、资本家服务的旧公证机关同时被消灭了"。

1919年,苏俄司法人民委员会指示在各县建立地方人民法院公证处,但在严酷的战争环境下未能建立起来,公证工作除部分由地方苏维埃下设的公证科办理外,根据公证内容,分配给社会保障科、司法科、户籍登记局等部门办理,形成了公证权限由各行政机关分别行使的状况。

内战结束后,1921年至1925年,苏联进入新经济政策时期,私人资本主义有所活跃。为了"制止私人资本主义任意扩大地盘",需要建立具有国家机器性质的全新公证组织,与其他国家机关一起对一切法律行为加强国家监督。为达此使命,苏联重新打造公证制度。

1922年,苏联公布《国家公证条例》,通过立法给公证戴上"国家"的帽子,抹去了公证人中的"人"字,公证员仅仅"是国家机关——公证处的代表"。

1924年,苏联颁布《法院组织法原则》,其中第18条规定:"为了拟定与认证法

---

[*] 作者简介:薛凡,司法部公证理论研究与人才培训基地特邀研究员。

律行为、契约和办理其他公证行为,设立属于省法院并在其直接监督下的公证处。"这一规定将原本公证人居中而立、"公正存真"以预防纠纷的专业法律服务转换为公权力的"认证"即证明活动。现实中,国家公证机关公证员"办证"之时,一旦发现当事人有诈欺等不法行为,便将一切资料交付侦查机关以追究嫌疑人的罪责。苏联学者披露这类个案至少有"千百个",这就使苏联国家公证机关更类似于守望在民刑交叉地带辅助侦查机关的"前哨站"。

1926 年,苏联公布《关于国家公证组织的基本原则》,并重新发布《国家公证条例》,明确了设立国家公证处,负责拟定并证明契约和其他法律行为等,公证费依定额征收,公证费收入和公证机关的开支均编入国家预算,故国家公证处公证员又称"预算内公证员"。

"二战"后,苏联仍保留了公证制度,在强化公证体制国家化、公证工作认证化的同时,又强化了国家公证处的行政化。1947 年,苏联公布新的《国家公证条例》,在此基础上上升为 1973 年苏联最高苏维埃通过的《国家公证法》,该法第 1 条规定,国家公证的任务是准确及时地认证合同和其他法律行为。第 3 条规定,国家公证处的公证员分为不同等级,即主任国家公证员、副主任国家公证员和国家公证员。公证组织行政化导致的官僚化,埋下了日后国家公证处整体衰败的隐患。

苏联时期权威的法律工具书《苏联法律辞典》写到,国家公证机关在对一切法律行为实施国家监督这一使命中"起了巨大的作用",显然,这种作用与苏联计划经济体制的内在需求是相承的。正因为如此,俄罗斯在走向市场经济道路后,公证体制由计划经济条件所要求的国家公证机关本位,转型为与市场经济相适应的公证人本位,成为公证改革的不二选择。

二、公证人主体地位回归与公证体制"双轨制"

苏联解体前,俄罗斯已开始进行司法改革。1991 年 10 月 24 日,俄罗斯联邦最高苏维埃通过了经时任总统叶利钦提议、人民代表佐洛图欣领衔的法学专家团队起草的司法改革纲领性文件《俄罗斯苏维埃联邦社会主义共和国司法改革纲要构想》(以下简称《构想》),《构想》的颁布标志着俄罗斯司法改革全面启动,也推进了公证改革。

与司法改革可能更多被理解为审判、检察等系统的改革不尽相同,俄罗斯司法改革包含公证改革在内,这是由公证组织的护法机关性质决定的。俄文法律术语中,"司法"一词广义上包含司法系统、护法机关和其他法律机关。"护法机关"是俄文中一个特别的法律术语,是对维护法律秩序、公民权利与自由、与犯罪及其他违法行为作斗争、保障社会秩序和国家安全、恢复被损害的民事权利、在必要情况下采取法律制裁措施的机关的总称。检察机关、司法机关、公证机构同属护法机关,而司法机关特指法院。护法机关并不都是国有体制,分为国家和非国家护法机关,前者如法院,后者如私人执业的公证人事务所。而"司法改革"一词指司法体制和工作机制改革。由此理解,公证改革纳入俄罗斯司法改革进程顺理成章。

《构想》十分强调包括公证机构在内的护法机关改革的必要性,它引用的1990年5月一项社会调查结果显示,"与共青团、各部委和工会相比,信任护法机关的人最少",表明护法机关"不能满足社会需求,引起了信任危机"。《构想》批评"护法机关工作人员独立性个体能力缺失",明确提出"法治国家解放人,使其摆脱在异己体制中的机械角色,将工作人员转变为有意识的活动家和个性人",这一理念对于俄罗斯公证体制转型无疑具有指导意义。

1993年,俄罗斯联邦法律《公证立法纲要》(以下简称《纲要》)问世,《纲要》不仅是公证改革的基本纲领,也是1993年以来俄罗斯调整公证制度唯一的法律,颁行后定期修改,最后一次修改是在2018年8月。《纲要》的主题词不是"国家公证"而是"公证",象征公证活动不再由国家垄断而开始回归社会。更为重要的是,《纲要》第1条规定:"在俄罗斯联邦,公证行为由在国家公证处工作的公证人,或者由私人执业的公证人依据本纲要进行。"并明确:"公证活动不是经营活动,不以营利为目的。"法律在确立公证体制双轨制的同时,恢复了苏联时期被抹去的公证人中的"人"字。无论实行何种体制,公证机构只是公证人的执业场所,从而宣告了国家公证机关本位体制的终结。《纲要》以公证人为本,赋予公证人有自主选择任何一种体制的权利,有利于排除公证行业既得利益群体对公证改革的阻碍,依法保障改革举措落地。

三、从公证体制双轨制演进为公证人本位体制

依照《纲要》确立的公证体制双轨制路径,俄罗斯公证改革迅速启动。1993年是《纲要》颁布的第一年,公证改革就已取得明显成效,这一年全俄5000多位公证人原来都在国家公证处执业,其中近2000位公证人去了民间性质的公证事务所,占当年公证人总数的40%。在首都莫斯科,原有的国家公证处也在这一年被民间性质的公证人事务所一举替代。1995年,国际公证联盟接纳俄罗斯为正式成员。

俄罗斯公证改革过程中,曾经有过一个颇堪回味的插曲。《纲要》在确立公证体制双轨制的同时,规定"颁发继承权证明"和"对遗产采取保存措施"两项业务只能由国家公证处公证人办理,私人执业的公证人不得办理。尽管如此,公证处内部的官僚主义、公证人劳动与收益明显不挂钩等弊端,使国家公证处群体在公证行业竞争和更为广阔的市场竞争中节节衰退,一度仅在经济不发达的偏远地区存在,毫无生机活力。

2017年,俄罗斯公证人协会向国际公证联盟提供的数据显示,2016年,全俄

7911位执业公证人已全员选择个体执业。公证人个体执业独立担责成为唯一的公证组织形式。《纲要》颁布近二十年,俄罗斯以公证体制双轨制渐进过渡,实现了由国家体制转向公证人本位体制。借用早在2004年圣彼得堡公证人协会主席的评语:"在俄罗斯,公证改革是整个国家司法制度改革中最为成功的一项改革。"

历史变迁中的波兰公证制度

周慧琳*

一、波兰公证简史

波兰公证制度起源于基督教文明的传入,1284年,教皇马丁四世授权格涅兹诺大主教任命了两名教皇公证人。波兰第一份公证文书出现在1287年,由大主教办公室的公证人起草。进入14世纪,波兰公证制度蓬勃发展,尤其是在波兰与条顿骑士团进行的诉讼中,波兰公证人制作的公证文书为波兰赢得诉讼作出了重要贡献。18世纪末,波兰先后三次被沙俄、普鲁士和奥匈帝国瓜分,其公证制度也受到以上三国的影响,呈现出差异化的发展方向。

第一次世界大战后,长期分裂的波兰在1918年恢复建国,其公证制度在公证人群体的努力下逐渐走向统一。20世纪30年代,波兰的债务法、公司法、商法典等陆续出台,为波兰公证制度的迅速发展提供了法律支撑。

1933年,波兰颁布第一部公证法,为其公证制度的长远发展奠定了坚实基础。该法秉持拉丁公证的传统,深入借鉴法国公证立法,虽将公证人定义为公职人员,由司法部长任命,但赋予公证人群体高度的自治权和独立性,允许其建立公证人协会进行自我管理。该法为波兰公证制度的发展创造了良好的法律环境和社会环境,在第二次世界大战爆发前夕,波兰的公证人数量达到了845人。

然而,第二次世界大战的爆发让波兰公证制度陷入历史低谷。战后的波兰完全照搬苏联的经济模式和法律制度,其公证制度亦不例外。1951年颁布的《公证人法》废除了此前的公证制度,公证人成为国家机构,由司法部长及其行政机构监

---

* 作者简介:周慧琳,中南财经政法大学法学院博士研究生。

管,公证人自治的相关制度也被废除。不过,在此阶段,国家公证人的权限却有所扩大,比如保管土地和抵押登记册等。

1989年发生东欧剧变,波兰最先脱离苏联模式,其公证制度再次发生变革。以1991年《公证人法》颁布为契机,波兰公证制度进入新的历史阶段,国有化的公证制度再次回到社会化公证制度,恢复了公证人作为公众信任者和独立职业的地位,并赋予其高度自治的权利。该法实施至今已有30余年,为波兰公证制度的改革发展提供了有力的法律保障,同时也为周边国家的公证改革提供了有益参考。

二、公证行业概况

根据波兰全国公证人协会2022年发布的《2021年公证人发展报告》,可以大致了解当前波兰公证行业的基本概况。

首先,从公证人员数量来看,目前波兰全国共有3806名公证人(女性公证员占比63.74%),共计3106个公证人事务所,其中一人制事务所2491家,合伙制事务所558家,公司制事务所57家。公证人员数量较多的地区为华沙、克拉科夫、格但斯克、卡托维兹等地。

其次,从公证业务情况来看,根据波兰现行公证法第79条的规定,公证人可以从事以下公证业务:(1)起草公证书、继承证书和欧洲继承证书;(2)起草证明书、会议记录以及汇票和支票的抗议书;(3)保管文件、金钱和证券;(4)制作文件的摘录和副本;(5)根据当事人要求起草声明和其他文件草案;(6)从事其他法律规定的业务。报告显示,2021年,波兰公证人共计办理公证活动17774580项,其中起草证书16357787份,起草抗议文书7份,交付报表3143份,发布保管许可5674份,办理土地和抵押登记申请1407969份。此外,公证人还准备和起草了264664份关于接受或拒绝继承的声明,180671份继承协议,183927项继承证明,2543份欧洲继承证书。

三、公证自治机构

作为独立且自由的职业群体,波兰法律赋予公证人群体高度的自治权力,而行使自治权力的机构就是波兰的公证人协会。波兰公证人法第一编第四章专章规定了公证人协会的组成、权力和职责。根据该法规定,波兰所有的公证人都必须加入公证人协会,公证人协会又分为全国公证人协会和11个地区性的公证人协会。

全国公证人协会是波兰公证的代表,其职责主要包括以下几个方面:(1)通过公证人协会的内部管理规定;(2)制定公证收费规则;(3)与国外公证机构开展合作;(4)就司法部长或其他公证机构提出的事务发表意见;(5)制定公证职业道德;(6)规定会员的会费收取标准和使用规则;(7)制定公证人的学徒计划和培训机制。

此外,全国公证人协会还负责运行全国统一的公证登记系统,该系统设有继承登记、遗嘱公证登记、公证书摘录存储、公证人统计登记等功能,这为波兰公证制度的有序运行提供了有效的技术保障。

四、公证职业道德

在波兰,公证人被定位为创建和实施自由市场法律结构不可或缺的参与者。在职能定位上,公证人履行公共职能,但又以自由职业者的身份开展工作。因此关于公证人的职业道德也就较为特别。1997年,波兰全国公证人协会制定了专门的《公证人职业道德守则》,以此规范公证人的职业行为。该守则主要规定了公证人的一般义务,公证人对公证当事人的义务,公证人对其他公证人的义务,公证人对同事的义务,以及公证人与公证人之间的相互义务。具体内容如下:

第一,在一般义务方面,要求公证人在执业活动中能够做到诚实、可靠、独立、公正并保守秘密,积极维护公证职业的严肃性、荣誉性和公信力。作为国家授权的行使特定职能的公信者,公证人应该努力在其公共性与自由职业地位之间保持平衡。第二,在对公证当事人的义务中,要求公证人积极采取符合当事人意愿的法律解决方案,但在满足当事人意愿时不得规避法律,其有义务保持对国家的忠诚。公证人应当严格遵守保密原则,只有在法院判决或者公证行为所有参与人共同声明的情况下,才能免除公证人保守秘密的义务。第三,在对其他公证人的义务中,公证人应本着忠诚、善良和尊重其他公证人的原则,避免任何形式的不公平职业竞争。同时要求公证人不得从事任何形式的个人广告行为,有关公证人的信息只能由公证自治机构提供给媒体。公证人之间如果发生纠纷,可由公证人协会进行调查,再由法院进行处理。第四,在对同事的义务中,要求公证人为其助理人员、实习人员和行政人员提供令人满意的工作条件,并使他们有足够的机会参加职业培训。第五,关于公证人与公证人的相互义务,主要体现在公证人与公证人协会的关系上。公证人协会应当尊重公证人的荣誉,确保公证人勤勉可靠的执业。如果出现公证人违反职业道德的行为,公证人协会有权进行调查并作出决议,公证人有义务遵守公证人协会的决议。

奥地利公证制度的特色

刘浅哲*

奥地利公证制度属于拉丁公证体系,具有拉丁公证制度的一般性特征,比如严格的任职条件、坚持公证人职位数量限制的原则、公证权具有权威性与排他性。奥地利所有公证人不隶属于任何国家机关,他们都是自由职业者,独立办理公证业务并独立承担民事责任,但以法院专员的名义从事公证活动的公证人除外。在职能上也具有拉丁公证制度的共同点,即奥地利公证人可以公证各种声明,依法定程序对法律行为、有法律意义的事实与文书的真实性与合法性出具公证文书,同时也可以根据当事人的申请代为起草私文书、保管当事人寄托的文书、开展提存等业务。经过奥地利公证人的不懈努力,他们结合本国的需求,在推动本国公证制度不断发展完善的过程中也形成了自己独具特色的一面,本文认为奥地利公证制度主要在以下三个方面具有独特性,对发展与完善我国公证制度具有一定的参考价值。

一、作为法院专员的奥地利公证人

(一)业务范围

根据《奥地利法院专员法》等法律的规定,公证人可以在某些情况下以法院专员的身份行使职权,主要包括:(1)奥地利公证人可以在遗产继承相关事务的非讼程序中以法院专员的身份行使公证职权。作为法院专员的公证人应当根据继承法中的规定处理各种继承问题,如记录死亡、清点遗产并起草遗产登记册,确定继承人并接受其接受遗产的声明,保护遗产、撰写和检验包括财产分配的证明在内的各项账目或证明,以及为实现这些目的所采取的必要措施。(2)在公证人根据《奥地

---

* 作者简介:刘浅哲,湘潭大学博士研究生、司法部公证理论研究与人才培训基地研究员。

利土地登记流转法》第 7 条所规定的从事土地转让登记业务时，该公证人将被视为法院专员。(3) 公证人根据《奥地利企业登记法》第 35 条所规定从事公司登记业务时，该公证人将被视为法院专员。①

（二）法律效力与职权

公证人所从事的上述业务都具有确认当事人民事权利的性质，赋予从事这些业务的公证人法院专员的身份，不仅将增强公证人的公信力，而且会帮助公证人更好地去完成这些任务，以减轻法院的负担。作为法院专员的公证人将依法享有法官的某些权力，其所出具的法律文书与法院出具的司法文书的效力相同。就作为法院专员的公证人的职权而言，公证人可以在联邦辖区内，独立从事调查和收集证据工作，通过邮递、法院送达传票或公告的形式进行送达。公证人在调查真相与询问事实的过程中，享有与法官一样的知情权和阅卷权，可以在自动化电子业务登记簿中免费进行检阅。并且公证人在以法院专员的身份行使职权时，法院、政府机构以及其他受法院专员选任制度所管理的公证人有向该公证人提供协助的义务。

（三）法律责任

根据《奥地利法院专员法》第 1 条第 3 款的规定，只要是公证人以法院专员的身份从事相关的职务活动，那么该公证人将被视为刑法意义上的国家公务员。如果公证人依据奥地利刑法的规定构成犯罪的，将被认定为职务犯罪。如果造成当事人或其他利害关系人的权益受到损害的，将由国家来进行赔偿，国家赔偿之后可以向有故意或重大过失的公证人追偿。②

二、持久授权书公证

所谓的持久授权书公证是指当事人在其具有完全意思能力时，向公证人申请起草持久授权书并进行公证，当其本人因精神障碍、智力障碍或其他意思能力衰退或丧失的情况发生时，授权他人可以根据持久授权书的授权范围处分其财产、作出医疗决定等事项。这种持久授权书制度的法律效果与我国《民法典》中的意定监护具有相似性。持久授权书相较于法定监护的优势主要体现在更尊重当事人的意思自治，当事人不仅可以自主选择被授权人，而且可以自主决定授权的范围与内容。而法定监护排除了被监护人在任何情况下的行为能力，即使其能够在个别情况下采取行动，所以存在对被监护人的基本权利过度干涉的可能。

---

① 苏国强、汤庆发、刘志云：《欧洲公证法汇编》，厦门大学出版社 2017 年版，第 3-4 页。
② 薛凡：《公证制度与实践的革命性重塑》，厦门大学出版社 2022 年版，第 224 页。

在奥地利,经过公证的持久授权书被记录在奥地利持久授权书中央登记簿中。根据法律,该登记簿由奥地利民法公证人协会建立并负责运行。持久授权书生效的条件是授权人的意思能力衰退或丧失,那么被授权人将如何了解授权书已生效的事实。在奥地利,根据法律规定,公证人如果持有证明该授权人已经丧失行为能力或行为能力在某些范围处于受限状态的医疗证明时,公证人应在奥地利中央授权书登记簿中记录持久授权书的生效情况。被授权人可以基于登记簿中的记录获知授权人的行为能力状况。由于持久授权书对授权人的权利具有重大影响,所以作为中立者的奥地利公证人在起草授权书时需要尽到审慎勤勉的职责,严谨审查持久授权书的各项措辞,明确持久授权书中的授权事项。同时要对医疗证明必须负责任地审查,明确医疗证明中授权人不能正常行事的范围,避免干涉授权人可以正常行事范围内的自主权。[①] 可以看出,持久授权书公证对公证人的综合素质具有相当高的要求,同时这也是公证人作为民事权益保障者的应有之义。

虽然我国《民法典》第 33 条规定了意定监护制度,但是对于该条在实践中如何操作、如何保障被监护人的权益不被侵害等一系列具体规则都有待细化。我国公证机构作为国家法定证明机构,在辅助意定监护协议的起草、保障意定监护协议真实合法以及在形成意定监护制度具体操作规则方面具有得天独厚的优势。公证机构的参与可以辅助实现国家对意定监护秩序的宏观把控,但是也必须看到意定监护制度对公证行业自身素质能力的高要求。所以可以说对公证行业而言,这既是机遇又是挑战。

三、奥地利公证人电子档案系统[②]

在奥地利,所有公证书都只有一份正本原件,发给当事人的都是经过认证的副本。公证书的正本原件由出具公证书的公证人保存,公证书正本原件将被保存在专门的档案中,在公证人退休或死亡后,这些档案会被移交给奥地利民法公证人协会,以便进一步保管。但是这一切都随着奥地利公证人电子档案系统的建立而发生了巨大的改变。1999 年,奥地利民法公证人协会和西门子奥地利公司合资成立了"CyberDOC"公司。奥地利民法公证人协会持有该公司 51% 的股份,西门子奥地利公司持有 49% 的股份。两个股东各提供一名总经理,由两名总经理共同代表"CyberDOC"公司。从 2000 年 1 月 1 日开始,由"CyberDOC"公司负责运行的奥地

---

① See Michael Lunzer, The Notary: A Guardian of Private Autonomy, in General Reports of the XIXth Congress of the International Academy of Comparative Law, edited by Martin Schauer & Bea Verschraegen, Springer Science+Business Media B. V. , The Netherlands, 2017, pp. 620-621.

② See Friedrich Schwank, CyberDOC and e-Government: the electronic archive of Austrian notaries, Digital Evidence and Electronic Signature Law Review 1(2014), pp. 30-32.

利公证人电子档案系统正式启用。

公证人在完成公证之后必须在电子档案中登记所有新的公证文件。当然,在公证文件完全以电子方式创建和处理之前,公证文件的纸质和电子形式均被视为原件。在具体操作上,所有的奥地利公证人都可以访问"CyberDOC"的专用外部网。前期电子档案系统只是一个封闭的系统,只有公证人可以访问在线电子档案,以存放和检索文件,但是后来它变成了一个相对开放的系统,只要是公证文书中明确说明谁有权从公证人处获得经认证的副本的,该当事人就可以向公证人提出复印申请,经过授权之后,该当事人就可以在线访问电子档案,并以纸质形式打印一份副本,作为公证书的真实副本进行认证。

电子档案系统为公证业务的开展提供了许多便利。首先,电子档案是永久性保存的,不存在公证人在退休或者死亡时对公证档案进行转移与交接。其次,在检索上给公证人带来了极大的便利,提高了办证与查询文件的效率。并且公证人可以在电子档案系统中查询与浏览全国其他公证人所出具的公证文书。再次,电子档案系统中除了存储公证文件之外,还存储了公民的出生证明、结婚证明、公民身份和移民文件等个人文件。如果公民需要这些文件的认证,他们可以从任何公证人处获得这些经过认证的副本,而无须出示原件。最后,电子档案系统也与奥地利的全国电子政务平台进行了互联互通。基于两个平台信息数据共享的基础,奥地利公证人在许多政务领域都起到了非常重要的辅助作用,比如在护照申请、发放许可证或执照、税务评估等领域。同时,电子档案系统基于各类交易行为的需求,为全国其他部门也提供了大量数据支持,比如已向土地登记机构和商事法院转交了600多万份文件。[①]

综上就是笔者认为奥地利公证制度中极具特色的部分,当然奥地利公证制度的鲜明特点还远不止这些,比如:在拓展自愿公证方面。虽然奥地利公证制度存在着大量的法定公证,比如不动产交易类、公司设立类,这些法定公证足以保障奥地利公证人的业务量。但是他们在法定公证中也积极探索出了许多配套的自愿公证服务,以增强公证在人民心目中的认可度与不可或缺性。在保障公证业务更好开展方面,奥地利除了开发出上述在全国通用的电子档案系统外,还建立了为了保障提存、代收费用等托管资金安全的公证信托银行(Notartreuhandbank)。该银行由奥地利民法公证人协会与其他两家国内的大型银行合作设立。在办理涉及资金托管的公证业务时,公证人可以协助当事人在公证信托银行设置一个单独的专门账户,这个账户只有为当事人服务的公证人及其授权的代表才能处理,并且必须指

---

① 参见奥地利公证人协会网站,https://www.notar.at/die-notare/einrichtungen/,最后访问日期2023年3月6日。

定资金受益人,托管资金只能由公证信托银行转给该受益人,以保障资金的绝对安全。目前,奥地利全国所有的 536 名公证人都与公证信托银行建立了合作关系,截至 2021 年年底,约有 903000 个账户已经结清,银行的资产总额约为 31.5 亿欧元。①

---

① 参见奥地利公证人协会网站,https://www.notar.at/die-notare/einrichtungen/,最后访问日期 2023 年 3 月 6 日。

德国公证职业法律现代化改革

米　婷[*]

近两年，德国公证行业进行了大刀阔斧的改革。这场改革以公证职业法律现代化为宗旨，目的是为社会提供更加符合现代生活方式的公证法律服务、提高公证行业自身的管理能力和提升公证职业的吸引力。德国公证职业法律现代化改革不只是对公证行业单一的、平面的改革，而是从公证制度实施的整体考量，对相互衔接的各个法律制度的联动修改，充分展现了改革的统筹性、全局性和互动性。

一、公证行业改革背景

随着新技术的不断发展和在社会生活中的深入应用，不同国家的不同行业从未停止过对新技术的应用探索。德国公证行业以土地登记簿的电子化改革为开端，逐步意识到行业信息化的强大力量，认为其不仅可以极大方便当事人申请登记和公证人查询使用，还减轻了档案管理保存的难度。

德国于2022年开始实施公证电子档案，通过联邦公证协会建立的"电子文件档案"以电子方式来保存公证证书，这使得文件能够安全保存100年。从2022年7月1日起，所有新创建的公证文件必须扫描并作为"原件的电子版"存储在电子文件集中。公证人直接从此电子版本签发副本。在原始纸质副本过30年保存期被销毁后，每份公证文件都将以数字形式提供。

随着社会福利进一步提高，已育女性受到的倾斜性保护也愈加明显，主要体现在生育假的延长、育儿津贴的增长以及用人单位更加重视女性的作用等。为了适应这一社会趋势，德国公证行业计划修改对已育女性的职业规定，以更具吸引力的

---

[*] 作者简介：米婷，法学博士，华东政法大学中外法律文献中心助理研究员，兼任司法部公证理论研究与人才培训基地研究员。

工作条件欢迎女性加入公证行业。

社会生活发展变化的日新月异,要求传统公证行业必须革故鼎新才能拥有持续发展的动力。因此,此次公证职业法律现代化改革不仅涉及新问题新举措,还对固有难题提出了解决办法,并对相关的法律法规作了修改。

二、《关于公证职业法律现代化和修改其他规定的法律(草案)》的形成

为了积极推进公证行业现代化改革,2020年6月联邦司法和消费者保护部公布了一份长达223页的《关于公证职业法律现代化和修改其他规定的法律(草案)》(以下简称《草案》)。

《草案》前三页是正文的总体说明,在总体说明的A部分首先阐明了当前存在的问题和改革目标,即公证职业法律的各个领域都需要现代化。这首先涉及以研究为目的查阅公证证书和公证目录,以及提高家庭和事业的可协调性,从而吸引更多女性从事公证职业。此外,还包括对同事、公证人协会以及亲属和雇员的免收公证费问题,联邦公证人代表会议的选票分配不当问题,协会内部公证人、律师、税务顾问和审计员就同一起案件的沟通禁止问题等。

B部分给出解决方法,对于保存70年以上的公证证书和公证目录,原则上允许查阅以供研究,但如果涉及保密内容还应谨慎。家庭和职业的可协调性首先要改善本部门的重返岗位保障,通过将一年的暂离期延长为3年来实现。《草案》提出取消对部分人群的免费待遇,根据联邦公证人会议席位来分配代表票数,主张协会内部的人员工作沟通应制定更加实用的规定,国家法律考试在未来应以电子形式进行。

在C、D、E部分列出了草案的备选方案以及公民和经济方面的履行等。E部分测算出了修法后管理部门的履行费用。F部分给出了其他费用的预算,例如,对公证费用的减免将意味着公证人每年将增加2113500欧元的财务负担,这部分缺口需要公证人自己解决。

《草案》公布后在德国引起了巨大反响和热烈讨论。两个月内,共收到来自联邦公证协会、德国公证人协会、联邦税务顾问协会、联邦律师协会、公证专业考试中心等组织以及专家个人的共16份专业建议。

联邦公证协会在2020年8月21日给司法部长莱纳·考尔先生出具了一份长达54页的建议,建议总体而言对《草案》要达成的公证职业法律现代化的目标持赞成意见,尤其对其中关于家庭事务和公证职业协调性的改进非常支持。同时,他们也批评该《草案》没有充分体现改革的现有需求。从立法技术看,体现性别平等的描述性规定有可能不能准确实施。还建议在为完成研究目的查阅文件的费用中至少列入一项不利情况条款。因为在个别情况下,这可能导致保管人付出巨大的努

力。随后还对法律草案作了进一步的修改和补充。

德国公证人协会在其建议中对《草案》内容整体表示欢迎。特别强调,关于因照顾儿童而中止公证职业以及延长育儿假的规定将进一步促进家庭事务与公证职业的协调性。然而,也有意见批评说,《草案》没有完全把握改革的必要性,部分内容由于努力使用性别平等的语言而难以理解和不够清晰。同时,主张能否出于研究目的查阅公证证书和目录应是一个自由裁量的决定,或者至少应提供一个不利情况条款。

2020年11月18日,联邦政府公布了一份280页的政府草案。2021年7月2日,《公证职业法律现代化法》全文在《联邦法律公报》上公布,《联邦公证人法》也于2021年12月21日作出了相应修改。

三、《公证职业法律现代化法》主要内容

《公证职业法律现代化法》全文共50页,总计25条。该法不仅是关于《联邦公证人法》的修改,还涉及对与公证相关的其他法律法规的修改。该法对《联邦公证人法》修改的内容长达19页,其中新增9个条款,修改了122个条款。主要修改如下:

将原本混合在第6条和第7条规定的专职公证人和律师公证人的任职条件,分为5a和5b两个紧邻的条款来规定。其中,5a是关于专职公证人的任职条件,5b是关于律师公证人的任职条件。这两条规定使不同种类公证人的任职条件在逻辑上更加清晰。

第17条将原来"经公证人协会批准后,出于道义上的义务或礼节上而给予折扣或免收费用是允许的",改为"除非法律规定因处理不当而免收费用、减免费用或不征收费用,否则只有在收取费用不合理的情况下,才允许减免费用或减少费用"。这一修改尊重了公证人付出的辛劳,避免了对道义和礼节的模糊判定。

新增第18a、18b、18c、18d四款对以研究为目的的查阅公证证书和目录作出规定。18a是获准查阅公证证书和目录内容的条件,要求查阅主体必须是从事历史或其他科学研究的人员,并以实施科学研究项目所必须为目的。申请查阅自认证之日起或自登记之日起已超过70年的证书时,需要描述研究项目以及请求访问的内容,同时还必须解释为什么需要访问才能进行项目研究。

18b规定访问的形式一般为匿名访问,但也有例外。访问后不允许发布公证证书和目录。18c是访问时的内容保护,所访问的内容受保密义务的约束,查阅人需以文字形式作出保密承诺,并应被告知违反义务可能承担的刑事责任。访问内容所形成的科研成果出版前须经国家司法行政部门同意。18d是关于访问成本的规定,为研究目的访问公证证书和目录的内容会收取费用,附录1中有详细的收费

表。新增的四款是该法案的最大亮点,也足以说明公证档案对于学术研究的重要性,它们是历史真实客观的纪录片。

第 46 条变更了公证人和其代理人的责任承担方式,若损害发生于代理人和公证人之间,则由代理人(旧法是公证人)独自承担责任。对代理人的责任承担区分了故意和过失情形:如果代理人故意或因重大过失而违反公务,则不适用代理人独自承担责任。在这种情况下,代理人对公证人负全部责任。

第 48b、48c 条对中止公证职务作出规定。48b 在原来 2 款内容的基础上扩充为 5 款,细化了职务中止的情形。为照顾未成年人或其他有需要的亲属时,公证人应提前六个月提交中止职务的申请,并说明预计中止的期限,一次或多次中止的总期限不得超过十二年。如果需要中止职务的原因消灭时,应立刻通知监管机构。第 48c 新增因健康原因的职务中止,可提出最长一年的中止期限,并提交相关医学证明和申请。修正了因健康原因而暂时无法从事工作将直接被取消公证人资格的规定。

其他修改。例如,第 12 条增加的第二款,规定了公证人任命无效的可能情形;第 33 条新增加公证人协会或联邦公证协会管理电子签名数据的可能性;第 48 条增加了公证人辞职申请的可撤回情形,赋予了公证人撤回辞职申请的权利;第 86 条规定按照公证协会所在地区人口数量来分配代表大会的投票。

修改后的《联邦公证人法》用词更加严谨,对特殊情况的补充规定更加详细,充分考虑了当前社会生活习惯,同时也对与公证相关的其他法律作了相应调整,为修改后的顺利实施扫清了障碍。

1999年《荷兰公证法》的修改及其完善

张红旺*

荷兰的公证制度在欧洲大陆乃至全球都可谓独树一帜。2006年12月，欧盟委员会和芬兰竞争管理局曾在布鲁塞尔主办的"专业服务改革经济案例"会议上称"荷兰的公证制度已然成为独立于拉丁公证与盎格鲁-撒克逊公证体系之外的第三类别"。一直以来，人们更多关注的是1999年以《荷兰公证法》修改为契机在公证行业实行的市场化改革，但殊不知为适应公证改革的市场化导向，《荷兰公证法》在公证服务监管和质量保障方面同样作出了大量修改与完善。

一、《荷兰公证法》修改的历史背景

自英国和美国在20世纪80年代通过大力推行新自由主义经济理论而缓解滞胀危机后，该理论逐渐向全球推广。荷兰因为地缘因素首先接受了该理论。随着荷兰经济在新自由主义经济理论指导下高速发展，这一理论逐渐开始向公证服务等领域延伸。当时荷兰的公证制度在经济社会快速发展的趋势之下出现了不少问题。许多社会团体，如消费者协会和业主协会认为公证收费过高且公证价格不是基于实际成本而制定的；消费者在公证服务方面没有太多选择；候选公证人过多，不能及时转为公证人；公证人缺乏动力进行创新和提高工作效率等。尽管荷兰皇家公证人协会（KNB）当年四次主动下调房地产领域的公证收费标准，但人们依然不满意。改革者主张只有完全自由的市场才能为消费者提供真正的保护。加之，1997年《竞争法》的发布更是加深了改革者在公证服务领域实施市场化政策的愿望。

---

* 作者简介：张红旺，法学博士，格罗宁根大学法学博士后（在站），司法部公证理论研究与人才培训基地研究员。

二、《荷兰公证法》修改的主要方面

1999年的公证立法深受当时政府推行的"竞争、放松管制和质量立法"改革政策的影响。不过,此次改革尽管以市场化和放松管制为重点,但在保证公证质量和加强监管方面仍采取了不少措施。

(一)减少限制从而加强公证服务领域的竞争

一是取消公证职业定额的限制。1842年《荷兰公证法》设置了定额条款(numerus clausus),对每个地区的公证人总数设有上限,规定每4000名居民最多有一名公证人,每个州至少有两位公证人。这一定程度上保障了公证服务的均衡性和可及性。但也由于定额条款,所以只有出现职位空缺或者确需增加公证人职位的情况下,候选公证人才会被任命为公证人。事实上,直到1985年荷兰才新增了几个公证人职位。

1999年《荷兰公证法》对公证人的总数不再设上限。不过,为平稳过渡,改革者决定在新法出台后的前四年,每年新增的公证人数须控制在总人数的10%以内。尽管公证人总数没有了上限,但公证人的准入仍受到商业计划书的限制。引入商业计划书的目的是防止新增公证人在财务上表现不佳,因此申请人必须通过商业计划书证明自己有足够财力维持符合标准的公证办公室,并可以在设立后的三年内实现收支平衡。

二是放开公证收费标准的限制。早期荷兰公证人必须严格遵守1847年的《收费法》规定。1917年,荷兰最高法院允许KNB设定公证收费标准,并于1932年确认1847年《收费法》不再适用于公证服务。在KNB的章程中,家事和不动产领域的公证收费标准是固定的,公司领域的公证收费标准是建议性的,其他领域要么设置了建议性收费标准,要么不受限制。固定费用被视为调和公证人作为公务员和经营者双重身份的一种方式。

新法实施后,家事和公司事务领域的公证收费完全放开,不动产领域的收费逐步放开,直至2003年7月完全放开。不过新法还设置了两条例外规定,即为涉及低收入家庭的公证服务收费设定了最高费率;同时,为保证公证服务的可及性,法律赋予司法部长在必要时干预公证收费标准的权力。

三是适度允许公证人在营业地以外进行公证活动。但异地执业不能导致公证人事实上设立了一个分支机构,因为新法第13条不允许公证人在其营业地以外设立分支机构。如此规定的原因是,那些希望在某个市镇成为公证人的人在制定他们的商业计划时必须能够假设,在该市镇内不会有"外来公证人"在该城市活动。2005年阿姆斯特丹上诉法院表示如果公证人在其营业地以外进行的公证活动不超过其总量的1%,就不存在私设分支机构的问题。

(二) 加强公证质量的保障和监管

一是延长实习期时间。旧法规定候选公证人只需在公证处实习三年就有机会成为公证人。在实习期间他们必须从事家事、不动产、公司三个法定公证领域的所有工作。新法将实习期从3年延长至6年,在兼职工作的情况下,该期限将按比例延长。同时还要求候选公证人在申请被任命为公证人的前3年中必须有2年在从事公证工作。

二是引入公证质量账户。新法引入了质量账户,旨在确保公证机构客户的资金安全。公证质量账户受法律监管,并明确了存入该账户的客户资金不受公证人破产情形的影响。未经当事人授权公证人不得从该账户中提取任何款项。违规提取款项不仅会受到行业惩戒,还可能受到刑事处罚。

三是KNB的身份转变。在新法颁布之前,KNB是一个促进成员共同利益的行业组织,此后其变为《荷兰宪法》第134条所指的公共机构,服务于社会公共利益。所有公证人和候选公证人都必须成为该协会的成员。KNB的任务是提升成员的专业实践与能力。KNB有权制定规则约束其成员。

四是引入金融监管局(BFT)监控荷兰公证人的财务状况。BFT还负责监控公证质量账户的使用情况,确保客户的资金安全,以避免出现公证当事人在公证机构破产的情况下无法索赔的情形。

三、《荷兰公证法》的实施情况

(一) 公证人和公证机构方面的变化

新法旨在加快任命候选公证人成为正式公证人,但实施效果不甚理想。由于设立新的公证机构需要承担较高的经济成本和风险,因此新任命公证人申请设立新公证处的积极性并不大。同时,日益激烈的竞争以及担任公证人所需掌握不同法律领域的知识,使得独自开设新的公证机构变得更加困难。出于以上原因,候选公证人更愿意加入现有的公证处而不是开设新的独立公证处,而现有公证机构大多仅在公证人退休时才接受新公证人。因此,这种趋势只是增加了现有公证处的规模,与增加竞争的改革目标不相一致。1999年,荷兰有独立公证处748家,所有公证办公地点(含分支机构)834家。2021年有独立公证处773家,所有公证办公地点(含分支机构)1002家。事实上,自2008年所有公证办公地点上涨至1000家后,一直到2021年公证办公地点都没有太大变化。公证领域的市场化改革也使得公证人数与荷兰的经济发展情况高度绑定。公证人数由1999年10月的1318人一直增长至2008年金融危机前的1482人,后逐渐递减至2016年的1353人,又随着经济的好转而逐年增长至 2021 年 1 月的 1474 人（含辅助公证人）。

（二）公证费率方面的变化

之前，不动产领域公证服务的高收费事实上交叉补贴了公证处在家事和公司事务领域的低收费。这也使得后两个领域的当事人能以较低的公证费用享受到较好的公证服务。但自公证费率被完全放开后，家事和公司事务领域的公证服务收费有所上涨，而不动产领域的公证收费明显降低，原先公证行业中存在的交叉补贴现象显著减少。尽管整体而言，公证行业的收费水平下降，但部分公证处通过调控价格，故意不提供某类公证服务，这意味着公证处全面提供公证服务的法定义务成为软约束。兜兜转转，原先本欲通过主张市场化改革而降低公证费用的消费者协会等社会团体发现改革后家庭事务领域的公证服务收费还有所上升。

四、《荷兰公证法》的进一步完善

2005 年 9 月荷兰公证法评估委员会制作了一份关于 1999 年《荷兰公证法》实施情况的评估报告。该报告表示，随着 1999 年《荷兰公证法》的实施，一方面，出现了更好的服务、更多的创新以及价格的差异化，但另一方面，有足够的理由担心公证行业的诚信和质量的发展，这可能最终导致其公共担保功能的丧失，从而造成公证职业本身的消失。时任司法部长表示，公证服务是一个市场看不见的手并不总能实现最高利益的领域。随后，荷兰着手开始了对 1999 年《荷兰公证法》的修订工作。2011 年 2 月和 9 月，名为《提高公证专业的质量和诚信》的议案分别在众议院和参议院获得通过。同年 10 月，荷兰司法部发布了 1999 年《荷兰公证法》修正案。

该修正案旨在通过引入候选公证人的个人适合性测试、公证人的质量评估、扩大停职和解雇公证人的法定事由以及收紧公证人拒绝公证的权利，来提高民法公证人的执业质量和诚信。同时，该修正案还提出了公证监督职能和纪律处分职能的分离。金融监管局的职责已扩大到对公证人遵守《荷兰公证法》及其相关规范情况的整体监督，包括对公证人的诚信和质量的监督。原先的"公证人监督委员会"（kamer van toezicht）改名为"公证人纪律委员会"（kamer voor het notariaat），数量也由之前的 19 个调整为 4 个。对公证人、辅助公证人、初级公证人的纪律管辖权在一审时由公证人纪律委员会行使，上诉时由阿姆斯特丹上诉法院行使。如果 BFT 发现公证人存在不当行为，可以向公证人纪律委员会提出投诉。同时，KNB 有义务保持一个中央登记册，这上面不仅记录了每个公证人、候选公证人的具体信息，还记录了公证纪律委员会对（候选）公证人采取的惩戒措施。

此外，考虑到并非所有候选公证人都想成为企业家，并承担因经营公证机构而产生的经济风险，该修正案还引入了辅助公证人制度。该制度是对此前关于雇用公证人提案的替代安排。修改后的《荷兰公证法》第 30b 条规定,经司法部长批准,公证人可以指定候选公证人作为辅助公证人。每位公证人指定的辅助公证人数最多为 3 名。辅助公证人应使用与指定公证人相同的印章,但印章应注明自己的姓名和身份。辅助公证人应被授权代表指定公证人,并在其负责和监督下履行公证职责。公证人应对自己指定的辅助公证人的行为负责。当雇佣合同终止时,辅助公证人的公证服务权限也随即终止。自 2013 年辅助公证人制度实施以来,辅助公证人人数一路上涨,到 2022 年 1 月 1 日荷兰共有辅助公证人 224 人。

附件 《荷兰公证法》译文

译者的话

第一,本次翻译的是于 2024 年 1 月 1 日起生效的荷兰公证法文本。此次翻译参考了荷兰皇家公证协会(KNB)在其网站上公布的对 2014 年荷兰公证法进行的英文翻译。荷兰现行公证法于 1999 年 10 月 1 日生效。该法替代了在荷兰施行了 150 余年之久的 1842 年《荷兰公证法》。受其他法律修改以及欧盟法律的影响,《荷兰公证法》几乎每年都有修改。但整体观之,现行《荷兰公证法》自 1999 年生效以来,主要在 2004 年、2011 年、2016 年、2018 年和 2023 年进行了较为大幅度的修改。2004 年主要对《荷兰公证法》在运行中出现的缺陷和不足进行了全面完善。2011 年主要引入对公证行业的新形式的一般监督和一些促进公证行业诚信和质量的措施,如提出公证监督职能和纪律处分职能的分离,将财务监督局的职责扩大到对公证人遵守相关法律规范情况的整体监督,而公证纪律法庭专门负责审理对公证人的投诉并采取纪律处分措施等。近十年《荷兰公证法》主要修改的内容如下:专门增加了 5A 章关于电子公证的规定,增设了公证基金用于被接管和被代理的公证处的正常运转以及填补公证特别账户的赤字,调整了公证养老金的相关规定,进一步细化了 KNB 的经费使用问题,特别是明确了国家为履行监督职责和实施纪律处分而承担的相关费用应由 KNB 向国家偿还,进一步完善了公证纪律法庭处理投诉的程序,进一步健全了公证纪律处分措施的实施程序,进一步明确了公证纪律法庭的年度报告和预算的制作要求和程序等。

第二,此次翻译期冀帮助大家更好地了解荷兰公证制度。厦门大学出版社于 2017 年出版的《欧洲公证法汇编》翻译了法国、德国、意大利等众多欧洲国家的公证法,不过遗憾的是该书未能收录荷兰公证法的翻译文本。荷兰公证制度深受法国等大陆法系国家的影响,具有典型的拉丁公证制度特征。自 20 世纪末以来,为适应社会经济的高速发展,荷兰对公证制度进行了深刻变革,逐步建立起公证服务与社会发展之间的协同机制。欧盟委员会曾将改革后的荷兰公证制度称之为"独立于拉丁公证与盎格鲁-撒克逊公证体系之外的第三类别"。从最初单纯地追求加大市场在公证资源配置中的作用,到后来不断增强对公证行业的监管,荷兰目前在保持公证服务的公共性与公证资源市场化配置之间达致了一种平衡。这些改革措施在公证立法上都有相应体现。因此,对荷兰公证立法的深入了解,或许有助于我们解决多年来困扰中国公证体制改革的难题,即如何处理好公证服务的公共性和市场化运行机制的关系从而建立起适应社会主义市场经济发展的公证体制,以及有助于推进我国当前的公证法修改工作。

第三,本人翻译该法时尽量使用了可与我国法律术语相对应的词汇,如将"algemene maatregel van bestuur"翻译为"行政法规",将"ministeriële regeling"翻译为"部门规章",等等。严格意义上说,这样翻译并不完全准确,但为了能让读者更易理解,也只好如此。同时,对于在翻译过程中遇到的困惑之处,本人也向所在的格罗宁根大学法学院民法和公证法系的研究人员进行了确认,以尽力确保翻译的准确性。不过,尽管有荷兰皇家公证协会之前的英文翻译作参考,同时由于近十年该法发生了较多修改,加之自己对荷兰法律制度的了解还不够全面和深入,所以翻译时难免会有错漏之处,但总归聊胜于无。读者阅读中发现不当之处,请不吝赐教指正,为译者今后修订奠定基础。在此深表感激!

目　　录

第 1 章　定义

第 2 章　公证人的职责、权力、任命和免职

第 3 章　公证职责的行使

第 3a 章　指定公证人

第 4 章　候选公证人的见习、工作时间记录和专业培训

第 5 章　公证书、原本、可执行副本和其他副本

第 5a 章　电子公证书

第 6 章　公证费用

第 7 章　公证档案

第 8 章　荷兰皇家公证协会

第 9 章　纪律处分和监督

第 9a 章　养老金基金

第 10 章　附则

第 1 章　定义

第 1 条

1. 下列名词在本法以及其他依据本法而制定的规范中的含义是指:

a. 公证人:担任第 2 条所述职务的人;

b. 指定公证人:第 30b 条所述的指定公证人;

c. 候选公证人：符合第 6 条第 2 款 a 项规定的学历要求之一，或具有根据《欧盟职业资格认可通则》第 5 条被认可的候选公证人资格并且在公证人或代理公证人的责任下进行公证工作的人；

d. minuut：公证书原本；

e. 公证登记簿：1970 年《登记法》第 7 条所述的登记簿；

f. 公证档案：公证人保管的公证书、公证声明、登记册、公证书副本、公证登记簿和卡片索引系统；

g. grosse：以可执行形式签发的公证书副本或摘录；

h. 兼职：工作时间短于平均每周 36 小时；

i. KNB：第 60 条所述的荷兰皇家公证协会；

j. 部长：司法部部长；

k. verordening：第 89 条所述荷兰皇家公证协会（KNB）制定的规范；

l. 办公室：第 110 条第 1 款所述的财务监督办公室。

2. 在本法及其相关规定中，以下术语是指：

a. 配偶：登记伴侣；

b. 已婚：已登记。

第 2 章 公证人的职责、权力、任命和免职

第 2 条

1. 公证人的职责赋予其根据法律规定或当事人的要求办理公证文书，以及从事法律规定的其他活动的权力。

2. 只有已被任命并进行了宣誓，同时未被暂停执业或免职的公证人，才有权使用公证人的头衔。

3. 公证人在履行其职责时应自负成本和风险，包括管理由其保管的公证档案。

第 3 条

1. 公证人应由皇家法令任命。法令应明确公证人的执业地点。

2. 自任命决定作出之日起 6 个月内，公证人应在其所属公证纪律法庭所在的地区法院进行以下宣誓：

"我宣誓忠于国王和宪法，尊重司法当局。

我宣誓，我将遵守适用于公证职责的法律、法规和 KNB 规范，诚实、严谨、公正地履行我的职责；我将对因职务而了解到的一切情况保守秘密；此外，我当前没有，以后也不会以任何名义或托词，直接或间接地向任何人提供或许诺任何事物，以获得我的任命。"

如果没有按时宣誓，任命将无效。

3. 如果第 2 款中提到的誓词是用弗里斯兰语宣读的，则誓词的文本如下：

"我宣誓忠于国王和宪法,尊重司法当局。

我宣誓,我将遵守适用于公证职责的法律、法规和KNB规范,诚实、严谨、公正地履行我的职责;我将对因职务而了解到的一切情况保守秘密;此外,我当前没有,以后也不会以任何名义或托词,直接或间接地向任何人提供或许诺任何事物,以获得我的任命。"

4. 法庭书记员应当场向公证人出具宣誓记录。

5. 公证人的任命应自宣誓次日起生效。如果任命决定中指定了一个较晚的日期,而公证人的宣誓是在此之前进行的,那么任命应从指定的日期起生效。如果受任命人是代理公证人,那么任命在宣誓后立即生效。

6. 宣誓后,公证人应立即在第5条所述的公证人登记册上登记,提交宣誓记录,并交存其签名和姓名缩写。

第4条

宣誓后,公证人应立即将其签名和姓名缩写交存于其宣誓法院的登记处。

第5条

1. 建立公证人登记册,并由KNB保管。

2. 在登记册中,每个公证人、指定公证人和候选公证人都应登记其姓名、出生地点和出生日期。登记册还将记录上述人员的以下信息:

a. 公证人的任命、免职或死亡;

b. 公证人的执业地点;

c. 《遗嘱中央登记法》第2条2款所述的编号;

d. 第15条所述的接管公证处的指派;

e. 第30b条中所述的指定公证人情况;

f. 第28条所述的公证人代理情况;

g. 第3条所述的宣誓,并将签名和名字缩写记入登记册;

h. 第11条所述公证人之外的其他工作;

i. 第103条第1款、第3款和第4款所述的不可撤销的纪律处分措施;

j. 第103条第2款所述的最终裁判宣布投诉有充分根据,但未采取纪律处分措施;

k. 受到的第25b条、第26条、第27条和第106条第1款和第5款所述的命令措施;

l. 受到的不可撤销地行政罚款或第111b条第2款所述的处罚。

3. 公证人登记册供任何人查阅。KNB将根据要求以成本价提供经核实的副本或摘录。

4. 公证人登记册中关于第25b条所述的命令措施、第103条第2款所述的宣布投诉有充分根据但未实施纪律处分措施的最终裁判以及不可撤销的行政罚款或第111b条第2款所述处罚的内容,均不得公开。有关第26条、第27条、第106条第1款和第5款所述非纪律处分措施的登记,在这些措施生效期间应予公开。除非适用第103条第5款,否则第103条第1款所述不可撤销的警告或批评的登记不得公开。同样的规定也适用于第103条第1款c项所述的不可撤销的罚款,除非该处分是与不限制公开的纪律处分措施同时实施。

5. 关于本条第2款和第3款的适用、公证人登记册的结构、更新方式、查阅方式以及KNB提供登记册中信息的方式,可由或根据行政法规作出进一步规定。

第6条

1. 只有荷兰国民或欧盟其他成员国、《欧洲经济区协定》其他缔约国或瑞士联邦的国民才能被任命为公证人。

2. 担任公证人,须满足以下条件:

a. 申请人需:

1°. 通过《高等教育与科学研究法》中规定的大学或开放大学学术教育课程的结业考试,被授予公证法专业的硕士学位,或

2°. 通过《高等教育与科学研究法》中规定的大学或开放大学的公证法学习课程结业考试,获得使用硕士学位头衔的权利;

b. 申请人需:

1°. 完成了第31条规定的见习;

2°. 通过了第33条规定的考试;

3°. 申请任命的前两年,已在欧盟境内在公证人或代理公证人的负责下担任指定公证人或候选公证人,且每年平均每周至少工作21小时;或已在此期间履行公证人的职责;

4°. 已有符合第7条第1款要求的运营计划,以及第7条第2款所述的意见,并且

c. 持有根据《司法和犯罪记录法》颁发的良好行为证明;

d. 熟练掌握荷兰语,从而能够正确履行公证人职责。

第7条

1. 在制作第6条所述的运营计划时应至少表明:

a. 申请人有足够的经济能力按照既有标准运营公证处;以及

b. 可以合理地预期三年后公证处将能够实现收支平衡。

2. 司法部部长任命的专家委员会应对运营计划提出意见。根据要求,KNB和财务监督办公室应向专家委员会提供审查运营计划所需的相关信息。意见应附在运营计划之后。

3. 申请人将对专家委员审查运营计划的工作支付费用。

4. 应由或根据行政法规进一步制定以下方面的规则：

a. 运营计划；

b. 专家委员会的组成和工作方法；

c. 专家委员会工作费用的计算方式。

第 8 条

1. 希望被考虑任命为公证人的人，应向 KNB 提出申请，并说明他希望前往执业的城市。在递交申请时，申请人应同时提交相关文件以证明其符合第 6 条所述的条件。如果申请人在之前的申请中已经提交了第 6 条第 2 款 a 项和 b 项 1°和 2°所述事项的证明文件，则无须再次提交。在申请中，申请人还应说明曾为其担任候选公证人或指定公证人的一个或多个公证人的名字。提交申请后，申请人应支付申请处理费。KNB 应将申请与相关证明文件一并转交给司法部部长，同时将上述所有材料的副本送交公证职业准入委员会和财务监督办公室。

2. 司法部部长应就申请人个人是否适合从事公证工作向其任命的公证职业准入委员会征求意见。如果认为申请人个人不适合担任公证人职务，或有充分理由担心公证行业的荣誉和声誉将会因其而受到损害，则应拒绝其申请。司法部部长应签发拒绝任命申请的决定。

3. 为提出意见，公证职业准入委员会应对申请人进行调查。

4. 有关该委员会及其活动的进一步规则可由或根据行政法规制定。第 1 款所述的费用数额应由司法部规章确定。

5. 委员会应在收到申请后的五个月内作出决定。

6. KNB 和财务监督办公室可就申请向司法部部长提出意见。

7. 尽管有《行政法通则》第 8：4 条第 3 款 a 的规定，但利害关系人可以对司法部部长任命公证人的决定提起诉讼。

第 9 条

在不违背其他法律规定的前提下，公证人不得兼任司法机构成员，但代理法官除外，也不能担任司法辅助人员、土地登记簿和公共登记簿保管人或律师。指定公证人和候选公证人同样适用上述规定。

第 10 条

1. 司法部部长可通过发布决定来改变公证人的执业地点，并明确生效日期。公证人在原执业地的职权自同日起依法失效，但这不影响本法第 13 条的效力。

2. 希望改变执业地点的公证人应向司法部部长提出申请。在提交申请时，他应说明他希望前往执业的城市名称，如果该城市在其当前所在的地区法院辖区以外，还应说明他是否打算使用第 6 款所述的权利。在提出申请的同时，他还应提交

第 7 条第 1 款所述与他希望前往的执业地点有关的运营计划,以及第 7 条第 2 款所述的意见。

3. 司法部部长应将申请书副本连同附件送交 KNB 董事会和财务监督办公室,请他们在三个月内反馈其认为可能导致拒绝申请的任何已知事实或情况。

4. 只有当申请人提交的运营计划不符合第 7 条所述的条件时,该申请才能被拒绝。

5. 应在收到申请后的五个月内作出是否许可的决定。

6. 如果公证人开始在其原执业地点所在的地区法院辖区以外执业,那么他可以将其公证档案转移到新的执业地点。

第 11 条

1. 公证人应立即向 KNB 及公证纪律法庭报告其接受以及辞去任何其他职务或工作的情况,无论该职务或工作是否有偿。

2. 如果公证人从事的其他职务或工作使自身的公正性或独立性受到或可能受到影响,或使公证职业的荣誉或声望受到或可能受到损害,公证纪律法庭可以通过说明理由的决定,宣布该公证人不得从事该职务或工作。公证纪律法庭应立即用挂号信将其决定的副本寄送给该公证人。同时,公证纪律法庭还应告知公证人可对此决定提出上诉的方式。KNB 和财务监督办公室应各收到一份该决定的副本。

3. 在决定副本寄出之日起六周内,公证人可就该决定向阿姆斯特丹上诉法院提出上诉。上诉法院的裁判为终审裁判。KNB 和财务监督办公室应各自收到一份上诉法院裁判书的副本。

4. 如果该裁判生效或经上诉法院裁判维持,则公证人有义务尽快终止该职务或工作。

5. 在接受其他职务或工作之前,公证人有权请求公证纪律法庭就是否允许其从事该职务或工作作出裁判。第 3 款参照适用。公证纪律法庭和上诉法院审理案件,参照适用第 101 条、第 102 条、第 104 条的规定。

6. 指定公证人及候补公证人参照适用本条规定。

第 12 条

1. 公证人有义务在其任命决定中指定的地点执业,并在该地点保管公证档案。

2. 除法律另有规定或法院另有裁判外,公证人不得交出公证档案或其中任何部分。

3. 公证人有义务将公证档案有序地保存在一个安全的地方,以避免火灾和其他危险。

第 12a 条

［2013 年 1 月 1 日失效］

第 13 条

公证人可以在其执业地点之外履行公证职责,但应限于荷兰境内。公证人无权在其执业地点以外设立分支机构。公证人也不得在其执业地以外设接待处并在固定或不固定时间内提供服务咨询,但如果没有公证人在瓦登群岛执业,则该地除外。

第 14 条

1. 公证员自年满 70 岁后的第一个月应依法被免职。

2. 公证员在达到第 1 款所述年龄之前请求辞去公证人职务的,应根据皇家法令予以免职,且该法令应明确生效日期。

3. 根据司法部部长的建议,如果公证人有下列情况,可根据皇家法令予以免职:

a. 不履行第 11 条第 4 款规定的义务,即不予辞去被确定为不得从事的其他职务或工作;

b. 已被法院最终裁判定罪或被法院判处剥夺人身自由的措施。

4. 根据司法部部长的建议,公证人在下列情况下应通过皇家法令予以免职:

a. 不再拥有荷兰国籍,或欧盟其他成员国、《欧洲经济区协定》其他缔约国或瑞士联邦的国籍;

b. 根据第 9 条的规定,接受了与公证人职务不相容的职务或工作。

5. 法院书记员应将本条第 3 款 b 所述的法院裁判通知司法部部长、公证纪律法庭、KNB 和办财务监督办公室。

6. 指定公证人的免职参照适用本条。

7. 公证人或指定公证人担任代理公证人的,其代理公证人职务也应于其被免职时而依法免去。

第 15 条

1. 如果公证人死亡、免职或在其原执业地以外执业且没有带走其公证档案,司法部部长在听取 KNB 的意见后,将指派一名公证人来接管其公证档案和任何其他公证文件。如果这些文件必须由新任命的公证人接管,则可以通过任命其的皇家法令进行指派。关于移交和接管公证档案以及其他公证文件的方式,应通过 KNB 规范作出进一步的规定。

2. 被指派的公证人应自任命之日起自动取代其前任,并负责第 25 条所述的特别账户。公证人应立即将关于他的指派通知第 25 条第 1 款所述的金融机构。

第 3 章　公证职责的行使

第 16 条

公证人从事法定活动以及通常从事的与此相关的其他活动,应根据《民法典》①第 6 编第 5 章规定的公证人与当事人之间的合同进行。

第 16a 条

《行政法通则》第 2：1 条第 2 款和第 3 款、第 2：2 条以及第 3 章、第 4 章和第 9 章不适用于公证人的法定活动以及公证人通常进行的与此相关的其他活动,也不适用于对这些活动的拒绝。

第 17 条

1. 公证人应独立行使其职责,并应公正、审慎地代表法律行为所涉各方的利益。

2. 公证人不得以受雇者以及其他任何影响或可能影响其独立性或公正性的身份关系履行公证职责。

3. 公证人不得直接或间接买卖或投资上市或非上市公司的注册财产及证券,除非公证人可以合理地预期其公正性和独立性没有也不可能受到影响,且其公证人职务的荣誉或声誉没有也不可能受到损害。

第 18 条

1. 公证人可以与其他职业的从业人员建立合作关系,但该关系不应也不能影响其独立性和公正性。

2. 为保证公证人的独立性和公正性,应通过 KNB 规范对此种合作关系的建立方式作出规定。

3. 公证人有义务在第 24 条第 4 款规定的期限内每年向财务监督办公室提交一份由独立外部专家出具的声明,表明其已遵守第 2 款所述的 KNB 规范作出的相关规定。

第 19 条

1. 公证人不得公证由他本人、其配偶或三代以内血亲或姻亲作为当事人或通过代理关系而成为当事人的法律行为。公证人也不得公证由他本人、其配偶或三代以内血亲或姻亲作为一方当事人代理人的法律行为。上述规定同样适用于法人作为当事人或代理人的法律行为,且:

a. 公证人知道或应当知道本款所述人员单独或共同持有该法人的多数股份;

b. 公证人或其配偶担任该法人的董事或监事职务。

2. 第 1 款的规定不适用于记录公开拍卖、公开出租、公开出租农业用地或政

---

① 译文中的法律名称均指荷兰的相应的法律。

府采购并将该款所述的人列为买受人、承租人、农业用地承租人或供应者的公证行为,也不适用于将上述人员列为与会者的现场监督公证行为。

3. 如违反第 1 款第 1 句和第 2 句的规定,则该公证书缺乏真实性,并且不符合有关公证文书形式的规定。

4. 第 1 款的规定也适用于代替原公证人的代理公证人及其配偶。

第 20 条

1. 公证人不得出具对第 19 条第 1 款所述的一人或多人有偏袒的公证书;被禁止的偏袒公证应为无效。遗产执行人的委任不属于被禁止的偏袒。

2. 第 19 条第 4 款应参照适用。

3. 关于遗嘱中的财产处分对见证人有利的问题,适用《民法典》第 4 编第 61 条和第 62 条第 1 款。

第 20a 条

遗嘱公证书不得包含任何其他法律行为。

第 21 条

1. 公证人有义务履行由法律或根据法律委派给他的职责,或一方当事人要求他进行的活动,但不得违反本条第 2 款、第 3 款和第 4 款的规定。

2. 公证人如果有合理理由相信或怀疑被要求进行的公证活动将违反法律法规或公共秩序,或被要求配合进行明显具有未经授权的目的或效果的行为,或有其他充分理由,则应拒绝提供服务。

3. 公证人可以将当事人的公证申请转交给同一公证机构或建立合作关系的其他公证人,前提是后者接受该转交。

4. 公证人可以将当事人的公证申请转送给其他公证人,前提是对方公证人接受转送请求,并且转送的公证业务并非一般公证业务以及转送符合当事人的利益。

5. 关于第 2 款至第 4 款的适用,可由 KNB 规范制定进一步规则。

6. 关于《民法典》第 2 编第 333i 条第 8 款、第 334uu 条第 8 款和第 335l 条第 7 款的适用,可由 KNB 规范制定进一步规则。

第 22 条

1. 除法律另有规定外,公证人对其因公证活动而知悉的一切事项负有保密义务。公证人负责的下属工作人员,对其在公证活动中知悉的一切事项,同样负有保密义务。

2. 公证人及其下属工作人员的保密义务,即使在其公证职务或公证工作终止后仍应继续存在。

第 23 条

1. 禁止公证人直接或间接地进行根据其合理预期会导致自身无法适时履行

财务义务的作为或不作为。

2. 在任何情况下,禁止公证人:

a. 贷款,除非该贷款是为了履行公证职责或个人目的所合理需要;

b. 向公证当事人发放贷款,或者向直接或间接参与被公证的法律行为的人发放贷款;

c. 作为保证人或以其他方式为他人的债务提供担保,但为履行公证职责或个人目的而合理需要的除外。

3. 违反第1款和第2款规定的法律行为的有效性不受此影响。

第24条

1. 公证人有义务根据相关活动的要求,对其办公财务状况和与其公证活动有关的一切进行记账,包括对第三方资金的管理,无论其是否属于第25条规定的范围,并有义务妥善保管相关账簿、文件和其他信息载体,以便在任何时候都能直接厘清其权利和义务。

2. 前款规定参照适用于公证人的私人财务情况,包括其婚姻期间的共有财产。

3. 关于公证人的办公和私人财务账目的安排、保存和维护的方式可由KNB规范制定进一步规则。

4. 公证人必须在每个财务年度结束后四个月内向财务监督办公室提交关于公证处和个人的财务情况报告。关于公证处的报告应包含财务损益表。报告应附有《民法典》第2编第393条第1款所述会计师出具的声明或说明。如有特殊情况,经公证人申请,财务监督办公室可以延长提交报告的期限,但最多延长两个月。财务监督办公室应在收到延期申请后的四个星期内作出决定。

5. 关于第4款所述报告和声明或说明的内容和提交方式,以及向财务监督办公室提交其他信息的内容和方式的规则,应由司法部规章制定。

6. 公证人有义务在《民法典》第2编第10条第3款规定的期限内保存第1款和第2款中提到的与公证处和私人财务情况相关的账簿、文件和其他信息载体。《民法典》第2编第10条第4款应参照适用。

第25条

1. 公证人有义务以自己的名义在一家根据《金融监管法》获准在荷兰境内从事银行业务的金融机构开立一个或多个特别账户,并注明其身份,专门用于存放其因公证活动而持有的资金。公证人在为第三方利益而实施公证活动时收到的资金必须存入该账户。上述金融机构应将这些资金所产生的利息计入特别账户的余额。如果这些资金被错误地存入公证人的其他账户或者有其他资金被错误地存入特别账户,公证人有义务立即将其转入正确的账户。如果资金直接交付到公证人手中,上述规定同样适用。如果多个公证人以合伙形式共同执业,特别账户则需要以全部公证人、合伙或者公司的名义开立。如果公证人与其他职业的从业人员合作时,特别账户必须由公证人持有。公证人应在其信笺上注明特别账户的号码。

2. 公证人对特别账户享有专属管理权和支配权。公证人可授权在其领导下工作的人员管理和支配特别账户。公证人只能根据有权当事人的指示从该账户中付款。

3. 关于特别账户的请求权属于所有的有权当事人。各有权当事人的份额按照以其名义存入特别账户的资金金额的比例计算。公证人或者持有第1款第6句所述的共同特别账户的每一公证人,有义务立即弥补特别账户出现的任何亏损,并应就此承担责任,除非他能令人信服地证明,出现的亏损与他无关。

4. 有权当事人在任何时候都有权获得其在特别账户中的份额,除非其权利性质另有所示。如果特别账户的余额不足以向每个有权当事人支付其份额,公证人只能向其支付与其他有权当事人权利相关的尽可能多的份额。在这种情况下,余额应在各权利人之间按比例分配,但如果公证人本身有权获得部分余额,则只能在其他权利人获得全部应得款项后才能得到支付。

5. 扣押当事人在特别账户中的份额不得向第1款所述金融机构作出。如果公证人根据《民事诉讼法》第476a条和第477条作出声明或收到根据该法第477a条作出的指令,则需配合扣押当事人在特别账户中的份额,并可以向执行员付款,而无须得到当事人的指示。

6. 违反本条规定而实施的法律行为无效。任何直接利害关系人均可援引该无效理由。应尊重第三方善意取得的有关无效法律行为所涉资金的权利,但没有支付对价而无偿取得的权利除外。

7. 关于第1款所述的特别账户和资金的管理,可通过KNB规范制定进一步的规则。司法部部长可就特别账户存款利息的计算和支付方式制定规则。

8. 作为第22条所述保密义务的例外情况,公证人应向《国家税法通则》第2条、1990年《国税征收法》第2条或《海关法》第1∶3条所述的检查员或征员提供以下信息,前提是上述人员经财政部长授权,且根据《国家税法通则》、1990年《国税征收法》或《海关法》行使相关权力而提出以下要求:

a. 要求公证人配合的请求中明确指出与公证人特别账户收支相关的交易或行为所涉人员的姓名、地址、居住地、资金数额以及这些人员所使用的银行账户号码;

b. 请求中明确提到的与特别账户收支相关的交易或行为的性质,以及所涉人员的姓名、地址和居住地、资金数额和这些人员使用的银行账户号码。

在提供上述信息时,公证人应说明信息之间的相互关系。

9. 作为第22条所述保密义务的例外情况,公证人应向刑事调查官、检察官、预审法官或司法部部长提供他们根据《刑事诉讼法》行使权力所要求的与特别账户有关的信息。

10. 本条的规定以及第 7 款所述的规则应得到严格遵守。

第 25a 条

司法部规章应规定,如果发生可能对公证人的财务状况造成重大不利影响的事件,公证人有义务向财务监督办公室报告。

第 25b 条

1. 如果公证人执业的持续性因其履行职务的方式而受到影响,在依职权回应相关投诉或者应 KNB 或财务监督办公室的要求的情况下,公证纪律法庭庭长在传唤公证人并进行调查之后,可以任命一名隐名管理人,但该管理人的任期最长为一年。第 27 条第 1 款第 2 句至第 4 句、第 2 款和第 3 款应参照适用。

2. 隐名管理人应为公证人履行职务提供建议和指导,并有权就此向公证人发出具有约束力的指示。

3. 在任命隐名管理人时,应明确向公证人收取的费用。

4. 公证纪律法庭或其庭长可就管理人的职责向隐名管理人发出指示。

5. 公证纪律法庭或其庭长可随时暂停或终止隐名管理人的职务。

第 26 条

1. 在下列情况下,公证人应被公证纪律法庭庭长暂停执业:

a. 被审前羁押;

b. 正在被进行刑事犯罪的初步司法调查;

c. 被法院判决有罪,但尚未成为生效判决,或被法院生效裁判采取了剥夺自由的措施;

d. 被法院裁判宣布处于破产管理之中、已破产、已接受自然人债务重组安排、获准暂停偿债或在该措施期间因债务而被羁押。

2. 第 27 条第 1 款第 2 至第 5 句、第 2 款和第 3 款应参照适用。

3. 法院书记官应将第 1 款中所述的法院裁判通知公证纪律法庭、KNB 和财务监督办公室。

4. 在第 1 款 b 项所指的情况下,暂停执业应在三个月后结束。公证纪律法庭可延长暂停执业的期限,但每次延长不得超过三个月。

5. 在公证人作为代理公证人的情况下,他也应在暂停执业期间暂停履行代理公证人的职责,但这不影响第 29 条第 1 款所述的公证纪律法庭撤销其代理公证人任命的权力。

6. 本条参照适用于指定证人,并且指定公证人的暂停履职应由公证纪律法庭庭长作出。

第 27 条

1. 当公证人因身体或精神状况原因而无法正常履行职责时,在听取其意见或给予其适当通知后,公证纪律法庭庭长可无限期暂停其执业。公证纪律法庭应在四周内批准这一措施。在公证人的申请下,公证纪律法庭可随时取消暂停执业。第 104 条第 2 款参照适用于公证纪律法庭及其庭长的决定。第 103 条第 7 款应适用。

2. 公证人可在暂停执业或拒绝取消暂停执业的决定副本寄出之日起六周内向阿姆斯特丹上诉法院提出上诉。上诉不得中止上述决定的执行。上诉法院的裁判为终审裁判。

3. 公证纪律法庭和上诉法院在审理案件时应参照适用第 101 条、第 102 条、第 104 条、第 105 条和第 107 条。

4. 如果公证人永久性不能履行职责,则在听取公证纪律法庭的意见后,应根据司法部长的建议,通过皇家法令对其予以免职。

第 28 条

如果公证人出现以下情况应指派代理公证人:

a. 缺勤或无法不缺勤;

b. 因病不能履行职责;

c. 被暂停执业;

d. 被取消公证执业资格;

e. 被免职或离开原执业地;

f. 死亡。

第 29 条

1. 公证人或指定公证人可以担任代理公证人。公证人候选人如符合第 6 条第 1 款和第 2 款 b 项 1°和 2°及 c 项的要求,并在申请任命前的两年内,在公证人或代理公证人的责任下平均每年每周至少工作 21 小时,或在此期间以公证人名义履行职责,则可被任命为代理公证人。此外,在第 28 条 a 款和 b 款规定的情况下,候选公证人如果已完成第 31 条中规定的至少三年见习期,并且在被任命为代理公证人之前的一年内在公证人或代理公证人的责任下已平均每周至少工作 21 小时,或者已经在这期间以公证人名义履行职责,则可被任命为代理公证人。已根据第 2 款被任命为代理公证人的候选公证人,在被任命为另一公证人的代理公证人时,无须再次满足第 6 条第 2 款 c 项的要求。只有未满 70 岁的人才能担任代理公证人。

2. 应公证人的请求,公证纪律法庭庭长应任命一名或多名有此意向的公证人、指定公证人或候选公证人作为常驻代理公证人,以便在第 28 条 a 项和 b 项的情况下替代该公证人。一旦出现第 28 条所述情况时,公证纪律法庭庭长应依职权指定一名或多名代理公证人,除非仅涉及第 28 条 a 或 b 项规的情况且已有一名常驻代理公证人。在任命代理公证人之前,庭长应征求 KNB 的意见。在依职权任命代理公证人时,如有必要,庭长应就酬金问题作出安排。

3. 公证纪律法庭或其庭长可随时撤销对代理公证人的任命。代理公证人的每次任命和免职均应立即通知有关当事人、KNB 和财务监督办公室。对于任命或免职决定的上诉应在通知有关各方的信函发出之日起 30 日内向阿姆斯特丹上诉法院提出。第 107 条第 2 至 4 款和第 6 款应参照适用。

4. 在全职代理的情况下,代理的时间不得超过一年。在兼职代理的情况下,公证人每周工作的时间不得低于行政法规规定的时数。在特殊情况下,公证纪律法庭可免除上述规定。

5. 在公证纪律法庭依职权任命代理公证人的情况下,被任命的代理公证人只能在有充分理由的情况下才能拒绝任命。

6. 在第 28 条 c 项、d 项和 e 项所述的情况下,依职权任命的代理公证人在缺勤、无法履行职责或生病的情况下,可由符合第 1 款第 2 句所述要求的另一名代理公证人替代。第 2 款第 1 句应参照适用。

7. 代理公证人应负责管理被代理公证人的公证档案,并履行与上述公证档案相关的公证职责。在代理公证人任职期间,被代理公证人不得就其公证档案履行相关公证职责。

8. 当根据本法第 28 条,公证人的职责被第 2 款第 1 句所述的代理公证人代理时,公证人应立即将此情况通知 KNB 和第 25 条第 1 款所述的金融机构。在依职权被任命为代理公证人的情况下,代理公证人应立即将其任命和免职情况通知金融机构。

9. 公证人和非依职权任命的代理公证人需要各自为后者在任职期间的作为或不作为向第三方承担全部责任。

10. 代理公证人应使用被代理公证人的印章,代理公证人办理的公证文书应属于被代理公证人的公证档案。

11. KNB 规范应进一步规定移交和接收公证档案及其他公证文件的方式,以及免除上述规定的可能情形。

第 29a 条

在以下情形,公证人执业期间的费用及风险由被代理公证人承担:

a. 在第 28 条 a 项或 b 项所述情况下发生的代理;

b. 在第 28 条 c 项、d 项、e 项或 f 项规定的情形下,代理公证人的费用已在任命决定中确定。

第 30 条

被任命为代理公证人的候选公证人在接受任命时,如尚未宣誓,应在被代理公证人所属公证纪律法庭所在的地区法院进行宣誓。第 3 条第 2 款至 5 款和第 4 条应参照适用。

第 30a 条

1. 已辞职的公证人如愿意,可于免职后取得一年的候选公证人身份。如其被任命为代理公证人,则第 30 条不适用。公证人在辞职之前或之后被任命为常驻代理公证人的,应在其免职一年后依法免去该职务。

2. 在结束第 1 条第 1 款 c 项所述候选公证人身份后,候选公证人如愿意,可保留该身份一年。如果他在结束候选公证人身份之前或之后被任命为常驻代理公证人,则应在结束候选公证人身份一年后依法免除常驻代理公证人的身份。如指定公证人在取消指定之后不再担任候选公证人的,也同样适用上述规定。

3. 如果已辞职的公证人,原指定公证人或候选公证人被依职权任命为代理公证人,则应在最后一个代理期结束后保留候选公证人身份一年。

4. 已辞职的公证人、原指定公证人、候选公证人或依职权任命的希望在下一年内继续被授权的代理公证人,应在停止履行公证职责后的一周内通知 KNB,他希望取得或保留候选公证人的身份。KNB 应向上述人员发送已经收到通知的回执。

第 3a 章　指定公证人

第 30b 条

1. 经司法部长批准,公证人可指定一名候选公证人作为指定公证人。每名公证人指定的指定公证人不得超过三位。

2. 指定公证人应被授权代表公证人,并在公证人的责任和监督下,实施第 2 条第 1 款所述的公证执业行为。公证人对指定公证人的执业行为享有专有指示权。

3. 指定公证人应为第 29 条第 2 款所述的常任代理公证人,他可以在第 28 条 a 项和 b 项所述情况下代理公证人履行公证职责。

4. 指定公证人一般应为被代理人,除非他本人担任代理人。

5. 指定公证人应使用与第 51 条所述公证人相同的印章,但须在印章上注明其本人的姓名和身份。指定公证人出具的公证文书应属于指定他的公证人的公证档案的一部分。

6. 只有根据第 1 款被任命为指定公证人且其任命未被中止或终止的人才可使用指定公证人的头衔。

第 30c 条

1. 候选公证人如符合第 6 条中除第 2 款 b 项 4°以外的所有条件,并且符合第 30b 条第 2 款的条件,即有资格成为指定公证人。

2. 担任指定公证人的申请应由公证人和候选公证人共同提交。第 8 条应参照适用,但随申请提交的证明材料应与第30b条第2款的规定有关,同时公证职业准入委员会的意见也应集中于申请是否满足相应条件的问题。批准时还可附加其他条件。

3. 新任的指定公证人,如先前未宣誓,则应在指定他的公证人所属公证纪律法庭所在的地区法院进行相应宣誓。第3条第2款至第5款以及第4条应参照适用。

第30d条

1. 在下列情况下,指定应依法终止:

a. 指定公证人的雇佣合同终止或解除,或其雇主暂停其工作;

b. 指定其的公证人被取消执业资格、免职或死亡;

c. 根据第103条第1款d项的规定,不可撤销地取消公证人指定公证人的资格;

d. 根据第103条第3款的规定,不可撤销地取消指定公证人继续担任指定公证人的资格;

e. 任命指定公证人为公证人。

2. 如根据第1款b项或c项规定,指定公证人已被终止履职;公证纪律法庭庭长在任命第29条第2款所述代理公证人时,可在征得候选公证人同意后,任命其作为代理公证人在代理期间的指定公证人。

3. 在不影响第1款c的情况下,指定在作出指定的公证人开始被暂停执业时中止。指定的中止应在任命代理公证人后或中止决定到期后立即结束。

4. 司法部部长可在以下情况撤销指定:

a. 应指定公证人的请求;

b. 如果出现第1款以外的其他情况,导致不再符合第30b条第2款和第30c条第2款最后一句所述条件。

5. 如果已发生的任何事实或情况,根据第1款将造成指定的终止,或根据第4款可能构成撤销指定的理由,那么作出指定的公证人和指定公证人应立即将有关情况通知KNB和司法部部长。

第4章 候选公证人的见习、工作时间记录和专业培训

第31条

1. 候选公证人在被任命为公证人前,必须在荷兰的一家或多家公证处至少见习六年。如果以兼职形式平均每周工作时间少于28小时,则规定的见习期应按比例延长,但如果平均每周工作时间不低于21小时,则延长后的见习期不得超过八年。见习期从第32条第1款所述的通知之日开始。

2. KNB规范应确定公证人和候选公证人在见习期间应履行的义务。

3. 应候选公证人的申请,如果申请人从事的除第 1 款所述的其他活动与准备担任公证人有关,KNB 可决定缩短第 1 款中所述的期限。

4. KNB 规范应就第 3 款所述申请的处理和评估作出进一步规定。

第 32 条

1. 候选公证人如有以下情况:

a. 开始在公证处履行相应职责;或

b. 开始在公证处的另一分支机构履行职责;或

c. 开始增加或减少每周在公证处工作的时间,

应在开始履行上述职责或工作时间发生变化后一周内将此情况向 KNB 发出通知。上述通知应被有关公证人标记为"已见证"。如果候选公证人在公证人组成的合伙或公证人和候选公证人组成的合伙工作,或是上述合伙的一部分,那么可由其中一个公证人完成标记工作。如果是首次担任候选公证人,还应提交其参加的考试证书或《欧盟职业资格认可通则》第 5 条所述的职业资格认可证明。

2. 通知应包括以下内容:

a. 候选公证人的出生日期和出生地;

b. 候选公证人姓名以及最后工作的公证处及时间,或此前未在公证处担任过候选公证人的声明;

c. 如果以兼职形式工作,候选公证人每周在公证处工作的小时数。

3. KNB 应向候选公证人发送收到通知的回执。如果候选公证人向 KNB 提交了证书,KNB 还应将该证书标记"已阅"并退还给候选公证人。

4. 候选公证人在终止其在公证处的工作后一周内,应将此情况书面通知 KNB。

5. 根据要求,KNB 应向候选公证人出具声明,确认其已完成第 31 条所述的见习。

第 33 条

1. KNB 应在见习期间为候选公证人提供培训,并在培训结束时举行考试。培训时间最长为三年,每年至少开展两次。

2. 与培训有关的下列内容应由 KNB 规范进一步作出规定:

a. 培训的开始日期及其相关科目;

b. 考试内容、考试方式和举行考试的主体;

c. 准许参加考试的条件;

d. 免除某些部分考试的条件;

e. 课程费和考试费的数额以及承担主体。

第 34 条

1. 应设立一个监督委员会,其任务是监督候选公证人的培训和考试。该委员会由五名成员组成,其中包括主席在内的三名成员由司法部部长任命,其他成员由 KNB 任命。委员会应设在 KNB。

2. 应通过 KNB 规范就委员会主席和委员的任期、辞职、活动、会议、决策以及其他与委员会运作有关的问题制定进一步的规则。

第 35 条

[2012 年 1 月 1 日失效]

第 36 条

监督委员会应每年向司法部部长和 KNB 董事会报告其工作情况。该工作报告由 KNB 公开发布。

第 5 章 公证书、原本、可执行副本和其他副本

第 37 条

1. 公证书包括当事人之间的公证书和记录类公证书。当事人之间的公证书应包含公证人的观察、当事人的陈述以及必要情况下见证人的确认。记录类公证书仅包含公证人的观察和必要情况下见证人的确认。

2. 当事人之间的公证书由当事人、公证人和见证人签署而成立。记录类公证书由公证人和见证人签署而成立。

3. 如果一份记录类文书被一个或多个与文书内容有利害关系的人以表示同意的方式联署,就其中公证人观察的证据价值而言,该类公证书也应被视为与其有关的当事人之间的公证书。

第 38 条

1. 公证人有义务将在其面前制成的公证书归入其公证档案中。此义务也适用于《民法典》第 4 编第 188a 条规定的由其签发的欧洲继承证书。

2. 将要签发给委托人的代理授权委托书不在上述义务范围内。在这种情况下,公证人应将该文书的副本归入其公证档案。

3. 在明确说明即将签发给委托人的授权委托书中,代理人的个人详细信息部分可留空。为此目的,空白不得超过四行。

4. 在日历年结束后的一个月内,公证人有义务向 KNB 董事会报告当年出具的公证书数量。

第 39 条

1. 公证人必须知道办理公证书时在场的人员和见证人的身份。他应根据《强制身份识别法》第 1 条所述的文件来确认首次出现在他面前的人员的身份。如果公证人负责的人员担任代理人或见证人,则不适用第 2 句。

2. 公证人如认为有必要,可在任何情况下要求两名见证人在场。

3. 见证人必须成年且在荷兰有住所。他们必须懂起草文书所使用的语言或被保管的文书所使用的语言。

4. 以下人员不得为见证人:

a. 公证人或当事人的配偶和三代以内的血亲或姻亲;

b. 如果公证书是由代理公证人办理的,则被代理公证人及其配偶不得为见证人。

5. 除第 1 款第 2 句外,如不遵守本条的其他任何规定,则该公证书将被视为缺乏真实性,且不符合对公证书形式要求的规定。

第 40 条

1. 在任何情况下,公证文书均应载明承办公证人的姓名和执业地点。如公证书是由指定公证人或代理公证人办理的,除应载明他们的姓名外,还应载明公证书归属的公证人的姓名和执业地点。

2. 公证书还应载明以下内容:

a. 自然人当事人的姓名、出生日期和出生地、居住地和地址以及婚姻状况;

b. 法人当事人的法律组织形式、名称、住所地和地址;

c. 上述自然人和法人的代表人:a 项和 b 项中提到的信息,但不包括他们的婚姻状况,以及他们的代表权基础,但如果自然人拥有办公室或在办公室工作,且公证内容是与该办公室有关的事项,则也可以写明办公地址,而不写居住地址;

d. 如果公证书是在见证人在场的情况下办理的,应载明每位见证人的姓名、出生日期和出生地;

e. 公证书出具的地点和年、月、日;

f. 在适用第 42 条第 1 款的情况下,翻译人员的姓名、出生日期和出生地以及居住地。

如果不能提供上述一条或多条信息,应说明原因。

3. 如果公证人签署公证书的时间可能因为与在公共登记簿上的登记有关或出于其他原因而具有重要意义,则也应载明该时间。

4. 如果公证书没有载明地点和年、月或日,将被视为缺乏真实性,且不符合对公证书形式要求的规定。

第 41 条

1. 公证书文本应符合下列要求:

a. 必须清晰易读,不得包含任何缩写;

b. 必须尽可能连续而无间断;

c. 空格和留白区域必须在签字前确认是不可再书写的;

d. 必须用文字表述确定物品数量或大小的数字以及时间；上述内容也可以以数字的形式进行重复。

2. 公证书内容应永久记录在可靠的材料上以确保其永久性。在不影响1995年《档案法》第21条第1款相关规定的情况下，KNB规范可对该材料和公证书文本的存储方式作出规定。

3. 上述内容应参照适用于《民法典》第4编第188a条所述的欧洲继承证书。

第42条

1. 办理公证书应使用荷兰语。如果当事人提出要求，公证书可以使用其他国家语言或弗里斯兰语办理，但公证人应完全掌握该语言，除非法律另有规定。如果一方当事人不能充分理解公证书的语言，应要求翻译人员在场；如果可能的话，在场的翻译人员应是宣誓后的翻译人员，他应翻译公证书的实质性内容。翻译人员应在公证书上联署名字。文书末尾应注明得到了翻译人员的协助。

2. 公证书可以使用一种以上的语言拟定。在这种情况下，应在一种语言文本之后添加另一种语言文本。如果公证书是以荷兰语和弗里斯兰语拟定的，或者弗里斯兰语是拟定公证书的语言之一，则上述规定同样适用。

3. 上述各款应参照适用于《民法典》第4编第188a条所述的欧洲继承证书的办理。

第43条

1. 当事人和办理公证时在场的任何其他人都应被给予时间提前查看公证书的内容。在公证书出具之前，公证人将公证书的实质内容告知在场人并提供解释。如有必要，公证人还应指出公证书内容对其中一个或多个当事人产生的后果。如果不涉及第2款所述的文书，并且在场的人声明他们已了解公证书的内容并同意简要宣读，则公证人在任何情况下都应向他们宣读公证书以下部分的内容：

a. 公证人的姓名和执业地点以及出具公证书的日期和地点；

b. 当事人和其他在场人员的相关信息；

c. 最后部分。

2. 在有见证人在场的情况下出具公证书，公证人应宣读公证书全文。公证人还应在有见证人在场的情况下履行提供第1款第2句和第3句所述信息的义务。

3. 公证书有内容的页面应连续编号。如某页无第4款所述的签名，或该页尚未根据第45条第1款d项进行签名，则应由公证人签名。

4. 宣读完毕后，公证书应立即由每一位在场人签字。随后，公证人应立即签署公证书。如果某人声明无法到场并在公证书签名，则应在公证书上记录此声明及其无法到场的理由。在有见证人在场的情况下，公证书应在宣读后立即由见证人和公证人共同签署。如果涉及第40条第3款所述的公证书，公证人应在签署前在公证书中注明当时的时和分。

5. 根据本条第 1 款对公证书实质内容的告知和解释,根据第 1 款或第 2 款进行的简要宣读或全文宣读,以及根据第 4 款进行的签署,均应在公证书最后部分载明。

6. 如不符合第 2 款第 1 句和第 4 款第 1 句至第 4 句的规定,则由此出具的公证书将被视为缺乏真实性,且不符合对公证书形式要求的规定。

第 44 条

1. 在场人据以获得授权且不属于荷兰公证人档案的授权委托书应附于公证书之后。

2. 如果有人根据口头授权代理行事,公证人应在公证书中说明此情况,并附有公证人的确认书,表明他已确信代理权的存在。

3. 如果公证人不能提供第 2 款所述的确认书,则有关在场人应提交书面的授权委托书。

第 45 条

1. 在签署公证书之前,公证人可根据以下规则对文本进行修改:

a. 删除时应保持原文清晰可辨;

b. 修改后的文本应插入相关页面的页边空白处或公证书最后部分之前;

c. 修改必须得到同意,征求同意时应说明删除或添加的文字、字母、数字、标点和符号的数量;

d. 如果在页边空白处表示同意,则必须由所有签署公证书的人在此处签名表示确认。

2. 公证人有权更正公证书文本中的明显错误和疏漏,即使在出具公证书之后。公证人应将这些更正正式记录在案,并在公证书原本上载明更正内容以及注明更正日期和正式记录的登记号。他应将正式记录的副本送交有关当事人。

第 45a 条

1. 第 19、20、40、41、42 和 45 条应参照适用于《土地登记法》第 46a 条所述的更正声明。

2. 公证人在原始公证书上注明更正声明的内容以及日期后,将第 1 款所述更正声明的副本送交有关当事人。

第 46 条

公证人根据《民法典》第 3 编第 89 条第 2 款在转让文书中提及转让所有权时,应始终包括对金钱对价的说明,即使这对转让本身并不重要。如果为登记目的签发了摘录本,则公证人也应在摘录本中注明金钱对价。

第 47 条

在立遗嘱人死亡后,公证人应将由他办理的死者所立的密封遗嘱递交至死亡发生地的分区法院法官。分区法院法官应打开遗嘱并且制作有关遗嘱递交和打开情况的正式记录,然后将该文件回交给递交遗嘱的公证人。

第 48 条

1. 如果有人向公证人提交《民事诉讼法》第 156 条第 1 款所述的文书,并要求将该文书归入公证档案,那么公证人有义务了解其内容,并制作一份关于提交该文书和归入公证档案的文件,并将该文件附于提交的文书之后,但这不影响《民法典》第 4 编第 95 条的规定。

2. 在不影响第 21 条第 2 款规定的情况下,如上述提交文书的人不能令人信服地证明其对将所提交的文件归入公证档案具有合理利益,那么公证人可拒绝提供此服务。

第 49 条

1. 除非法律另有规定,公证人应在以下情况提供相关公证文书:

a. 提供公证书的副本、摘录和可执行副本给当事人和从公证书中获得权利的人,如果公证书的整体内容与该权利直接相关;

b. 提供公证书的摘录本给能够从文书部分内容中取得权利的人,无论是否以执行文的形式,但摘录内容仅限于公证文书中与该权利直接相关的部分;

c. 向 a 和 b 项所述当事人或其他权益人的权利继承人提供副本、摘录本和可执行副本。

摘录部分必须与原公证书内容一字不差。摘录本必须包括公证书的头部和尾部,并在最后注明:"摘录与原文内容一致。"

2. 根据第 1 款 a 项和 b 项所述,基于公证书而获得权利的人,还视为包括因遗嘱而丧失继承请求权的人,但仅限于涉及遗嘱处分的相关部分。

3. 公证人可以向拥有公证书或文件的人出具副本和摘录本,即使该公证书或文件不属于其公证档案。

4. 根据本条规定有权获得副本、摘录本或可执行副本的人,也可要求查阅公证书的全部或公证书的相关部分。

第 49a 条

立遗嘱人可在遗嘱中决定,在其遗体被埋葬或火化之前,不得出具第 49 条第 1 款所述的遗嘱副本、摘录本和可执行副本,也可以不允许任何人查看其遗嘱内容,但这种迟延不得超过立遗嘱人死亡后五天。

第 49b 条

1. 公证人应根据请求,向因与立遗嘱人之间的法律关系而具有利害关系的人签发作为其公证档案组成部分的继承证书副本。公证人亦应向第 1 句所指之人出具属于其公证档案一部分且含有遗嘱内容的公证书的摘录本,但仅限于公证书中与《民法典》第 4 编第 188 条所述事实有关的部分。

2. 第 49a 条应参照适用。

第 49c 条

1. 根据请求,公证人应出具《民法典》第 4 编第 188a 条所述属于其公证档案的欧洲继承证书的已核验副本。

2. 第 49a 条应参照适用。

第 50 条

1. 公证人可向公证书的任何一方当事人出具公证书的可执行副本。该副本的头部必须注明"以国王的名义",并且在尾部注明"作为第一份可执行副本出具"。公证人每次出具可执行副本的副本时都应注明出具日期、副本的序号和接受副本人的姓名。根据请求,公证人应向公证书的每一方当事人或其权利概括继受人出具第二份或更多可执行副本。

2. 只有在以下情况,以可执行副本的形式出具摘录本:

a. 有关共同财产划分的公证书;

b. 公开拍卖、公开出租、公开出租农业用地和政府采购的正式记录;

c. 遗嘱。

3. 不得出具下列文书的可执行副本,即《民法典》第 4 编第 188 条和第 188a 条分别提及的继承证书或欧洲继承证书,或《土地登记法》第 26 条、第 27 条第 3 款、第 30 条、第 31 条 b 项连同第 26 条第 1 款、第 34 条、第 35 条和第 36 条所述的公证声明。

第 51 条

1. 公证人的印章上应印有皇家盾形纹章,并在边上刻有公证人的身份、姓名和执业地点。由公证人出具的所有公证书及其副本、可执行副本、摘录本、继承声明或《民法典》第 4 编第 188 条和第 188a 条分别提及的继承证书和欧洲继承证书、认证以及由公证人出具的其他声明均应加盖印章。该印章还可用于《民事诉讼法》第 658 条所述的行为以及其他需要公证人盖章的情形。

2. 公证人应确保印章不被误用。

第 52 条

1. 公证人应将在其面前进行的但未成为公证书组成部分的每次宣誓记录在案。

2. 公证人对签名的认证是指,公证人直接在当事人提交的文件上作出或在该文件后附注明日期并由其签字的声明以证明签名的真实性。

3. 根据第 2 款的规定,公证人的签名应由其所属的公证纪律法庭所在地的地区法院院长确认。地区法院院长可以授权公证纪律法庭所在司法大区的其他地法院院长行使这一权力。《行政法通则》第 10.1.1 条应参照适用。

第 53 条

1. 可通过行政法规就公证书副本、可执行副本及摘录本应包含的细节及声明制定进一步规则。

2. 可由或根据行政法规就制作公证文书的电子副本及电子摘录本的方式制定规则。

第 5a 章　电子公证书

第 53a 条

就本章及与本章相关的规定而言,应适用以下定义:

《eidas 条例》是指 2014 年 7 月 23 日欧洲议会和欧盟理事会关于内部市场电子交易中的电子身份识别和信托服务并废除第 1999/93/EC 号指令的第 910/2014 号条例(OJEU 2014,L 257);

电子标识符:

a. 根据《eidas 条例》第 8 条第 2 款 c 项所述高信任度电子标识符系统签发的电子标识符;或

b. 欧盟另一成员国根据《eidas 条例》第 8 条第 2 款 c 项所述高信任度电子标识符系统签发的电子标识符,并根据《eidas 条例》第 6 条第 1 款为跨境认证目的而得到认可;

电子公证书:第 53b 条所述的公证文书;

第 2017/1132/EU 号指令:2017 年 6 月 14 日欧洲议会和欧盟理事会关于公司法某些方面的(EU)2017/1132 号指令(OJ 2017,L 169);

第 2019/1151/EU 号指令:2019 年 6 月 20 日欧洲议会和欧盟理事会关于修订在公司法中使用数字工具和流程的第(EU)2017/1132 号指令的第(EU)2019/1151 号指令(OJ 2019,L 186);

数据处理系统:第 53d 条所述的数据处理系统。

第 53b 条

如果《民法典》第 2 编第 175 条第 2 款所述的私营有限责任公司是通过《民法典》第 2 编第 175 条第 1 款所述的电子公证书成立的,则本章适用于成立该公司的公证书。

第 53c 条

1. KNB 董事会应至少使用一种欧盟官方语言制作第 2017/1132/EU 号指令第 13h 条所述的模板,该模板应在很大程度上为尽可能多的跨境用户所理解。

2. 第 1 款中提及的模板应通过由 KNB 管理的可公开访问的信息门户网站提供。

第 53d 条

1. 公证人应与 KNB 运营的数据处理系统连接。

2. 数据处理系统的建立目的是能够创建电子公证书。

3. 个人数据,包括公民身份证号码,应在数据处理系统内进行必要的处理,以正确执行本法和基于本法的规定。

4. 数据处理系统应至少提供以下可能性:

a. 签署电子公证文书;

b. 通过电子识别方式识别当事人、见证人、翻译人员和代表人的身份,并核实他们的身份;

c. 在有关人员、见证人和公证人之间建立直接的图像和声音连接,真实再现有关人员、见证人和公证人所在房间内发生的情况;

d. 签署第 53f 条第 1 款所述的电子授权书;

e. 通过符合第 2017/1131/EU 号指令第 13e 条所述条件的在线支付服务进行在线支付;

f. 收集第 2019/1151/EU 号指令第 3 条第 4 款所述的数据。

5. 数据处理系统需满足以下要求:

a. 可靠;

b. 防止未经授权的使用;

c. 符合最新的国际和国家标准;以及

d. 使当事人、见证人、翻译人员和代理人以及公证人能够遵守法律规定的或根据法律制定的有关电子公证书及其创建的要求。

6. KNB 规范应制定有关数据处理系统的进一步规则,至少是有关第 5 款所述要求的规则。

第 53e 条

1. 电子公证书进行第 37 条第 2 款第 1 句所述的签署应通过数据处理系统使用电子签名。

2. KNB 规范应就第 1 款所述的电子签名制定进一步规则。

第 53f 条

1. 参与电子公证的授权委托应在出具公证书的公证人面前完成,应通过数据处理系统将代理权授权给在公证人负责下的工作人员。第 53e 条和第 53g 条应参照适用。

2. 第 1 款所述的给予代理人参与电子公证权利的授权委托书应附在电子公证书之后。

第 53g 条

1. 尽管有第 39 条第 1 款第 2 句的规定,公证人应通过数据处理系统以电子识别方式确定出现在其面前的有关人员的身份。有关人员和见证人可根据第 53d 条第 4 款 c 项以直接的图像和声音连接方式出现在公证人面前。

2. 如果在个别情况下,公证人有理由怀疑有人为验证身份而实施身份欺诈,且出于公共利益的原因,即为了防止第 2017/1131/EU 号指令第 13b 条第 4 款所述的身份滥用或篡改,可以要求当事人亲自到场,而不适用第 1 款的规定。

3. 如果在个别情况下,公证员有理由怀疑当事人未遵守有关法律行为能力和代表的法律规定,且出于公共利益的原因,即确保第 2017/1131/EU 号指令第 13g 条第 8 款所述的有关当事人法律行为能力及其代表公司的资格的规范得到遵守,可以要求当事人亲自到场,而不适用第 1 款第 2 句。

第 53h 条

1. 第 40 条第 2 款 e 项所称电子公证书的出具地点,是指出具该电子公证书的公证人在荷兰境内的所在地。

2. 第 40 条第 3 款所述公证人签署公证书的时间,应使用《eidas 条例》第 3 条第 34 款所述的合格电子时间戳。

第 53i 条

1. 尽管有第 41 条第 2 款的规定,但电子公证书、第 53 条第 1 款所述电子授权委托书及其他电子附件的内容,应按照 KNB 规范指定的文件标准记录,以保证内容的可靠性、可读性和可用性,并符合最新的国家或国际标准。该文件标准应至少每五年指定一次。

2. 如果需要将过去的电子公证书、第 53f 条第 1 款所述的电子授权委托书以及其他电子附件的内容转换为另一文件标准以确保其持久性,则应按照 KNB 规范指定的文件标准进行。关于进行这种转换的方式规则应由 KNB 规范制定。转换完成后,按照新的文档标准生成的电子公证书,即为该电子公证书的原本。

3. 尽管有第 12 条第 1 款和第 2 款的规定,公证人应将属于其公证档案的电子公证书的原本、第 53f 条第 1 款所述的电子授权委托书及其他电子附件交存于 KNB。KNB 不得查阅第 1 句中提及的电子公证书原本、电子授权委托书和其他电子附件。

4. 尽管有第 12 条第 3 款的规定,但仍应通过 KNB 规范制定关于在 KNB 保存电子公证书原本、第 53f 条第 1 款所述的电子授权委托书和其他电子附件的规则,以及关于确保公证人查阅和获取其电子公证档案方法的规则。

第 53j 条

1. 第 43 条第 3 款第 2 句、第 4 款第 3 句以及第 45 条第 1 款不适用于电子公证书。

2. 根据第 43 条第 4 款第 5 句,在电子公证书上注明签署时的时和分,应理解为加盖第 53h 条第 2 款所述的合格电子时间戳。

3. 应适用第 45 条第 2 款,但关于第 2 句的适用,公证人更正时不应在原文书上加注,而应在原文书之后加附件,并注明更正日期和正式记录的登记号。

4. 第 52 条第 2 款和第 3 款不适用于第 53e 条第 1 款所述的电子签名。

第 53k 条

在不影响第 55 条第 1 款的情况下,《民法典》第 2 编第 175a 条第 1 款中所述的通过电子方式成立私人有限公司以履行第 2017/1132/EU 号指令第 13d 条而产生的费用,应以非歧视的方式适用。

第 6 章 公证费用

第 54 条

1. 应由行政法规为公证活动制定收费标准或规则以确定公证人向当事人收取的费用,只要这对于保证公证服务的可持续性和可及性明显是必要的。

2. 如有必要,第 1 款可在第 127 条第 2 款和第 3 款所述的过渡安排结束后立即适用。

第 55 条

1. 应当事人的要求,公证人有义务就其公证活动费用及与公证事项有关的其他费用编制一份账单,且其应清楚列明所收费用的计算方式。

2. KNB 规范应制定有关建立公证行业一般投诉和争议解决程序的规则,包括建立争议解决委员会。

第 56 条

1. 应经济能力不超过《法律援助法》第 34 条规定的有关当事人的申请,公证纪律法庭庭长可指示于本地区执业的公证人在开展第 2 款所述公证活动时收取的费用不得超过《法律援助法》第 35 条第 2 款所述的行政法规确定的当事人最大自负费用额。

2. 第 1 款适用于以下公证活动:

a. 对遗嘱、婚姻协议、合伙协议、同居协议和确定监护人进行的公证;

b. 未分割财产的分割公证,前提是公证费用不能从未分割财产中得到支付;

c. 对于遗产额少于《法律援助法》第 34 条第 2 款规定的个人财产数额而出具的继承证书。

3. 申请人应向公证纪律法庭庭长提交《法律援助法》第 1 条所指的法律援助委员会出具的声明,以说明个人的收入情况。

4. 不适用前三款规定的人,应就相应公证活动支付费用,但最高费用为第 1

款所述金额的四倍。如果一方或各方公证当事人的资产总额超过226890欧元,则不适用该最高费用限额。在消费物价指数允许的情况下,该最高限额可通过部门规章进行修改。

5. 行政法规应就确定第 4 款所述的资产总额的方式制定相应规则。

第 7 章 公证档案

第 57 条

1. 司法部部长应指定设立一个或多个公证档案总存放库。

2. KNB董事会应从执业地点位于公证档案总存放库所在地区的公证人中任命一名保管人和一名副保管人。该任命的期限为五年,每次可延长相同任期。

3. 保管人和副保管人在将公证档案存放于总存放库方面具有与其他公证人相同的权利和义务。

4. 与1995年《档案法》第41条第1款b项不同的是,司法部部长应负责保管存放于总存放库的公证文件,只要这些文件尚未移交给国家档案存放库。

5. 关于保管人和副保管人的职责和权力,可由KNB规范制定进一步的规则。

第 58 条

1. 接替其前任的公证人应在接替后三个月内,将公证书原本、第38条第2款所述的副本、登记册和公证登记簿,如有可能,还应将在接替当年1月1日已超过30年的卡片索引系统移交给总存放库。

2. 公证人有权将其保管的超过20年的公证档案移交给总存放库。

3. 司法部长可进一步制定关于将第1款和第2款所述的公证档案移交给总存放库的规则。

第 59 条

1. 尽管有1995年《档案法》第12条的规定,存放于总存放库75年以上的公证档案,除有关遗嘱的公证书外,应在十年内移交至该法指定或根据该法指定的国家档案存放库保存。超过一百年的遗嘱公证书应在十年内移交给国家档案存放库。

2. 司法部长和教育、文化和科学部部长将被共同受权制定关于将公证档案从公证档案总存放库移交至国家档案存放库的进一步规则。

第 8 章 荷兰皇家公证协会

第 1 节 荷兰皇家公证协会的组织

第 60 条

荷兰皇家公证协会(KNB)是《宪法》第134条所指的公共机构。所有在荷兰执业的公证人、指定公证人和候选公证人均应成为KNB的成员。KNB登记的办事处设在海牙。

第 61 条

1. KNB 的职责是促进其成员对良好执业要求的遵守以及提高公证人员的执业能力。KNB 的职责还应包括维护公证行业的荣誉和声誉。

2. 关于 KNB 成员的公证执业行为规则应通过 KNB 规范加以规定。KNB 规范还可制定有关提高成员执业能力和执业质量的规则。

第 61a 条

1. KNB 负责对其成员进行质量检查,检查工作由 KNB 董事会任命的专家负责开展。

2.《行政法通则》第 5：12 条、5：13 条、5：14 条、5：15 条第 1 款和第 3 款、第 5：16 条、第 5：17 条、第 5：18 条和第 5：20 条第 1 款和第 2 款应参照适用于根据第 1 款进行质量检查的人员。

3. 授权 KNB 董事会对第 1 款中所述的专家参照适用《行政法通则》第 5：20 条第 3 款。

4.《一般数据保护条例(GDPR)实施法》第 3.1 条和第 3.2 条分别提及的特殊类别个人数据和具有犯罪特征的个人数据,可由根据第 1 款任命的专家处理,只要这些数据是快速和有效地进行公证执业质量检查所必需的。

5. 在由第 1 款所述人员进行质量检查时,公证人及其下属人员不受第 22 条所述的对指定人员保密义务的约束。

6. 关于开展质量检查的进一步规则应由 KNB 规范制定。

第 62 条

KNB 应设立董事会、会员理事会、全体会员大会以及地区分会。

第 63 条

KNB 应设立秘书处协助董事会履行职责。

第 2 节　KNB 董事会

第 64 条

1. 董事会负责 KNB 的全面管理,执行本法或其他法律赋予它的任务,以及管理和处置 KNB 资产。董事会还应全面领导 KNB 秘书处并管理其活动。

2. 董事会由包括秘书长在内的若干执行秘书协助工作。秘书长负责协调各秘书的工作,并管理秘书处的日常事务。

3. 董事会可就自身运行和秘书处的工作制定进一步的规定。

4. 董事会应每年为全体会员大会起草一份有关自身工作情况的报告,并提交会员理事会征求意见。董事会应将报告提交给司法部部长。

5. 董事会每年应编制财务账目和下一财务年度的财务预算及其解释性说明,并将这些文件送交会员理事会征求意见。

第 65 条

1. 董事会应由至少五名成员组成,且成员总数应为奇数。董事会的组成应尽可能体现其公证人成员与指定公证人或候选公证人成员之间的平等。

2. 董事会成员的任期为三年,一届任期结束后可立即连任一次。

3. 董事会代表 KNB。为此,董事会的主席或副主席以及其他董事会成员被共同授权代表 KNB。

第 66 条

KNB 董事会主席负责主持全体会员大会。

第 3 节 会员理事会

第 67 条

1. 会员理事会由各地区分会主席以及各地区分会的一名成员组成,但每个地区分会应有一名公证人和一名指定公证人或候补公证人参加会员理事会。每位成员都有一名副手。主席的副手是各地区分会的副主席。

2. 会员理事会成员及其副手由地区分会会议选举产生,任期三年,且只能以同一任期连任一次。

3. 每年 10 月 1 日,会员理事会将从地区分会主席中任命会员理事会主席和副主席,任期一年。KNB 秘书处的执行秘书可协助会员理事会主席和副主席履行职责。

第 68 条

会员理事会应负责制定 KNB 的总体政策,并在必要时为此与董事会协商。董事会须应要求或主动向会员理事会通报所有可能与 KNB 总体政策有关的信息,特别是有关董事会正在进行或处理,或正在筹备或调查事项的信息。会员理事会有权在任何时候要求董事会提供对确定 KNB 总体政策有重要影响事项的相关信息或委托其对该事项进行研究。会员理事会应定期知会董事会各地区分会的发展情况。

第 69 条

会员理事会负责正式通过 KNB 规范。

第 70 条

会员理事会应就 KNB 规范的提案与董事会进行协商,协商前应听取各地区分会董事会对此提出的意见。

第 71 条

1. 会员理事会负责任命 KNB 董事会,并可在遵守第 65 条的情况下确定其成员人数。会员理事会应从董事会成员中任命主席及副主席,他们的任期为两年。

2. 董事会成员不得再担任会员理事会、地区分会董事会和公证纪律法庭的成员和代理成员。

3. 会员理事会可就董事会成员的任命和免职制定进一步的规则。

第 72 条

会员理事会应对董事会进行监督,如其对董事会成员履行职责失去信心或有其他正当理由,可暂停或免去该成员的职务。

第 73 条

会员理事会在审查完董事会的活动与财务情况报告、KNB 下一年度预算草案及所附解释性说明等文件后,应向年度全体会员大会提出意见。

第 74 条

如果对会员理事会成员的履职方式失去信任或有其他正当理由,任命他们的地区分会会议可将其暂停履职或免职。

第 75 条

KNB 董事会每年应至少召集一次会员理事会会议以审议第 73 条所述文件。董事会在认为必要时也可召集会员理事会会议;此外,如果至少有六名会员理事会成员以书面形式向董事会提出要求,并说明要讨论的主题,也可召开会员理事会会议。

第 76 条

会员理事会会议应公开举行。如果主席根据讨论主题的性质认为有必要,或至少有八名成员提出要求,则会议可以非公开方式举行。除非会员理事会另有决定,否则 KNB 董事会成员、KNB 秘书处秘书长和执行秘书可出席非公开会议。会员理事会决定是否允许其他人员列席会议。非公开会议应另作记录,且除非会员理事会另有决定,否则该会议记录不对外公布。

第 77 条

KNB 规范应就会员理事会成员的任命和免职,以及会员理事会活动、会议程序、决策、表决以及将其决定通知 KNB 会员的方式,制定进一步的规则。

第 4 节　全体会员大会

第 78 条

KNB 董事会每年召集一次全体会员大会。此外,当董事会认为必要时也可召集全体会员大会;如果会员理事会或至少 50 名 KNB 会员提出书面请求并说明将要讨论的主题,则 KNB 董事会也应召集全体会员大会。

第 79 条

全体会员大会应公开举行。如果主席根据讨论内容的性质认为有必要,或至少有 30 名出席会议的成员提出要求,则应举行非公开会议。除非会议另有决定,否则 KNB 董事会成员、KNB 秘书处秘书长和执行秘书应列席非公开会议。全体会员大会应决定是否允许其他人员列席。非公开会议应另作记录,且除非全体会员大会另有决定,否则该会议记录不对外公布。

第 80 条

全体会员大会负责审议并在必要时决定 KNB 董事会的活动报告、财务报告、第 88 条 2 款所述的审计报告、下一年度的财务预算草案和附带的解释性说明以及会员理事会就这些文件提出的意见。

第 81 条

根据 KNB 董事会的提议,全体会员大会应就其工作方法、会议程序、决策程序、会议表决方式、提醒成员注意待处理文件或待处理事项的方式以及提醒 KNB 会员注意其决议的方式制定进一步的规则。

第 5 节 地区分会

第 82 条

1. 地区分会的成员包括在该地区任命并执业的公证人、指定公证人及候选公证人。地区分会根据所在司法管辖地区命名。

2. KNB 董事会可责成各地区分会在所在司法管辖地区履行第 61 条第 1 款所述的职责。

3. 地区分会应设立董事会和地区分会会议。地区分会具有法人身份。

第 83 条

地区分会董事会负责指导分会的日常事务以及管理和控制分会资产。地区分会董事会可对会员理事会关于 KNB 规范的提案提出意见。地区分会董事会可制定与自我履职相关的规则。

第 84 条

1. 地区分会董事会应由至少三名成员组成且成员人数应始终为奇数。地区分会董事会的组成应尽可能体现其公证人成员与指定公证人或候选公证人成员之间的平等。

2. 地区分会董事会成员和副成员的任期均为三年,在一届任期结束后可立即连任一次。

3. 地区分会董事会代表地区分会。为此,地区分会董事会的主席或副主席以及其他成员被共同授权代表地区分会。

第 85 条

地区分会会议任命地区分会董事会并根据第 84 条第 1 款决定董事会成员的人数。地区分会应从董事会成员中任命一位主席和一位副主席,任期最长为 3 年。

第 86 条

KNB 规范应进一步制定有关地区分会的活动、决策、会议举行程序、会议表决方式以及将其决定通知其成员的方式的规则。

第 6 节　KNB 的资金

第 87 条

1. KNB 应承担因履行本法所赋职责而产生的所有费用。为履行本法规定的或根据本法而进一步规定的监督职责而产生的且已由国家承担的相关费用，应由 KNB 向国家偿还。KNB 还应偿还为开展本法规定的或依据本法而进一步制定的纪律处分程序而产生的费用。为承担这些费用，KNB 可向会员收取年度会费。全体会员大会根据 KNB 董事会的提议，确定每财务年度应交纳的会费数额。不同类别会员交纳的会费数额可以不同。

2. 尽管有第 1 款的规定，KNB 董事会仍应确定会员的会费额，以承担应向国家偿还的有关履行监督职责和开展纪律处分程序而产生的费用。KNB 董事会可将用于偿还国家履行监督职责和开展纪律处分程序的资金转入第 88a 条所述的基金管理。

第 88 条

1. KNB 的财务年度由 KNB 董事会确定。

2. KNB 董事会应为每个财务年度指定一名审计员，负责审计财务账目，包括资产负债表、收支表和解释性说明。在财务年度结束后的三个月内，审计员应就此向董事会提交报告。

3. 在财务年度结束后的八个月内，KNB 董事会应向会员理事会提交财务账目和审计报告，以及下一财务年度的预算和解释性说明。会员理事会在审查完上述文件后，应向全体会员大会报告。

4. 全体会员大会对财务账目的通过也意味着免除董事会对此的责任。

第 6a 节　基金

第 88a 条

1. KNB 董事会应设立一项基金，用于承担与第 15 条所述的接管或第 29a 条所述的代理相关的费用。在任何情况下，该基金应用于承担不应由代理公证人和被指派的公证人承担的为正常履行公证职责而产生的且被代理公证人或前公证人无法负担的合理费用。第 25 条所述特别账户的赤字也应从基金中偿还。

2. 为了给该基金提供资金，KNB 董事会可向 KNB 成员征收会费。

3. KNB 董事会应制定规则以明确基金的运作方法和支付条件。在任何情况下，这些规则都应规定基金必须始终有足够的资金来实现既定目标。在设立基金时，KNB 董事会应确保基金的运作规则可供 KNB 会员核查。

第 7 节　KNB 规范和其他决定

第 89 条

1. 只有在本法明确授权应由 KNB 规范或可由其进一步规定的事项，方可制定相关规则。

2. KNB规范不得包含对实现该规范预期目的并非绝对必要的义务或规则，也不得对市场化运转造成不必要的限制。

3. KNB规范的提案应由KNB董事会或至少五名会员理事会成员提交至会员理事会。在向会员理事会提交草案之前，KNB董事会可邀请公证纪律法庭成员对此提出意见。KNB应征求财务监督办公室关于KNB规范草案的意见。

4. KNB规范只对其会员和机构具有约束力。

5. KNB规范可授权KNB董事会就其内容涉及的事项制定进一步的规则。这些规则应提交给司法部部长。

第90条

KNB规范的提案及其解释性说明应至少在会员理事会开始审议的两个月前提请各地区分会会员的注意。地区分会董事会在征求会员意见后，至少应在审议开始的三周前将其意见通知会员理事会。

第91条

1. KNB规范须经司法部部长批准。如与法律或公共利益相抵触，可不予批准。

2. KNB规范经批准后，应由KNB董事会在《政府公报》上公布。KNB规范在公布后方具有约束力。KNB规范应在其公布后第二个月的第一天生效，或在其确定的更早日期生效，但从其公布之日到其生效之日应至少有十天的间隔。

第92条

会员理事会、KNB董事会或KNB其他机构的决定，如不属于根据第91条有效通过的KNB规范，可通过皇家法令予以废除。在不影响《行政法通则》第10：39条规定的情况下，如果决定公布时间已超过六个月，则不能予以废除。

第9章 纪律处分和监督

第1节 纪律处分

第93条

1. 如果公证人、指定公证人和候选公证人的作为或不作为违反了本法的任何规定或依据本法制定的任何规定，或违反了他们作为公证人、指定公证人或候选公证人对其公证行为的受益人应尽的注意义务，或出现了不符合公证人、指定公证人或候选公证人身份的作为或不作为，则应受到纪律处分。

2. 不再从事公证工作的原公证人、指定公证人和候选公证人在其之前从事公证工作期间的进行的符合第1款所述的作为或不作为仍应受到纪律处分。

第94条

1. 对公证人、指定公证人和候选公证人的纪律处分管辖权，一审由公证纪律法庭行使,上诉由阿姆斯特丹上诉法院行使。上诉法院的裁判为终审裁判。

2. 在公证纪律法庭和阿姆斯特丹上诉法院行使纪律管辖权时,公证人及其下属工作人员不受第 22 条所述的保密义务的约束。

3. 每个司法大区应设立一个公证纪律法庭,其管辖范围与该司法大区一致。法庭负责履行本法所赋予它们的职责。与法庭工作有关的费用由国家承担。

4. 每个公证纪律法庭由一名庭长和四名成员组成。每个公证纪律法庭应至少设两名副庭长。

5. 公证纪律法庭的庭长由其所在的地区法院院长担任。副庭长由庭长从公证纪律法庭所在司法大区的各法院成员中指定。如果指定涉及到公证纪律法庭所在地区以外的地区法院成员,则必须先征得该地区法院院长的同意。

6. 司法部长应任命两名成员,并为每名成员任命一名或多名代理人,成员的任期为四年。其中一名成员应从公证纪律法庭所在的地区法院成员中任命。另一名成员应为《国家税法通则》第 2 条第 3 款 b 所述的检查员。他们在任期结束后可连任。任期中,在成员本人的请求下,司法部长可免去他们的职务。

7. 另外两名成员应为公证人、指定公证人或候选公证人。他们的任期为四年,并由 KNB 会员理事会根据与公证纪律法庭同一辖区的地区分会董事会的提名,从地区分会的成员中任命。他们在任期结束后可连任一次。任期中,会员理事会可根据他们本人的请求对其予以免职。会员理事会还应从各地区分会的成员中指定两名或两名以上代理成员以在必要时候代理这两名正式成员。关于这些成员及其代理人的提名和任命方法的规则应在 KNB 规范中加以规定。

8. 庭长或副庭长,以及一名由司法部部长任命的成员和一名公证人、指定公证人或候选公证人应参加纪律案件的审理和裁判,否则审理无效。如果其中一名成员认为案件不适合由三名成员审理和裁判,则应由五名成员参加审理,其中应包括庭长或副庭长,由司法部部长任命的一名成员,一名公证人、指定公证人或候选公证人以及第 6 款或第 7 款中所述的两名成员。如果庭长或副庭长因案件审理开始后出现的情况而无法履行职责,可由司法部部长任命的一名成员或代理成员代替。

9. 公证纪律法庭设一名书记员,必要时设一名或多名代理书记员。他们应由庭长从地区法院的工作人员中任命。

10. 公证纪律法庭的庭长、副庭长、成员和代理成员之间不得存在配偶关系、三代以内的血亲关系或姻亲关系、职业合伙关系或其他长期的公证行业合作关系。

11. 行政法规应就公证纪律法庭的组织,履职活动的开展,成员的差旅和住宿费用以及其他费用的报销作出进一步规定。

第 94a 条

1. 每年公证纪律法庭应起草年度报告和下一年度有关履行本法所赋职责的

预期收支情况的财务预算。预算项目应附有解释性说明。

2. 除非预算涉及的活动以前从未开展过,否则下一年度预算内容应包括与司法部部长批准的本年度预算的比较。

3. 公证纪律法庭应在预算年度之前将预算送交司法部部长批准,具体送交时间由司法部部长确定。

4. 在听取 KNB 的意见之前,司法部部长不得批准预算。如果预算内容与法律或公共利益相冲突,则可不予批准。当发现已证实的冲突时,如果公证纪律法庭仍有机会在司法部部长确定的合理期限内调整预算,则不得直接不予批准。

5. 如果司法部部长未在相关年度的 1 月 1 日之前批准预算,则公证纪律法庭为了适当履行其职责,至多可以将上一年度预算中相应项目批准金额的十二分之三用于相应履职支出。

6. 如果年度内实际收支与预算之间已出现或可能出现较大差距,公证纪律法庭应立即将此通知司法部部长,并说明原因和预计的差距程度。

7. 公证纪律法庭应在司法部部长确定的时间之前向其提交年度报告。

8. 关于预算布局和年度报告内容的规则可由部门规章制定。

第 95 条

1. 公证纪律法庭成员如丧失其在被任命时所具有的身份时,其成员资格将被依法解除,但就第 94 条第 4 款所述成员而言,只有在其既非候选公证人,也非指定公证人或公证人的情况下,才丧失成员资格。

2.《司法人员(法律地位)法》第 46c 条 b 和 c、第 46c 条第 1 款 d、第 46d 条第 2 款、第 46f 条、第 46i 条第 1 款 a 和 b、第 46j 条、第 46l 条第 1 款 a 和第 3 款、第 46m 条、第 46o 条和第 46p 条应参照适用于公证纪律法庭成员。

3.《司法组织法》第 13a 条、第 13b 条除第 1 款 b 和 c 和第 4 款以外的其他内容以及第 13c 至 13g 条应参照适用于公证纪律法庭成员的行为,但:

a. 在适用这些条款时,"有关法院的委员会"是指公证纪律法庭的庭长;以及

b. 如果申请人在第 13a 条所述的调查中没有足够的合理利益,驻最高法院检察长没有义务遵守该条所述要求。

第 96 条

〔2013 年 1 月 1 日失效〕

第 97 条

〔2013 年 1 月 1 日失效〕

第 98 条

〔2013 年 1 月 1 日失效〕

第 99 条

1. 对公证人、指定公证人及候选公证人有合理利害关系的任何人,均可向上述人员所属的公证纪律法庭提出书面投诉并说明理由。如果投诉人提出要求,公证纪律法庭书记员应帮助其将投诉写成书面形式。投诉书副本应送交 KNB 和财务监督办公室。

2. 在审理第 1 款所述的投诉之前,书记员应收取 50 欧元的法庭费用。法庭费用应用于公证纪律法庭。

3. 书记员应通知投诉人将收取的法庭费用,并通知其必须在通知发出之日起四周内将应付金额存入为此而公布的银行账号。

4. 如果未将投诉提交公证纪律法庭,而是按照第 12 款所述进行协商解决,作为协商的一部分,当事人可约定,投诉人支付的法庭费用将由被投诉的公证人、指定公证人或候选公证人偿还。

5. 如果投诉全部或部分成立,投诉人支付的法庭费用应由被投诉的公证人、指定公证人或候选公证人退还。

6. 尽管有第 2 款的规定,但如果以下主体进行投诉,则不收取法庭费用:

a. 司法部部长;

b. 财务监督办公室;或

c. KNB。

7. 司法部部长可根据消费价格指数调整第 2 款所述费用金额。

8. 如果有人对担任公证纪律法庭成员或代理成员的公证人、指定公证人或候选公证人提出投诉,则该公证纪律法庭庭长应报请阿姆斯特丹上诉法院院长指定另一公证纪律法庭处理该投诉。上诉法院院长应将此决定通知被指定的公证纪律法庭,相关公证人、指定公证人或候选公证人,报请指定的公证纪律法庭庭长以及投诉人。

9. 如果投诉涉及第 111 条 b 款所述的已被处以罚款的行为,则不予受理。此外,如法庭费用未在第 3 款所述期限内转入为此而公布的银行账号,则不予受理投诉。

10. 庭长如果认为投诉适于并且发现该投诉未曾提交给第 55 条第 2 款所述的争议解决委员会,则可决定暂停处理该投诉,然后将案件提交给争议解决委员会。该决定应中止第 15 款所述期限。不得对该决定提出上诉。

11. 经过简易审查,必要时在听取投诉人和相关公证人、指定公证人或候选公证人的陈述后,庭长如果认为投诉明显不应受理,或明显没有根据,或依据不足,则可立即通过说明理由的决定驳回投诉。

12. 如果庭长认为投诉可以协商解决,他应召集投诉人和有关公证人、指定公证人或候选公证人尝试此解决方式。如果协商解决被证明是可能的,则应将协商结果写成书面形式,并由投诉人、被投诉的公证人、指定公证人或候选公证人以及庭长签字。

13. 庭长应提请公证纪律法庭注意未向争议委员会提交、未协商解决或被驳回的投诉。

14. 如果投诉被驳回,书记员应立即以挂号信的形式将庭长决定的副本寄送给投诉人和相关公证人、指定公证人或候选公证人。庭长如果适用第4款的规定,则应向投诉人说明其在争议解决委员会结束处理后有权要求法庭继续审理其投诉。

15. 投诉人可在庭长驳回投诉的决定副本寄出之日起14天内向公证纪律法庭提出书面异议。他必须说明不同意庭长决定的理由。他可以要求就其异议进行听证。

16. 如有人根据第15款的规定对庭长的决定提出异议,庭长应指定一名副庭长代替他处理异议。

17. 除非公证纪律法庭宣布异议不可受理或毫无根据,否则异议一经提出,原决定即失效。

18. 如果公证纪律法庭认为异议明显不应受理、明显没有根据或依据不足,则可直接宣布异议没有根据,而无须进一步调查,但必须在宣布决定之前给予提出异议的投诉人陈述意见的机会。

19. 宣布异议不可受理或毫无根据的决定应说明理由。不得对此提出上诉。第8款应参照适用。

20. 如果公证纪律法庭认为异议理由充分,则应进一步审理该案件。

21. 投诉只能在有权投诉的人意识到公证人、指定公证人或候选公证人可能造成纪律处分的作为或不作为发生之日起三年内提出。如果投诉是在投诉人意识到或应当意识到与投诉有关的公证人、指定公证人或候选公证人的作为或不作为发生之日起三年后提出的,庭长应宣布不予受理该投诉。如果投诉人在此之后才应当意识到作为或不作为的后果,则不应作出不予受理的决定。在这种情况下,提出投诉的时限在应当意识到后果之日起一年后终止。

22. 如果公证纪律法庭出于对公共利益的考量认为应继续处理投诉,或被投诉人书面表示希望继续处理投诉,那么即使投诉人提出撤回投诉或被投诉人停止相关行为也不影响对投诉的进一步处理。

第99a条

1. 公证纪律法庭庭长可根据投诉下令对公证人、指定公证人或候选公证人进行初步调查,然后向公证纪律法庭提交报告。财务监督办公室应收到报告及所有相关文件的副本。

2. 庭长可指派副庭长、一名或多名公证纪律法庭成员或代理成员、书记员或代理书记员以及财务监督办公室工作人员或其他专家参与初步调查。

3. 庭长应确定初步调查范围。初步调查可以延伸至投诉所述以外的事实。庭长可以向参与初步调查的人员发出指示。

4. 《行政法通则》第 111a 条第 2 款、第 5：13 至 5：18 条和第 5：20 条第 1 款，应参照适用于初步调查和本条第 2 款所述人员。

5. 关于第 1 款所述的初步调查以及第 2 款所述的相关人员，KNB 董事会被授权参照适用《行政法通则》第 5：20 条第 3 款。

6. 在由第 2 款所述的人员进行初步调查时，公证人及在其负责下的工作人员不受第 22 条所述保密义务的约束。

7. 在进行初步调查时，应向所涉及的公证人、指定公证人或候选公证人出示调查令的副本。

8. 初步调查人员应给予投诉人和有关公证人、指定公证人或候选公证人陈述意见的机会。

9. 进行初步调查时，当事人就其被调查的作为或不作为无陈述义务。在接受询问之前，当事人应被告知他没有义务回答询问。

10. 如果投诉是由财务监督办公室提出的，那么初步调查将不能由其参与提出投诉工作的人参加。

11. 已参与对案件进行初步调查的公证纪律法庭副庭长、成员或代理成员不得参与对该案件的审理，否则公证纪律法庭对该投诉作出的裁判无效。

12. 庭长可随时中止或终止初步调查。

第 100 条

如果公证纪律法庭成员可能存在有损其公正性的事实或情况，应自行回避或被申请回避。《刑事诉讼法典》第 4 编第 4 章应参照适用。

第 101 条

1. 公证纪律法庭在听取公证人、指定公证人或候选公证人及投诉人的意见陈述或适当传唤他们之前，不得作出任何决定。传唤通知应至少于审理前七日以挂号信送达。

2. 公证人、指定公证人或候选公证人以及投诉人有权获得一名诉讼代理人的协助。公证纪律法庭书记员应及时给予他们查阅与案件相关文件的机会。他们可以索取这些文件的副本或摘录，但应自负成本费用。

3. 公证纪律法庭可以拒绝不具有律师身份的人担任诉讼代理人。在此情况下，公证纪律法庭应将案件延期至下次审理。

4. 公证纪律法庭对案件的审理应公开进行。出于重要原因，公证纪律法庭可决定案件的全部或部分审理不公开进行。

第 102 条

1. 公证纪律法庭可听取证人和专家的陈述。应以挂号信方式通知证人和专家到庭,证人和专家有义务服从该通知。

2. 如果证人或专家经通知而不到庭,检察官将应公证纪律法庭的请求传唤他。如果证人或专家经此次传唤仍不到庭,检察官将应公证纪律法庭的请求再次传唤他,如有必要,可发出拘传令。《刑事诉讼法典》第 6∶1∶5 条应参照适用。

3. 庭长可听取已宣誓证人的陈述。在此情况下,证人必须声明他将如实地说出全部事实。证人有义务回答向其提出的问题。专家必须公正地履行职责,并尽其所能。

4. 《刑事诉讼法典》第 217 至 219 条应参照适用于证人和专家。

5. 根据《民事案件法庭费用法》的规定和要求,证人和专家可凭借出示到庭通知或传票而获得相应补偿。

第 103 条

1. 公证纪律法庭如认为对公证人提出的投诉有充分根据,可实施以下纪律处分措施:

a. 警告;

b. 批评;

c. 罚款;

d. 暂时或永久取消其确定指定公证人的资格;

e. 不超过六个月的暂停执业;

f. 取消公证执业资格。

2. 公证纪律法庭也可宣布投诉理由充分,但不采取任何纪律处分措施。

3. 第 1 款和第 2 款应参照适用于指定公证人和候选公证人,但他们可能会受到的纪律处分措施包括第 1 款 a、b 和 c 项,以及暂时或永久被取消担任代理公证人或确定指定公证人的资格。

4. 对于代理公证人,可参照适用第 1 款至第 3 款的规定,也可适用暂停其履行代理公证人职责或撤销其代理公证人的资格的处分措施。

5. 在实施警告、批评或罚款时,公证纪律法庭可决定对外公开其所实施的纪律处分措施。

6. 警告或批评应由庭长在法庭会议上宣布,且应以挂号信方式通知有关公证人、指定公证人或候选公证人到场。会议记录应将此内容记录在案。书记员应以挂号信形式将会议记录副本寄送给相关的公证人、指定公证人或候选公证人。如果上述人员未出席会议,书记员应通过挂号信向其告知警告或批评的内容,并确认收到接收回执。KNB 将收到上述两种情况的相关副本。

7. 暂停执业将导致公证人在停止执业期间丧失以公证人身份为基础而被选举或任命的其他职务。被暂停执业的公证人在停止执业期间不得使用公证人头衔。

8. 被取消公证执业资格的公证人不得再次被任命为公证人或代理公证人,也不得担任指定公证人。

9.《刑法典》第 195 条应予适用。

第 103a 条

1. 第 103 条第 1 款 c 所述罚款不得超过《刑法典》第 23 条第 4 款所述第四类罚款的数额。

2. 处以罚款的决定应包括支付罚款的期限和方式。应公证人、指定公证人或候选公证人的请求,公证纪律法庭庭长可延长交纳罚款的期限。

3. 罚款归国家所有。罚款数额应从第 87 条所述与实施纪律处分的相关费用中扣除。

4. 如罚款未在第 2 款所述的期限内交纳,在给予有关公证人、指定公证人或候选公证人就此陈述意见的机会后,公证纪律法庭可依职权决定采取第 103 条第 1 款所述的一项或多项纪律处分措施,或第 103 条第 3 款最后半句所述的纪律处分措施。

第 103b 条

1. 如果投诉全部或部分成立,并采取了第 103 条第 1 款所述的纪律处分措施,公证纪律法庭的裁判还可要求公证人、指定公证人或候选公证人支付以下费用:

a. 投诉人因提起投诉而产生的合理费用;以及

b. 与处理案件有关的其他费用。

2. 第 1 款 a 不适用于司法部部长、财务监督办公室或 KNB 提出的投诉。

3. 要求支付第 1 款所述费用的裁判应说明必须支付的金额、期限和方式。应公证人、指定公证人或候选公证人的请求,公证纪律法庭庭长可延长支付期限。

4. 尽管裁判明确了第 1 款 a 项所述费用,但此前为了投诉人的利益,法律援助提供人根据《法律援助法》为其提供了法律援助,则相应费用应支付给法律援助提供人。法律援助提供人应尽可能补偿投诉人自负的费用。法律援助提供人应向法律援助委员会报告公证人、指定公证人或候选公证人偿还费用的情况。如果没有为投诉人提供法律援助,则应将费用支付给投诉人。

5. 如果在第 3 款所确定的期限内未支付相关费用,公证纪律法庭可在给予有关公证人、指定公证人或候选公证人陈述意见的机会后,依职权采取第 103 条第 1

款所述的一项或多项纪律处分措施,或第 103 条第 3 款所述的纪律处分措施。

6. 裁判要求支付的第 1 款 b 所述费用应从第 87 款所述实施纪律处分相关费用中扣除。

第 103c 条

1. 处以罚款的裁判或承担法庭费用的命令将成为执行名义,并根据《民事诉讼法》予以执行。

2. 关于执行第 1 款所述裁判的进一步规则,应由行政法规制定。

第 104 条

1. 公证纪律法庭的裁判应说明理由并公开宣布。

2. 书记员应通过挂号信将公证纪律法庭的裁判书副本寄送给以下人员:

a. 有关公证人、指定公证人或候选公证人;

b. KNB 董事会;

c. 财务监督办公室董事会;

d. 如果裁判是根据第 99 条所述投诉作出,则应将裁判书副本寄给投诉人。

3. 裁判书副本应送交第 111c 条所述的国家税务与海关管理局工作人员。

第 105 条

在采取暂停公证执业资格、取消公证执业资格、暂停代理公证人职务或撤销代理公证人任命的纪律处分措施时,公证纪律法庭在作出最终裁判后,应通过挂号信将上述措施的生效日期通知有关公证人。

第 106 条

1. 如果对公证人投诉的性质非常严重,或有明显损害第三人的危险,且公证纪律法庭庭长高度怀疑投诉有充分根据或危险确实存在,可命令该公证人立即暂停执业,或作出其他临时措施,但临时措施的适用时间不得超过处理投诉的时间。第 27 条第 1 款第 2 句至第 5 句、第 2 款和第 3 款应参照适用。

2. 如果公证纪律法庭最终宣布投诉应不予受理或根据不足,或应采取暂停执业以外的其他纪律处分措施,则已采取的纪律处分措施将依法失效。公证纪律法庭如果宣布采取暂停执业的纪律处分措施,那么在确定其实施期限时,应将处理案件时已实施的暂停执业的时间考虑在内。

3. 如果向公证纪律法庭庭长提出符合第 1 款规定的投诉,庭长应在 14 天内作出裁判。在其他情况下,庭长应在审理或传唤公证人后 14 天内作出裁判。公证纪律法庭可以同样时间延长此期限一次。

4. 应相关公证人的请求,公证纪律法庭庭长可随时取消根据第 1 款实施的暂停执业或其他临时措施。只有在审理后或适当传唤公证人和投诉人后,公证纪律法庭庭长方可作出裁判。

5. 本条参照适用于指定公证人和候选公证人,但公证纪律法庭庭长在采取纪律处分措施时,可命令立即撤销他们的代理公证人资格或暂停履行指定公证人的职责;在指定公证人或候选公证人作为代理公证人的情况下,还可命令他们立即暂停履行代理公证人的职责。

第 107 条

1. 对公证纪律法庭裁判的上诉可在第 104 条所述信函寄出之日起 30 日内向阿姆斯特丹上诉法院提起。在任何情况下,KNB 和财务监督办公室在上诉中均应被视为投诉人。

2. 上诉应通过申请提出。法院书记员应通过发送上诉书副本的方式立即通知作出裁判的公证纪律法庭,未提出上诉的公证人、指定公证人或候选公证人,KNB 和财务监督办公室。

3. 第 99 条第 2 款、第 3 款、第 5 款至第 7 款和第 9 款第 2 句、第 99a 条和第 101 条至第 104 条应参照适用于上诉程序。

4. 上诉法院应全面审理案件。

5. 除非上诉法院裁判认为没有理由采取任何纪律处分措施,否则法院应自行采取其认为适合本案的任何措施。

6. 上诉法院书记员应立即将裁判结果通知公证纪律法庭。

第 108 条

［2013 年 1 月 1 日失效］

第 109 条

1. 关于第 103 条第 1 款 e 和 f 项所述的纪律处分措施或第 103 条第 3 款所述暂时或永久取消担任代理公证人或指定公证人的资格,在特殊情况下,可通过皇家法令撤销暂停执业的纪律处分措施,恢复有关公证人的资格,或恢复指定公证人或候选公证人被撤销的资格。

2. 作出第 1 款所述决定的提议应由司法部部长提出。在作出此类提议之前,司法部部长应征求裁判实施纪律处分措施的公证纪律法庭或上诉法院的意见。

第 2 节　监督

第 110 条

1. 设立财务监督办公室。本办公室具有法人资格。该办公室负责监督公证人、指定公证人和候选公证人遵守本法有关规定或依据本法而制定的相关规定的情况,包括监督他们对其执业行为所代表的当事人应给予的注意义务以及任何符合合格公证人、指定公证人或候选公证人要求的作为或不作为。该办公室还负责本法和其他法律赋予它的其他职责。

2. 如有必要,行政法规可规定该办公室履行第 1 款所述之外的其他职责,只要这些职责与该款所述职责相关。

3. 办公室董事会负责办公室的全面管理及其资产的管理和处置工作。

4. 办公室董事会由一名主席和至少两名、至多四名成员组成。成员人数由董事会章程确定。董事会从其成员中任命一名副主席。主席和一名成员必须具备法律专业知识和经验;其他成员必须具备财务专业知识和经验。董事会成员的任期为四年,任期结束后可立即连任一次。

5. 主席在法庭内外都代表财务监督办公室。

6. 董事会由一名执行主任协助工作,且执行主任主要负责办公室的日常管理。主席应根据执行主任的建议,与办公室工作人员签订、修改和终止劳动合同。

7. 董事会有权制定董事会章程。

8. 在就职之前,董事会成员必须在办公室所在的地区法院进行如下宣誓:"我宣誓忠于国王和法律。我宣誓,我将兢兢业业、一丝不苟地履行我的职责,除非法律另有规定,我将对我在履职过程中了解到的一切情况保守秘密"。

地区法院书记员应在宣誓当场向相关人员签发宣誓记录。

9.《独立行政机构组织法》适用于财务监督办公室。

第 111 条

1. 司法部部长应向财务监督办公室划拨资金,以支其运作费用。

2. 在听取 KNB 或《司法辅助人员法》第 56 条所述皇家司法辅助人员协会关于财务监督办公室履行本法第 110 条第 1 款第 3 句或《司法辅助人员法》第 30 条所述监督职责而产生的运行费用的意见之前,不得划拨资金。

3. 尽管有《行政法通则》第 4:21 条第 3 款的规定,但该法第 4.2 章仍应适用。

4. 资金按财政年度划拨。除《行政法通则》第 4:71 条和 4:72 条第 1、2、4 和 5 款外,第 4.2.8 节应予适用,但应满足以下条件,即:

a. 根据《独立行政机构组织法》第 26 条提交的预算与财政年度有关,司法部部长在根据该条确定具体日期时应考虑到《行政法通则》第 4:60 条和 4:61 条;

b. 尽管有《行政法通则》第 4:63 条,但预算内容应适用《独立行政机构组织法》第 27 条和第 28 条;

c.《行政法通则》第 4:80 条所述的活动报告应包括在《独立行政机构组织法》第 18 条所述的年度报告中。

5. 司法部部长可以提前划拨第 1 款所述资金。

第 111a 条

1. 财务监督办公室董事会决议委任的办公室工作人员应负责监督本法或依据本法制定的相关规定的遵守情况。该决议应在《政府公报》上公布。

2. 除《行政法通则》第 5∶17 条的规定外,第 1 款所述的监督工作人员有权要求检查与公证人个人财务情况相关的个人信息和记录。

3. 当第 1 款所述委任的工作人员在行使监督权时,公证人及其下属工作人员不受第 22 条所述保密义务的约束。

第 111b 条

1. 在履行监督职责过程中,如财务监督办公室获悉其认为构成实施纪律处分措施充分依据的事实或情况,可提出投诉,但适用第 2 款的情况除外。

2. 对于违反第 24 条第 1 款至第 4 款和第 25a 条的人,财务监督办公室可处以行政罚款并责令其分期缴纳罚款。

3. 行政罚款不得超过《刑法典》第 23 条第 4 款所述第三类罚款的数额。

4. 如果有人已就同一行为对违法者提出投诉,则不得处以行政罚款。

5. 行政罚款以及没收的款项应从第 87 条所述的与监督职责相关的费用中扣除。

第 111c 条

国家税务与海关管理局工作人员在履职过程中注意到或获悉有关公证人、指定公证人或候选公证人任何可能会引起第 93 条第 1 款所述情形的作为或不作为时,应立即通知财务监督办公室。

第 112 条

［2013 年 1 月 1 日失效］

第 113 条

《行政法通则》第 4∶24 条所述的报告应包括在《独立行政机构组织法》第 39 条第 1 款所述的报告中。

第 9a 章　养老金基金

第 113a 条

1. 公证人、指定公证人和候选公证人应参加由司法部部长指定的养老金基金。

2. 除第 7 条和第 9 条外,《养老金法》应参照适用于公证人、指定公证人和候选公证人。

3. KNB 应提名公证人、指定公证人或候选公证人参加养老金基金委员会。根据《养老金法》第 100 条和第 102 条,公证人成员被视为雇主团体的代表,指定公证人和候选公证人被指视为雇员团体的代表。

4. 2000 年《强制参与行业养老金基金法》第 4 条至 7 条、第 17 条至 21 条、第 25 条和第 39a 条应参照适用于公证人、指定公证人和候选公证人强制参与养老金基金的有关情况。

5. 在适用《养老金法》第 17 条时,公证人的"工资"应包括已完成的营业额、已产生的利润或已挣得的工资收入。

第 113b 条

[2017 年 3 月 1 日失效]

第 113c 条

[2017 年 3 月 1 日失效]

第 10 章　附则

第 114 条

1842 年 7 月 9 日《公证法》(第 20 号法令公告)以及 1847 年 3 月 31 日《公证费用与支出法》(第 12 号法令公告)应予废除。

第 115 条

[修订《法律援助法》。]

第 116 条

[修订《引入公证职业年龄限制并建立公证养老金基金法》。]

第 117 条

[修订《遗嘱中央登记法》。]

第 118 条

[修订《新〈民法典〉第 3、5 和 6 编颁布法(第十二部分)》。]

第 119 条

[修订《土地登记法》。]

第 120 条

[修订《经济犯罪法》。]

第 121 条

[修订《公务员法》。]

第 122 条

[修订本法。]

第 123 条

1. 根据 1842 年 7 月 9 日《公证法》(第 20 号法令公告)第 20a 条,在本法生效前已成为候选公证人的人,也应符合第 6 条第 2 款 a 项所述的任命要求。

2. 在本法于《政府公报》上公布之前已经提出任命申请的人,如果符合 1842 年 7 月 9 日《公证法》(第 20 号法令公告)第 10 条的规定,可在本法生效之前被任命为公证人。

3. 本法生效后,在本法生效前符合 1842 年 7 月 9 日《公证法》(第 20 号法令公告)第 10 条所述的公证人任命条件的人员可被任命为公证人,但他们必须满足已在公证人的责任下从事公证活动达六年之久(包括见习期),而且他们还必须符合

第 6 条第 2 款 b 项的 3°和 4°以及 c 项的要求。这同样也适用于对代理公证人的任命,但在第 28 条 a 和 b 项所述的情况下,候选公证人只有在完成了三年的见习期并同时符合第 6 条第 2 款 b 项的 3°和 c 项的要求,才能被任命为代理公证人。这同样适用于确定指定公证人或任命代理公证人,但只有当候选公证人在公证人的责任下从事了六年(包括见习期)公证活动,且符合第 6 条第 2 款 b 项 3°和 c 项的要求,才能被确定为指定公证人或任命为代理公证人;但如果在第 28 条 a 项和 b 项的情况下,候选公证人只有从事公证活动满三年,才能被任命为代理公证人。

4. 第 6 条第 2 款 b 项 2°不适用于在本法生效前已在公证处取得职位的候选公证人。

5. 为确定候选公证人在本法生效前从事第 3 款所述公证活动的期限,应适用第 1 条 h 项和第 31 条第 1 款第 2 句。

6. 如果在本法生效之前,公证人的执业区域只是一个市的一部分,那么在本法生效之后,公证人的执业区域将扩展至整个市。

第 124 条

在本法生效后四年内,每年任命的公证人数不得超过上一年 12 月 31 日在职公证人或已为其任命代理公证人的公证人总人数的十分之一。行政法规可以延长该期间一次,但延长的时间不得超过两年。司法部部长可以制定规则以明确过渡期内每个司法地区最多可以任命的公证人数。

第 125 条

本法第 9 条不适用于在本法生效之前同时也担任律师的公证人、指定公证人或候选公证人。

第 126 条

第 48 条仅适用于在本法生效后提出的请求。向公证人提交文件,包括在提交之前已经出具的公证书,并要求将这些文件纳入公证档案的行为,应继续受 1842 年 7 月 9 日《公证法》(第 20 号法令公告)的有关规定以及在此之前形成的与该事项有关的法律的调整。

第 127 条

1. 在本法生效时,注册地在海牙的原皇家公证人协会将依法解散,并由 KNB 依法概括继承其法律地位。KNB 董事会被授权采取因此继承而需要的一切措施和决定。

2. 在本法生效后的三年内,司法部部长和经济部部长应每年通过部门规章共同确定公证收费标准和规则,以明确公证人向当事人收取的费用。上述规定不得与第 56 条冲突。公证人不得向当事人收取与该部门规章规定不符的费用。第 54

条在此期间不适用。

3. 收费标准的设定应确保逐步过渡到自由费率的形成。在此过程中，应考虑到公务公证行为的收费问题，例如根据原皇家公证人协会章程第59条而进行的公证活动。

4. 司法部部长应与经济部部长商定，在本法生效两年后尽快向国会提交一份报告，以说明第2款和第3款的过渡安排在此期间对公证服务的连续性和可及性的影响。该报告应包含第128条所述的报告。报告还应就过渡安排结束后是否应适用第54条给出结论。

第128条

1. 经与经济部部长商定，司法部部长应任命一个由三名成员组成的委员会，其中一名任独立主席。该委员会的任务是，在第127条第2款规定的过渡期内，每年向司法部部长、经济部部长以及国会提交一份报告，以说明本法的实施效果，特别是本法在公证行业运行情况、公证服务质量、公证服务的连续性和可及性以及公证收费方面的实施效果。

2. 该委员会应让所有关心或实际参与本法实施的个人和组织有机会向其提供信息，并就本法的实施发表意见。

第129条

1. 自本法生效之日起，1933年5月20日皇家法令（第292号法令公报），即原《公证法》第73a条所述的行政法规，其第1条所述的中央援助办公室工作人员，若其姓名和职位列于司法部部长拟定的名单中，应被依法免职，然后再被任命为财务监督办公室的工作人员。

2. 第1款所述的人员变动，应保证其法律地位总体上至少相当于他们在中央援助办公室时的法律地位。

3. 在本法生效时，根据民法签订劳动合同的中央援助办公室工作人员，如其姓名和职务被列于部长制定的名单上，则应被依法免职并被任命为该办公室工作人员，其法律地位总体上至少相当于他们在中央援助办公室的法律地位。

第130条

1. 司法部部长应与财政部部长协商决定将原属中央援助办公室的国有资产划拨给财务监督办公室的范围。

2. 自本法生效之日起，第1款所述资产将全权转让给财务监督办公室，资产价值由司法部部长与财政部部长商定。

3. 如果已登记财产根据第1款和第2款转让，则应更改其在《民法典》第3编第1章第2节所述公共登记册中的名称。为此目的所需的声明应由财政部部长提交给相关登记册的保管人。

第 131 条

中央援助办公室的档案文件如果尚未根据 1995 年《档案法》移交给档案存放库,那么自本法生效之日起应移交给财务监督办公室。

第 132 条

司法部部长在征求原皇家公证人协会的意见后,应指定在本法生效后担任 KNB 董事会、会员理事会和 KNB 地区分会董事会的主席或成员的人员,但上述人员的任期不得超过 90 天。在此期间,会员理事会应履行第 71 条第 1 款的规定,地区分会董事会应履行第 67 条第 2 款和第 85 条的规定。

第 133 条

1. 第 12 条第 3 款、第 15 条第 1 款、第 18 条第 2 款、第 29 条第 11 款、第 31 条第 2 款、第 33 条第 2 款、第 34 条第 2 款、第 41 条第 2 款、第 61 条第 2 款、第 77 条、第 86 条和第 94 条第 4 款所述的由 KNB 制定的相应规范应在上述条款生效之日起一年内生效。只要上述规范尚未生效,本法生效前实施的相关法律应尽可能继续适用于授权 KNB 规范所调整的事项。

2. 如果第 1 款未得到遵守,司法部部长将有权制定相应规范。但这不应影响第 69 条规定的 KNB 董事会和会员理事会所享有的权力。

第 134 条

本法生效时间由皇家法令确定,不同部分和条款的生效时间可能不同。

第 135 条

本法应被称为《公证法》。